LES DEVOIRS

ESSAI

SUR LA MORALE DE CICÉRON

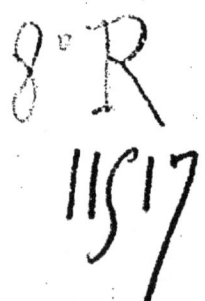

LES DEVOIRS

ESSAI

SUR LA MORALE DE CICÉRON

PAR

ARTHUR DESJARDINS

MEMBRE DE L'INSTITUT DE FRANCE
AVOCAT GÉNÉRAL A LA COUR DE CASSATION

OUVRAGE COURONNÉ PAR L'INSTITUT

DEUXIÈME ÉDITION
PRÉCÉDÉE D'UNE INTRODUCTION NOUVELLE
(*CICÉRON, LE DEVOIR ET LA POLITIQUE*)

PARIS

LIBRAIRIE ACADÉMIQUE DIDIER
PERRIN ET Cie, LIBRAIRES-ÉDITEURS
35, QUAI DES GRANDS-AUGUSTINS, 35
—
1893
Tous droits réservés

INTRODUCTION

CICÉRON, LE DEVOIR ET LA POLITIQUE

La première édition de cet ouvrage a été promptement épuisée. Cependant j'hésite depuis plusieurs années à publier la seconde. Dans ce dernier quart de siècle, me dit-on quelquefois, Cicéron cesse tout à fait d'être à la mode.

Mais ce qui ne peut pas cesser d'être à la mode, c'est le devoir. Je ne prétends pas qu'on l'ait invariablement pratiqué dans tous les rangs de la société française. Au contraire, nous avons été les témoins de grandes défaillances. Mais ces mauvaises actions ont révolté la conscience publique. La nation demande un compte sévère à quelques-uns de ses élus. La transgression de certains devoirs publics a fait tressaillir ce pays, qui fut celui de l'honneur, et l'on assure qu'il cherche des honnêtes gens.

Peut-être est-il donc opportun de placer sous les yeux de nouveaux lecteurs cette étude, jadis couronnée par l'illustre compagnie à laquelle j'appartiens, sur le *Traité des Devoirs*, œuvre populaire entre toutes d'un des plus grands écrivains et des hommes les plus probes qu'ait connus l'antiquité. Je n'ignore pas qu'on s'est beaucoup moqué de Cicéron, surtout en Allemagne ; que Mommsen l'a dépeint comme un feuilletoniste de second ordre et que Drumann a dressé contre sa mémoire un réquisitoire gigantesque ; mais d'autres juges, plus impartiaux, plus compétents peut-être, au premier rang desquels il faut placer M. Boissier, l'ont vengé de ces attaques. Pour un certain nombre de gens, je le sais, il aura toujours le tort d'avoir trop parlé, peut-être même trop bien parlé. Naguères, un des premiers parmi les avocats du barreau français me reprochait d'admirer encore « ce bavard » ; un député, de prendre feu pour ce « parlementaire ». Je demande grâce aux avocats pour cet orateur incomparable qui fut leur maître et restera sans doute le type le plus achevé de l'éloquence judiciaire ; je prie les hommes d'État de ne pas faire rejaillir sur lui le discrédit, assurément passager, dans lequel leurs propres fautes ont jeté le régime parlementaire. César, dont il fut l'adversaire, exerce à certains moments un grand attrait sur notre démocratie et, quand l'un monte dans la faveur publique, il semble bon de faire descendre l'autre. Auguste ne tomba pas dans cet excès de logique, quand il releva les statues de cet honnête homme et confessa, devant un de ses petits-fils, que Cicéron avait beaucoup aimé sa patrie. Ce témoignage désintéressé vaut les suffrages de la critique allemande.

On peut donc, sans regretter avec Guy-Patin de ne s'être pas trouvé dans le sénat aux ides de mars pour donner le vingt-quatrième coup de poignard au vainqueur de Pompée, placer très haut le *Traité des Devoirs* et son auteur. L'homme et le livre se prêtent un mutuel appui. Les héros, les saints eux-mêmes ont leurs faiblesses. Cicéron n'a jamais eu la prétention de ressembler au sage idéal des stoïciens, « ce roi des rois, » et ne lui ressemble pas. On le blâme d'avoir défendu devant les tribunaux des ennemis politiques, entre autres un ami de Catilina lui-même (*oratio pro P. Cornelio Sulla*), et de s'être contredit dans ses plaidoiries, par exemple en plaidant, à quelques mois de distance, contre et pour Vatinius. Il eût mieux fait, sans doute, de ne pas défendre Vatinius ; mais les usages du barreau romain, d'autres l'ont dit avant moi, expliquent de tels revirements. D'ailleurs, même dans notre barreau moderne, il est admis qu'on peut défendre un accusé sans épouser ses convictions. Qui fit un crime à Sauzet, sous la monarchie de Juillet, d'avoir, à côté de Martignac, plaidé pour les ministres de Charles X? Les proscrits et les opprimés de tous les camps sont les clients naturels du véritable avocat. « Les forts et les « faibles, quand leur cause est juste, a dit un jour « Chaix d'Est-Ange, ont des droits égaux à mon « appui ; ma voix appartient à tous, et je n'appar- « tiens à personne. »

Cicéron, il faut le reconnaître, a parfois hésité dans le cours de sa vie publique, non pas sans doute à ses débuts, quand il défendit, à deux pas de Sylla lui-même, Roscius contre les proscripteurs, ni plus tard, quand il fit condamner à mort par le sénat et périr sur l'heure les complices de Catilina, mais en plus d'une autre circonstance, par exemple, avant Pharsale, quand il alla retrouver Pompée; après la mort de César, quand, parti pour la Grèce et rejeté par un coup de vent sur la côte de Rhegium, il décida de rester en Italie et d'y combattre Antoine ; au moment de la dernière proscription, quand, une seconde fois embarqué pour la Grèce, il se fit descendre à Caïète et résolut de mourir ; mais il était permis, ce semble, à chacune de ces époques, de réfléchir avant de discerner le devoir. Cicéron sut discerner et faire le sien. On peut donc encore proposer l'auteur du *Traité des Devoirs* comme un modèle à nos hommes politiques : l'idéal, sans être inaccessible, me paraît assez haut pour répondre aux plus nobles visées et pour tenter les plus fiers courages.

Cicéron traite comme les derniers des hommes, au deuxième livre de son ouvrage, les « fonctionnaires » qui s'enrichissent aux dépens du peuple et spéculent sur leurs fonctions. Il n'y avait pas, pour un moraliste, de tâche plus pressante à remplir. La plus corrompue des démocraties modernes est encore digne de respect, quand on la compare à cette république agonisante. A Rome, tout est à vendre : les suffrages, les fonctions, les jugements. Le meilleur et le plus simple moyen de débuter dans la vie politique est d'accuser ses adversaires de concussion, comme le fit César pour deux lieutenants de Sylla, et l'on n'avait, en général, que l'embarras du choix.

En l'an 66 av. J.-C., les deux consuls désignés furent convaincus d'avoir acheté les électeurs, et condamnés ; Torquatus et Cotta, les deux accusateurs, furent élus à leur place. Catilina briguait le consulat après avoir mis, durant sa propréture, l'Afrique au pillage : le sénat, assailli de plaintes, biffa, dans un accès d'indignation, son nom sur la liste des candidats. Clodius, en 65, ne manqua pas de prendre la direction de la poursuite contre cet effronté concussionnaire et si Catilina fut acquitté, c'est que tout le produit de ses déprédations avait passé dans la poche de ses juges. Un peu plus tard, Clodius fut à son tour accusé de sacrilège, et les juges réclamèrent une garde : comme ils acquittèrent, ayant été payés par Crassus, on leur demanda s'ils s'étaient fait garder pour sauver leur argent. Ce même Crassus, enrichi par la guerre civile, soudoyait une partie du sénat. Pompée payait l'élection du consul Afranius, et le prix des votes était ouvertement distribué dans ses jardins : après l'élection, Caton fit déclarer, pour l'avenir, ennemis publics tous ceux qui participeraient à de tels marchés. Mais, en 61, quand César brigua le consulat, toute l'aristocratie se cotisa contre lui, et Caton, estimant que, cette fois, la fin justifiait les moyens, concourut à l'achat des suffrages. César, en même temps qu'il vendit pour 6.000 talents l'alliance de Rome au roi d'Égypte Ptolémée, fit aggraver par sa fameuse loi *de Pecuniis repetundis* les peines portées contre les concussionnaires, qui furent déclarés incapables de siéger au sénat et de paraître en justice comme accusateurs ou comme témoins. Inutile comédie ! Après comme avant, tout se pesa, dans la république, au poids de l'or : un proconsul vendit l'Égypte, et vola cent millions de drachmes aux Syriens; deux candidats au consulat, Memmius et Domitius, s'engagèrent à payer 400.000 sesterces aux consuls en charge, sous la condition d'être désignés consuls pour l'année suivante : César achetait *ingenti mercede* le tribun Curion, élu par ses adversaires, et payait 1.500 talents la défection du consul Paullus. Le tableau de la corruption romaine est, à cette époque, celui de la société romaine.

Cicéron ne fut pas atteint par cette contagion. Ses détracteurs n'ont pu lui reprocher, sur la foi d'Aulu-Gelle, que de s'être fait payer trop cher lorsqu'il consentit à plaider pour P. Cornelius Sylla. Mais la morale ne commande pas à l'avocat de se dérober à la gratitude de ses clients ; il lui suffit de proportionner ses honoraires à son mérite et à son travail. Si l'on songe aux profits que certains avocats de Londres (et même du continent), probablement inférieurs à Cicéron, tirent annuellement de leur parole, on conclura facilement, même en tenant pour authentique un calcul douteux d'Aulu-Gelle, que le défenseur de P. Cornelius Sylla n'a pas prisé trop haut la sienne. Mais il ne s'agit pas de calculer si, d'aventure, un client du grand avocat aurait pu demander un rabais d'honoraires : c'est de l'homme politique que nous entendons parler.

Son désintéressement, qui fut absolu, forme un saisissant contraste avec les mœurs honteuses de cette république. Quand César se ruinait pour être élu grand pontife, Cicéron était nommé questeur, édile, préteur, consul sans payer un vote : le peuple n'était pas seulement subjugué par sa parole, mais le récompensait d'avoir, pour ses débuts, joué sa tête en défendant un proscrit contre les amis de Sylla. Cette probité fut d'autant plus méritoire que Cicéron était, quand il parvint au consulat, le patron de l'ordre équestre: il cherchait, on le sait, à constituer entre l'aristocratie vieillie, impuissante, et la plèbe, tourbe désordonnée, vénale, de moins en moins romaine, prête à toutes les séditions, mûre pour toutes les servi

tudes, un parti politique intermédiaire, capable
de défendre la constitution contre les prétentions
exclusives des anciennes familles et les trahisons
de la démocratie. Il tenta de faire jouer ce rôle
par l'ordre équestre, qui n'était plus renfermé
dans les dix-huit centuries créées autrefois par
Servius Tullius, mais se recrutait depuis longtemps dans toute la bourgeoisie des villes italien-
nes et qui avait fondé sa fortune politique en se
plaçant à la tête du peuple pour combattre le
patriciat. Or, les chevaliers étaient alors banquiers, négociants, fermiers des impôts: *publi-
cani, hoc est equites romani*, lit-on dans les
Verrines. Cicéron ne leur a pas ménagé les compliments et, quand il parle de l'ordre équestre
en général, sa courtoisie n'a pas de bornes : *flos
equitum ! ornamentum civitatis ! firmamentum
Reipublicæ!* C'était de bonne guerre. Mais il était
d'autant plus louable de n'imiter en aucun cas
les procédés des chevaliers et de ne pas tremper
dans leurs rapines. Il y eut même un désintéressement exceptionnel à dénoncer la connivence des
publicains et de Verrès soit dans l'adjudication
des impôts, soit dans l'achat des blés, soit dans
l'accomplissement des fraudes ourdies contre la
douane romaine et dans la mutilation des dossiers

ou dans la soustraction des pièces qui pouvaient compromettre ce modèle des concussionnaires.

Il est vrai qu'on oppose le gouverneur de la Cilicie à l'accusateur de Verrès. Les publicains de Sicile furent de petites gens que Cicéron rudoya sans peine : il se serait agenouillé devant les puissants publicains d'Asie. Le proconsul entretint sans doute de bonnes relations avec les fermiers de l'impôt pendant la durée de son gouvernement; mais son moindre souci fut de remplir leurs caisses. Il tremble de détruire par une imprudence cette fragile coalition des *boni viri* qui vient de barrer la route à Catilina; il travaille encore à maintenir l'union des ordres, dernier rempart de la constitution menacée, et fait de son mieux pour ne pas s'aliéner les chevaliers. Mais que leur a-t-il donc sacrifié ? Ses détracteurs lui reprochent avant tout trois lettres de recommandation écrites à Silius, propréteur en Asie, en faveur de Terentius Hispon, vice-administrateur des fermes publiques, à Thermus, propréteur de Bithynie, pour qu'il aide le riche Cluvius dans le recouvrement de certaines créances, à Crassipès, questeur de la même province, en faveur d'un certain Pupius, agent de la grande *compagnie bithynienne*. Quel homme d'État n'a donc

appuyé ses amis politiques? Le crime est de les appuyer aux dépens de la chose publique et au mépris des lois. On blâme encore Cicéron d'avoir modifié, au moment d'entrer en fonctions, son projet d' « édit provincial ». Il avait écrit d'abord : « J'observerai les conventions entre les publi-
« cains et les provinciaux quand il n'y aura eu
« ni violence ni fraude employées pour les com-
« mettre, » et, pour ne pas froisser l'ordre équestre, à la prière d'Atticus, il écrivit décidément : « Je validerai les conventions, excepté celles
« qu'on ne pourrait pas équitablement exécuter. » Cette condescendance a beaucoup ému quelques historiens modernes et ne m'indigne guère : l'auteur de l'édit pouvait s'exprimer avec politesse et se conduire avec fermeté. « Je comble les pu-
« blicains d'honnêtetés, de louanges, écrivait un
« peu plus tard le gouverneur au même Atticus ;
« ils reçoivent de moi beaucoup de compliments
« et des invitations fréquentes. » Un gouverneur, qui l'ignore ? est dans son rôle en « invitant » ceux qu'il doit surveiller, et si beaucoup de compliments le dispensent d'une seule complaisance, il a fait tout son devoir.

Pour juger sainement le proconsulat de Cicéron, il faut se rappeler que les provinces étaient encore, aux yeux des Romains, pays conquis, courbé sous le droit de la guerre, où l'on croyait généralement donner au vaincu ce qu'on ne lui prenait pas, et que la Cilicie, en particulier, n'était pas même réduite, puisque le proconsul dut assiéger Pindenissum pendant cinquante-sept jours et soumettre, après une lutte sanglante, dans les limites mêmes de son gouvernement, deux peuplades ouvertement alliées aux Parthes. Cependant Cicéron se croit obligé « d'appliquer dans la pratique », il en prévient formellement Atticus (*ad Att.*, V, 13), « les théories qu'il pro- « fesse depuis tant d'années », et se tient parole. Au lieu de ruiner en frais de déplacement, comme les autres gouverneurs, les pays qu'il traverse, il refuse à la fois les prestations volontaires et celles qui lui sont allouées par la loi *Julia*. Sachant que Lucullus a succombé sous des inimitiés implacables pour avoir préservé, quelques années plus tôt, les Asiatiques d'une ruine complète en réduisant les intérêts au taux légal d'un pour cent par mois [1], il impose silence aux publicains et prend la même mesure. L'austère Brutus a fait aux Salaminiens, sous un nom sup-

---

[1]. Il s'agit là du taux de l'intérêt non pas à Rome, mais dans des provinces éloignées.

posé, un prêt usuraire au taux effroyable de 48 p. 100 par an et recourt au bons offices d'Atticus pour faire nommer Scaptius, son prête-nom, préfet de Salamine : « Et de quel front, ô mon doux « Atticus, oserai-je lire, que dis-je? oserai-je tou- « cher seulement nos livres bien-aimés ? » Il résiste donc pour ces provinciaux, pour ces vaincus, à son plus cher confident et à son meilleur ami politique. Il interprète contre celui-ci deux sénatus-consultes; il ne nommera préfets ni ce Scaptius ni même les amis ou les agents de Pompée. Brutus emporte un jour, il est vrai, une préfecture pour son protégé Gavius, qui « faisait des « affaires » en Cappadoce; mais Cicéron a bientôt jugé l'homme et le révoque, dût Brutus « épou- « ser les ressentiments du faquin ». Il ne se montre pas plus docile aux suggestions de cet étourdi, l'édile Cœlius, son élève et son client, auquel il pardonnait pourtant de si bonne grâce de l'avoir délaissé successivement soit pour Catilina, soit pour Clodius et Clodia : Cœlius voudrait de grosses sommes d'argent, à prélever sur les Ciliciens, et une collection de panthères qui mettraient à la mode son édilité; il ne reçoit que des rebuffades. Plus d'impôts pour les jeux, plus de réquisitions (si ce n'est en cas d'absolue nécessité) pour le logement et l'entretien des troupes ; bien plus, le proconsul ordonne la restitution de taxes indûment perçues par certains magistrats municipaux préposés à la levée de deniers publics ! Loin de composer avec les accapareurs, il leur arrache dans une année de disette l'engagement de fournir à tout le plat pays la quantité de blé nécessaire à la subsistance de ses habitants ! Bravant le plus indestructible des préjugés romains, il permet aux villes de Cilicie de faire régler leurs différends par des juges nationaux ! Son prédécesseur Appius Claudius, qui avait égorgé la province, ne pouvait contenir sa mauvaise humeur ; c'est son propre gouvernement qu'on voulait décrier par une telle conduite, et ce manque d'égards était intolérable.

On verra, dans le cours de cet ouvrage, que notre première tâche est, aux yeux du moraliste, de rester d'accord avec nous-mêmes ; non seulement il faut mettre en harmonie notre caractère et notre conduite, mais la nature et les circonstances nous imposent un rôle que nous devons jouer avec une constance imperturbable. C'est un précepte qu'il est bon de rappeler dans un siècle où certains hommes politiques ont endossé toutes les livrées ; où quelques-uns, après avoir affiché dans l'opposition leurs sentiments libéraux, ont montré la plus farouche intolérance dans l'exercice du pouvoir ; où d'autres ont perdu leur indépendance dans l'étreinte passionnée de ce pouvoir et tout abdiqué pour le conserver. On a nié que Cicéron eût conformé sa conduite à ses maximes : c'est une erreur. D'abord il eut une politique personnelle, celle que lui parut commander l'intérêt de la république romaine ; ensuite il resta le champion de ses propres idées et mourut de mort violente pour les avoir défendues jusqu'au bout.

Il ne joua pas, à proprement parler, de rôle politique avant son consulat. Ses détracteurs, afin de signaler une variation dans sa vie publique, lui reprochent, il est vrai, d'avoir débuté dans le camp démocratique en plaidant pour Roscius contre l'affranchi de Sylla. Mais Cicéron n'appartient pas plus au parti des proscripteurs qu'au parti populaire. Il pouvait approuver Sylla d'avoir réduit la puissance des tribuns, et maudire ses égorgements[1]. Sa plaidoirie retentit sans doute dans l'âme du peuple, et lui ouvrit l'accès des grandes charges ; mais on élut l'avocat, non le démocrate.

---

1. Il flétrit également, dans le premier livre des *Devoirs*, les donations faites sur les dépouilles des citoyens par César et par Sylla.

Le fils du bourgeois d'Arpinum, nommé consul, eut un choix à faire entre cette plèbe dont je parlais tout à l'heure, déjà caressée, à moitié séduite par César, et les chefs ou les clients des anciennes familles, qui défendaient la République. Il ne chercha pas à concentrer le pouvoir entre les mains de l'aristocratie, mais tâcha de coaliser contre les entreprises des démagogues le sénat et les chevaliers : tant qu'il sera possible de maintenir l'union des ordres, cette pensée dominera sa politique.

César a tout compris, et ne va plus manquer une occasion de perdre Cicéron dans l'esprit du peuple. Il fait proposer par le tribun Rullus de vendre toutes les terres acquises au domaine public hors de l'Italie depuis le premier consulat de Sylla ; les généraux auraient en outre livré tout l'or dont ils étaient détenteurs : de ces sommes réunies on aurait acheté des terres en Italie pour les distribuer au peuple ; on aurait également partagé les terres de Campanie, et toutes les opérations devaient être confiées à des décemvirs désignés pour cinq ans par Rullus (c'est-à-dire par César), avec l'autorité prétorienne sans appel et une garde de deux cents chevaliers. Cicéron fit trois discours contre ces propositions et l'emporta, quoique le seul mot de partage agraire enivrât la plèbe. Il arrêta net un autre tribun, qui demandait l'abolition des dettes. Labienus, encore excité par César, accusa bientôt Rabirius qui, trente-six ans plus tôt, avait exécuté les décrets du sénat contre un tribun factieux, le démagogue Saturninus, et, pour la première fois, la voix de Cicéron, plaidant pour ce vieillard, fut un moment couverte par les murmures du peuple. Un peu plus tard, les flatteurs de la multitude entreprirent de faire refuser à Lucullus, traité de *syllanien*, le « triomphe » qu'il avait mérité par ses grandes victoires, par ses vertus militaires et par la sagesse de son administration ; ils n'échouèrent que par la résistance de Cicéron. Le consul sentait, au lendemain de chaque bataille, sa popularité décroître ; mais il n'en faisait pas moins son devoir. Il n'ignorait pas davantage à quels dangers il s'exposait en frappant les complices de Catilina ; cependant il conduisit lui-même Lentulus à travers le forum pour le faire jeter dans le cachot où il subit le dernier supplice. Aussi les affronts commencèrent-ils quand, en sortant de charge, il entreprit de justifier son consulat ; les tribuns du peuple lui fermant la bouche, il dut se borner à jurer qu'il avait sauvé la république. La formation du premier triumvirat allait redoubler le péril, et César, avant de partir pour la Gaule, crut le moment bien choisi pour lier un tel homme à sa cause. Il lui offrit successivement une légation libre, une des vingt places de commissaire pour l'exécution de la nouvelle loi agraire, le titre de lieutenant dans son armée. Sur son refus, il l'abandonna décidément aux coups de Clodius, et Cicéron, étant resté d'accord avec lui-même, fut exilé.

Plus tard, quand César et Pompée en vinrent aux mains, il ne se rendit qu'à contre-cœur au camp de Pompée. C'est que ce dernier servait mal sa politique. Il menaçait, il trônait, il singeait Sylla. Les deux rivaux aspiraient au rang suprême et Cicéron a, d'un mot bref, caractérisé cette grande lutte : *regnandi contentio est*. Il n'y avait donc plus qu'à choisir le moindre entre deux maux : il s'y résigna. Fidèle à lui-même, il tourna le dos au moins scrupuleux, au plus avide, à celui qui devait se débarrasser le plus aisément du sénat et des lois.

Il est vrai qu'il ne heurta pas de front le vainqueur, après Pharsale. *Silent leges inter arma*. Quel historien peut blâmer nos républicains de n'avoir pas, au lendemain du 18 Brumaire, entamé

contre le général Bonaparte une guerre ouverte?
M. Boissier a, mieux qu'aucun autre, peint et jugé
Cicéron dans cette période. Il remarque que,
dans la grande ville soumise et muette, lui seul
osait parler : Cicéron était encore à Brindes,
ignorant si on lui ferait grâce, qu'il effrayait Atticus par la liberté de ses propos. Il écrivit l'éloge
de Caton, que César réfuta lui-même. Il recevait
chez lui les « honnêtes gens », c'est-à-dire les
derniers partisans de la république, sans renvoyer
les autres. Il consolait et conseillait les exilés,
dissuadant les uns d'un coup d'éclat dangereux,
gourmandant les autres d'un empressement trop
servile à prévenir ou à provoquer les bontés de
César. Il ne s'oublia qu'une fois, dans un transport de reconnaissance, quand il eut obtenu, contre
son attente, la grâce de l'ancien consul Marcellus.
Encore le *pro Marcello*, dont il faut admettre
décidément, paraît-il, l'authenticité, ne contient-il pas seulement des flatteries : l'orateur, après
avoir remercié César de sa clémence, se permet
de lui dire certaines vérités et de lui donner certains conseils [1].

1. Doleo, quum respublica immortalis esse debeat, eam in unius mortalis anima consistere... Non fuit recusandum in tanto civili bello... quin quassata respublica, quicumque belli eventus fuisset, multa perderet et ornamenta dignitatis et

Après la mort de César, il tenta, pour sauver la constitution romaine, un suprême effort. J'ai parlé plusieurs fois, dans le cours de l'ouvrage, de cette dernière campagne, entreprise contre Antoine et poursuivie contre le second triumvirat. Ce fut la plus belle, parce qu'il alla d'une façon réfléchie au-devant de la mort. Dans la douzième *Philippique*, il se déclare prêt à mourir ; dans la treizième, il proclame que le dernier des partis à prendre est de se déshonorer pour prolonger la vie (*turpitudinem suscipere pro vitæ cupiditate*). « J'ai si peu de temps à vivre, » écrit-il encore à Brutus (*ad. Brut.*, I, 10) ! Ayant uni l'exemple au précepte, il avait acquis le droit de faire accepter par la postérité ce testament scellé de son sang, qui se nomme le *Traité des Devoirs*.

Février 1893.

præsidia stabilitatis suæ multaque uterque dux faceret armatus, quæ idem togatus fieri prohibuisset. Quæ quidem tibi nunc omnia belli vulnera curanda sunt..., etc. — V. au surplus *Cicéron et ses amis,* par M. G. Boissier ; neuvième édit., pp. 289 et s.

LES DEVOIRS

CHAPITRE PREMIER

LE TRAITÉ DES DEVOIRS ET LA PHILOSOPHIE DE CICÉRON

Sommaire. — Comment Cicéron, sans être stoïcien, fit un traité des Devoirs à l'exemple et d'après le système des stoïciens. — Education philosophique de Cicéron. — Eclectisme de Cicéron. — Limites de son scepticisme. — Caractère politique de sa philosophie. — Préoccupations oratoires et littéraires de Cicéron. — Tendance morale de la philosophie cicéronienne.

Le traité des Devoirs est un livre de morale stoïcienne. Cependant Cicéron n'appartenait pas à la secte de Zénon. Dans sa correspondance, il traite assez mal les hommes d'État stoïciens et les accuse volontiers de manier les affaires publiques avec maladresse [1]. Il les critique dans ses discours, les met en scène avec une verve incomparable, ridiculise leurs dogmes les plus chers et leur oppose une école de philosophie moins su-

---

1. Att. I, 18, II, 1.

blime qui procède directement d'Aristote et de Platon¹. Il ne les épargne pas davantage dans ses traités oratoires où il les raille de soutenir que le sage est nécessairement un personnage éloquent, d'envisager tous les hommes à l'exception du sage, comme des fous, des esclaves et des brigands sans trouver cependant leur sage nulle part, d'être secs, vides, obscurs et inintelligibles dans leurs harangues; en un mot, de parler et de penser à l'envers ². Tantôt, dans les Académiques, il veut fuir les broussailles du portique³; tantôt, dans les Tusculanes, il veut « s'échapper des filets stoïciens où il s'est attardé plus longtemps que de coutume⁴ »; dans son traité sur la gloire, il va jusqu'à parler de l'ineptie stoïcienne (*ineptias stoicorum*) ⁵. Ces fragments, auxquels on pourrait en ajouter bien d'autres, suffisent à prouver que Cicéron ne s'est jamais rangé parmi les disciples de Zénon. Cependant c'est à leur imitation qu'il fit son Traité des Devoirs. Pour expliquer cette apparence de contradiction, nous devons montrer quelles dispositions il apporta dans l'étude de la philosophie et indiquer les traits caractéristiques de sa doctrine.

---

1. Pro Murena, 29, 30. — 2. De Orat. III, 18. — 3. Acad. prior. II, 35. — 4. Tuscul. V, 27 (*ut jam a laqueis stoicorum quibus usum me pluribus, quam soleo, intelligo, recedamus*). — 5. Fragm. Ciceronis.

Cicéron s'était bien gardé de s'attacher exclusivement à quelqu'une des sectes philosophiques. Son premier [1] professeur avait été Phèdre d'Athènes, épicurien très ardent et grand ami d'Atticus [2]. Cicéron, qui n'avait pas vingt ans, suivit ses leçons avec Atticus [3] et garda toute sa vie le meilleur souvenir de cet homme honnête, complaisant et doux [4]. Son second professeur fut Philon de Larisse, académicien, qui paraît avoir exercé sur son esprit une très sérieuse influence [5]. Philon de Larisse, en effet, était en même temps un maître de rhétorique, et son disciple devait trouver un double attrait à cet enseignement. Ce philosophe battait les épicuriens par leurs propres armes en citant de mémoire des fragments obscènes de leurs principaux écrivains [6] : Cicéron put donc, à quelques mois d'intervalle, entendre la critique d'un système qu'il avait d'abord goûté [7]. Aux yeux de ce bienveillant auditeur, Philon resta un grand homme (*magnus vir*) [8]. Pour que Cicéron pût établir un complet parallèle entre les différentes écoles philosophiques de son temps, il ne lui manquait plus que les leçons d'un stoïcien : son troisième professeur fut le stoïcien Diodote,

---

1. Ad. fam. XIII, 1. — 2. De leg. I, 20. — 3. De fin. I, 5. — 4. Ad. fam. XIII, 1. — 5. Ib. cf. Brutus, 89. — 6. De nat. Deor. I, 40. — 7. Ad fam. XIII, 1... *Phœdro qui nobis, cum pueri essemus,... valde ut philosophus... probabatur.* — 8. Acad. post. I, 4.

qui lui enseigna la dialectique. Le maître et le disciple s'attachèrent si bien l'un à l'autre que Diodote s'installa dans la maison de Cicéron, y vécut de longues années [1] et finit par léguer à son hôte une somme importante [2]. Cicéron ne fut pas seulement l'ami, mais encore l'admirateur de Diodote [3].

En l'an 675 de Rome, Cicéron, après deux plaidoyers compromettants, partit pour la Grèce. Le jeune orateur, âgé de vingt-huit ans, paraît avoir voulu parcourir une seconde fois le cercle de ses études philosophiques. Il entendit successivement à Athènes Zénon et Antiochus, à Rhodes Posidonius. Zénon pouvait alors être regardé comme le philosophe le plus important et le plus intolérant de la secte épicurienne [4]. Non seulement il poursuivait les stoïciens de ses sarcasmes, mais il allait jusqu'à nommer Socrate le bouffon d'Athènes (*Atticum scurram*) : il n'était pas moins acharné contre les académiciens, et pourtant Philon de Larisse conseilla lui-même à Cicéron de suivre ses cours, pour mieux apprécier les réfutations de l'Académie [5]. Mais les leçons de l'académicien Antiochus l'occupèrent plus sérieusement : Cicéron fut son auditeur pendant

---

1. Acad. prior. II, 36. — Tusc. V, 39. — 2. Att. II, 20. — 3. Acad. prior. II, 36. — 4. De N. Deor. I, 21. — 5. D. Nat. Deor. I, 34, 21.

six mois. Un fragment de sa correspondance atteste leur affection réciproque [1], et Cicéron se plaît à vanter l'élévation, la finesse, la perfection de cet enseignement [2]. On verra d'ailleurs que de telles leçons n'étaient pas de nature à faire du jeune philosophe un académicien bien exclusif. Posidonius, que Cicéron nomme dans l'*Hortensius* [3] le plus grand des stoïciens (il ne le compare sans doute qu'aux contemporains), fut le dernier de ces professeurs [4], et leurs relations se prolongèrent bien après le séjour du grand orateur dans l'île de Rhodes [5].

Cette éducation philosophique influa sans nul doute sur les opinions de Cicéron. Comment, aux leçons de Posidonius et de Diodote, eût-il méconnu les grandes qualités de la morale stoïcienne? Le choix même de ses professeurs indique assez qu'il abordait l'étude de la philosophie sans idée préconçue. Le jugement qu'il a porté sur chacun d'eux indique aussi quelle indépendance il sut garder dans l'appréciation des doctrines les plus étrangères à l'Académie. Tolérant par instinct et par raisonnement, il s'attacha naturellement à la plus tolérante des sectes; mais il fut, au demeurant, un des moins académiciens parmi

---

1. Fragm. Cic. Ad. C. Pansam. epist. lib. I. — 2. De leg. I, 21. Brutus, 91. — 3. Frag. Ciceronis. — 4. De fato, 3. De Nat. Deor. I, 3. — 5. De fin. I, 2, Att. II, 1.

les académiciens. L'état général des sectes, et singulièrement l'état de la secte académique explique encore mieux cet éclectisme.

Dans le dernier siècle de la république romaine, il ne restait presque aucun vestige du platonisme proprement dit. Depuis longtemps, Arcésilas et Carnéade avaient lancé l'Académie dans une voie nouvelle : s'attachant plutôt à quelques formes du langage philosophique de Platon qu'au fond même de sa doctrine, ils avaient substitué le plus franc scepticisme au dogmatisme des premiers académiciens. Clitomaque et Philon avaient déjà réagi contre les idées de Carnéade quand Cicéron commença ses études philosophiques, et prétendaient remplacer le scepticisme par le probabilisme. Où Carnéade ne voyait aucun moyen d'approcher, si loin que ce fût, de la certitude, Philon croyait pouvoir arriver non pas à la certitude, mais à la vraisemblance. A côté des derniers académiciens, quelques philosophes, dont les noms sont à peine venus jusqu'à nous, perpétuaient dans l'ombre l'enseignement d'Aristote. Cicéron, chacun le sait, confia l'éducation philosophique de son fils au péripatéticien Cratippe. Mais le péripatétisme et l'Académie n'exerçaient, à cette époque, qu'une imperceptible influence sur la société romaine.

Deux doctrines extrêmes, absolues, simples en apparence ou plutôt simplifiées par le génie romain qui éprouvait le besoin de tout simplifier, s'élevaient alors sur les ruines des anciennes écoles et se disputaient à peu près exclusivement l'empire des âmes. L'épicurisme s'était infiltré depuis longtemps dans la vieille Rome, où il avait inspiré les sarcasmes d'Ennius et de Lucilius contre l'antique religion, plus récemment l'immortel poème de Lucrèce. Quand toutes les croyances étaient tombées en poussière, ce peuple de soldats voluptueux et féroces fut disposé à s'éprendre d'une morale qui plaçait le souverain bien dans la volupté. Pourquoi voyons-nous tant d'épicuriens ? se demande Cicéron dans le traité des vrais biens : c'est ce mot de volupté qui les attire. D'illustres Romains allèrent jusqu'à révérer comme un Dieu cet Épicure qu'ils ne comprenaient pas et à fêter le jour de sa naissance : les uns cherchèrent dans sa morale l'excuse de leurs crimes politiques, comme César, les autres l'excuse de leur inertie politique, comme Atticus. Cette philosophie poussa ceux qui la comprirent mal à toutes les débauches, ceux qui la comprirent mieux au scepticisme en matière de religion et à l'indifférence en matière de gouvernement. C'est dire qu'elle avait déjà conquis, au temps de Cicéron, une grande popularité. Mais quelques âmes devaient embrasser d'autant plus fortement le parti contraire qu'elles étaient plus vivement frappées par l'excès du mal. C'est ainsi que Caton, Brutus, Thraséas et d'autres se réfugièrent dans le stoïcisme. Cette philosophie compta sans doute moins de disciples que la première ; mais elle tint encore une grande place dans cette vieille société : elle se naturalisa complètement sur cette terre romaine, autrefois la patrie des mâles vertus, et devint le dernier asile des débris d'une grande aristocratie. L'Académie était à la fois trop empreinte des subtilités grecques et trop portée au doute universel pour résister au progrès de l'épicurisme avec quelque efficacité. Le coup mortel qui la frappa partit de son propre sein. Le plus illustre disciple de Philon, Antiochus, attaqua vivement la doctrine de son maître sur la certitude, et, ruinant le scepticisme mitigé de l'Académie, ruina par là même le système fondamental et caractéristique de l'Académie. Le trait distinctif de cette dernière école fut un penchant excessif à l'éclectisme. Antiochus prétendit d'abord absorber la nouvelle Académie dans l'ancienne [1], et Cicéron, dans son *Brutus* [2], s'obstine à le ranger parmi les premiers académiciens : il adoptait en même temps presque toutes les opinions des stoïciens, soutenant seulement contre ses amis du Portique [3] que toutes

---

1. Acad. post. I, 4. — 2. 91. — 3. *Quos amat.*

les fautes n'étaient pas égales, que le bonheur, mais non le bonheur suprême, résidait dans la seule vertu [1], que l'honnête n'était pas le seul bien [2], et réfutant leur doctrine sur les songes [3]; mais il n'en restait pas moins un très proche parent des stoïciens aux yeux de Cicéron [4]. Cependant Antiochus affirmait encore dans un de ses ouvrages qu'il n'existait entre les péripatéticiens et les stoïciens que des querelles de mots et prétendait démontrer l'identité des deux doctrines [5] : il cherchait même, en adoptant l'opinion d'Aristote sur le souverain bien, à concilier le péripatétisme avec l'ancienne Académie [6]. Sa doctrine était donc un mélange de platonisme, de péripatétisme et de stoïcisme, où dominait l'élément stoïcien. Cicéron, sans adopter toutes les idées d'Antiochus, suivit son exemple.

On trouve dans un traité de rhétorique que Cicéron fit à vingt ans un reflet de ses premières leçons. « Il fut un temps, dit-il, où les hommes « erraient dans les champs comme des bêtes fau-« ves... [7], » et le jeune rhéteur décrit à la façon des épicuriens l'origine des sociétés. Il serait difficile de trouver une autre trace [8] d'épicurisme dans les

---

1. Acad. prior. II, 43. — 2. Acad. prior. II, 44. — 3. Acad. prior. I, 16. — 4. Acad. prior. II, 43. — 5. De Nat. Deor. I, 7. — 6. De fin. V, 5, 6. — 7. De inventione, I, 2. — 8. V. pourtant sur cette même question le *de Oratore*, I, 8, 9.

écrits de Cicéron. Quelque large que fût son éclectisme, il n'alla pas jusqu'à concilier Épicure avec l'Académie. C'est d'ailleurs dans ses ouvrages philosophiques et non dans ses cahiers de rhétorique qu'il faut chercher le secret de sa doctrine.

Cicéron, si l'on ne consultait que ses traités de philosophie politique, serait bien loin de la nouvelle Académie. Scipion qui, dans les fragments de la *République*, expose les idées du grand orateur, ne ménage guère Carnéade : « Il faut l'écar-« ter à tout prix de la jeunesse romaine ; s'il dit ce « qu'il pense, c'est un homme vil ; s'il ne dit pas « ce qu'il pense, sa doctrine au moins est mons-« trueuse [1]. » Le traité des Lois n'est pas moins franchement dogmatique. En effet, Cicéron, personnage consulaire, ne pouvait pas tracer aux yeux de ses contemporains le portrait de son idéale république et douter de sa propre conception. Ce livre n'était, en définitive, qu'un éclatant panégyrique de la constitution romaine, défendue par un homme d'État contre les soldats et les démocrates. C'eût été trahir cette cause que d'émousser ses armes avant le combat. Aussi met-il en scène, dans la *République*, Scipion Émilien qu'il ne pouvait pas transformer en disciple de Carnéade, et prend-il soin de rappeler dans le

---

[1]. De Rep. III, 20.

second ouvrage qu'il est obligé, pour ne pas se contredire, de conformer sa doctrine législative aux idées exprimées par Scipion [1]. Quand il s'agit enfin de rattacher ces traités politiques à quelque école philosophique, il s'abrite sous les grands noms de Platon et d'Aristote [2]. Tous ses écrits, en effet, respirent l'enthousiasme pour Aristote et pour le chef de l'ancienne Académie. Platon, c'est à ses yeux l'Homère des philosophes, le très saint, le très sage, le divin Platon [3]. Des abeilles s'étaient posées sur ses lèvres [4]. Jupiter, s'il eût parlé ce langage sonore de la Grèce, n'eût pas autrement parlé [5] : il nous supplie d'écouter Platon comme le dieu même de la philosophie [6] : quant à lui, dit-il encore, il aime mieux l'erreur en compagnie de Platon que la vérité sur les traces de certains sages [7]. Aristote lui paraît d'ailleurs le plus grand génie philosophique qui ait paru, Platon excepté [8] ; quel autre est plus savant, plus subtil, plus fécond et plus judicieux [9] ? Cicéron lui-même reconnaît sa grande supériorité sur les académiciens successeurs de Platon [10]. Le scepticisme modéré du philosophe romain ne s'effarouche donc pas du dogmatisme de ces

---

1. De leg. I, 6. — 2. De divin. II, 1. — 3. Tusc. I, 32. — 4. De Div. I, 36. — 5. Brutus, 31. — 6. De Nat. Deor. II, 12. — 7. Tusc. I, 17. — 8. Tusc. I, 10. — 9. Orator. 51. — 10. Academic. post. I, 4.

grands philosophes, et c'est d'eux qu'il s'inspire dans ses premiers ouvrages.

Mais Cicéron ne se consacra tout à fait aux travaux philosophiques qu'après la défaite du parti conservateur et républicain. Brisé tout à la fois par la mort de sa fille et par la chute de la constitution romaine, le grand orateur chercha dans ces études une distraction et un soulagement. C'est alors qu'il composa successivement l'*Hortensius*, les Académiques et le traité des vrais biens (*de Finibus*). Il ne nous reste que des fragments de l'*Hortensius*, et la plus grande partie des Académiques est aujourd'hui perdue ; mais Cicéron, dans ce dernier ouvrage, expose avec une certaine précision sa doctrine. Le doute universel de Carnéade l'épouvante ; mais le probabilisme de Clitomaque et de Philon le séduit. Antiochus lui semble trop dogmatique : je vous ai donné le rôle d'Antiochus, écrivait-il à Varron ; j'ai pris pour moi la défense de Philon [1]. Mais, si l'on excepte ce dissentiment sur la nature de la connaissance humaine, Cicéron va suivre désormais le procédé d'Antiochus et, comme ce philosophe, prendre son bien où il le trouvera, hors de l'Académie et dans l'Académie. Le traité des vrais biens suit immédiatement les Académiques, et

1. Ad fam. IX, 8.

Cicéron s'y montre péripatéticien : « *Quæ autem his temporibus scripsi*, écrit-il à son cher Atticus, Ἀριστοτέλειον *morem habent, in quo sermo ita inducitur cæterorum ut penes ipsum sit principatus.* » Bien mieux, les personnages du dialogue traitent avec un dédain suprême l'opinion des nouveaux Académiciens sur le souverain bien, « car enfin l'Académie est insaisissable, avec ses « doutes éternels, et n'offre pas de prise à la discussion [1] ». D'ailleurs, « il est inutile de longtemps discourir contre les idées de Carnéade : « l'honnête y étant exclu du souverain bien, c'est « la négation même du devoir et de la vertu [2] ». Les Tusculanes suivent le traité des vrais biens. Cicéron croit y devoir rappeler, au début du cinquième livre, qu'il se conforme à la méthode habituellement pratiquée par Carnéade, en cherchant partout le vraisemblable [3], et cette précaution n'est pas inutile, car l'ouvrage pourrait être signé par un disciple de Zénon. Le grand orateur vient de faire un bel éloge de la constance, et son interlocuteur l'arrête en lui reprochant d'oublier déjà son traité des vrais biens pour embrasser sur les mêmes questions l'opinion des stoïciens. Cicéron répond qu'il n'est l'esclave d'aucune école ; qu'il vit au jour le jour, soutenant tout ce

1. De fin. II, 14. — 2. De fin. V, 8. — 3. Tusc. V, 4.

qui lui paraît probable, et qu'il a gardé sa complète indépendance ; que d'ailleurs il ne cherche pas si l'honnête est l'unique bien, comme l'a dit Zénon, mais si le bonheur est placé dans la seule vertu [1]. En définitive, il est bien obligé d'avouer un peu plus loin qu'il a composé ses Tusculanes sous l'influence des idées stoïciennes [2]. Dans le *de Natura Deorum*, qui vient ensuite, il fait exposer tour à tour les doctrines religieuses du Portique par Balbus, celles de la nouvelle Académie par Cotta : la discussion terminée, il déclare que l'opinion des stoïciens lui paraît plus vraisemblable [3]. Au contraire, dans le *de Divinatione*, c'est à Carnéade qu'il s'attache contre les stoïciens : il le félicite plusieurs fois de leur avoir si bien tenu tête [4]. Il est vrai qu'au grand scandale de la secte Panétius en avait fait presque autant lui-même sur ces matières, déclarant la question douteuse [5], et Cicéron part de là pour demander au Portique l'autorisation d'étendre le doute restreint de Panétius à tous les problèmes de la philosophie.

L'antiquité divisait en trois parties l'étude de la sagesse : la logique, la physique, la morale. En logique, Cicéron est probabiliste, c'est-à-dire disciple de la quatrième Académie : l'empreinte de

---

1. Tusc. V, 11. — 2. Tusc. V, 27. — 3. De Nat. Deor. III, 60. — 4. De divin. I, 3. Cf. De divin. II, 77. — 5. De divin. I, 3.

ce scepticisme mitigé se retrouve dans tous ses ouvrages, excepté dans ses deux traités de philosophie politique, *la République* et *les Lois*. Cicéron prévient habituellement ses lecteurs qu'il fait ses réserves sur la théorie de la connaissance humaine et n'aspire qu'à la vraisemblance, malgré le dogmatisme apparent de l'ouvrage. Dans les sciences physiques, il professe un scepticisme absolu : c'est là, surtout, fait-il dire à Cotta, que le doute est naturel et sensé [1]. Cette opinion n'est pas moins nettement exprimée dans les Académiques [2]. Il ne doute guère moins volontiers en métaphysique [3] : la spiritualité de l'âme ne lui paraît pas bien démontrée [4], quoiqu'il ait, dans le traité de la Vieillesse [5], un admirable élan d'enthousiasme spiritualiste. L'existence des dieux ne lui semble pas même tout à fait sûre, et le dogmatisme religieux des stoïciens ne trouve en lui qu'un bien timide apôtre [6]. Cependant, quand il aborde le terrain de la philosophie politique, il sent ses croyances se raffermir [7], parce qu'il considère la religion comme indispensable au gouvernement des États [8]. J'indique par là même le

---

1. De Nat. Deor. 1, 21. — 2. Acad. prior. II, 36. — 3. Acad. prior. II, 38. — 4. Tusc. I, 11. — 5. 23. — 6. De Nat. Deor. I, 22. Il ne faut pas attacher trop d'importance aux dernières paroles de l'ouvrage, et Cicéron, dans ce chapitre, semble bien parler par la bouche de Cotta. — 7. De leg. I, 7. — 8. De leg. II, 7.

trait caractéristique de cette philosophie cicéronienne : aborde-t-elle enfin les problèmes de la morale? Le scepticisme n'y est à peu près qu'une affaire de forme, et le philosophe est obligé de répéter au public qui ne s'en aperçoit pas ou qui n'y croit guère : j'appartiens à la nouvelle Académie. C'est ce qu'il fait dans les Tusculanes, dans les traités des vrais biens et des Devoirs.

Cicéron n'est pas un philosophe à la façon du maître immortel de Kœnigsberg, qui, pendant une vie de quatre-vingts ans, isolé dans une ville d'Allemagne, étranger aux bruits de la terre, s'absorba dans la contemplation solitaire de la nature et de l'âme humaine. C'est un personnage consulaire qui philosophe par accident. Si les pompéiens n'avaient pas succombé à Pharsale, l'illustre orateur se fût arrêté probablement à ses deux ouvrages de philosophie politique. Homme d'État, il exposait ses idées sur le gouvernement de la république romaine : c'était encore un acte politique, et l'on pouvait y voir, avec quelque vraisemblance, tantôt la justification de sa propre conduite, tantôt le manifeste de son parti. Agé de cinquante-cinq ans quand il publia *les Lois*, il resta sept ans sans écrire un chapitre de philosophie. Mais que faire après Pharsale? Où trouvera-t-il une diversion à son deuil paternel quand il

n'existe plus ni tribunaux indépendants ni sénat libre ? C'est aux victoires de César que nous devons les loisirs et les œuvres philosophiques de Cicéron. Tous ces traités nous le montrent cherchant à vaincre son insurmontable ennui par l'étude de la sagesse, mais partageant encore son âme, quoi qu'il fasse, entre les travaux philosophiques et les préoccupations du présent ou les regrets du passé. Ces préoccupations percent déjà dans les Académiques, malgré la réserve qu'il s'impose [1]. On connaît le début des Tusculanes :
« Comme j'étais délivré complètement, ou à peu
« près, des travaux du forum et du sénat, je me
« suis tourné, sur votre conseil, Brutus, vers ces
« études dont les circonstances m'avaient éloigné
« sans en détacher mon âme [2]. » Mais avec quelle souveraine éloquence il paraphrase la même idée dans le même ouvrage ! « Dès ma jeunesse, par
« goût et par libre choix, je m'étais jeté dans le
« sein de la philosophie et voici qu'en de cruelles
« conjonctures je me réfugie, poussé par une
« grande tempête, dans ce même port que j'avais
« quitté. O philosophie, lumière de l'homme,
« compagne de la vertu, fléau du vice! que serais-
« je sans toi? Mais encore, sans toi, que serait
« cette vie mortelle? Tu bâtis les villes, tu formes

---

1. Acad. post. I, 1. — 2. Tusc. I, 1.

« les sociétés ;... tu es la fondatrice des lois, la
« maîtresse des mœurs et de la conduite humaine !
« Je me réfugie vers toi ; je te demande appui :
« jadis ma principale pensée, sois maintenant
« mon unique pensée ! Un seul jour sans repro-
« che passé sous tes lois est préférable à une
« immortalité coupable. Quel secours irais-je
« implorer plutôt que le tien ? Tu me procures
« la sérénité de la vie, tu m'enlèves la crainte
« de la mort. » Mais qu'il renaisse à la vie
politique et, malgré ce bel élan, la philosophie
ne tiendra plus que la seconde place dans sa
pensée. Sans doute il écrit encore des ouvrages
philosophiques, même après les ides de mars ;
mais la république le rappelle et réclame, par
conséquent, tous ses soins : le temps qu'il pourra
dérober aux affaires publiques appartient seul,
désormais, à la philosophie [1]. C'est pourtant dans
ces jours de sanglante agitation qu'il écrivit le
de Natura Deorum, le *de Senectute*, le *de Divinatione*, ses ouvrages sur le Destin, la Gloire et
l'Amitié, ses Topiques [2] et en dernier lieu son
traité des Devoirs commencé en l'an 710, aux
kalendes de juin, avant la première Philippique,
et terminé entre la seconde et la troisième, avant
les kalendes de décembre. Cicéron y répète ce

---

1. De divin. II, 2. — 2. Peut-être même ses Paradoxes et sa traduction du Timée.

qu'il a déjà dit plusieurs fois : quand Rome était libre, il lui avait consacré toute son âme ; quand elle était devenue l'esclave d'un homme, il n'avait voulu ni s'abandonner à sa douleur ni la noyer dans le plaisir : il avait repris l'étude de la sagesse, mais non plus en se bornant aux lectures, comme avant Pharsale. Il fuit, ajoute-t-il au troisième livre, la présence des scélérats qui remplissent l'Italie : il se cache et s'isole ; mais il a besoin de la philosophie pour échapper aux tumultueuses pensées qui l'accablent : il mettra donc ces dernières heures de solitude à profit pour lui-même et pour le monde. Plût au ciel, disait-il dans un précédent chapitre, que l'État ne fût pas tombé aux mains d'hommes encore moins désireux de le changer que de l'anéantir ! D'abord, comme avant la chute de la république, j'écrirais sans doute, mais j'agirais plus encore ; puis, au lieu d'écrire sur les devoirs, je publierais mes discours, suivant mon ancienne habitude [1]. Ce soupir de regret nous révèle Cicéron.

C'est l'homme d'État qu'on sent dans ses traités les plus exclusivement philosophiques. Veut-il exposer la dialectique de la nouvelle Académie ? Le seul livre des premières Académiques qui nous soit parvenu débute par un pompeux éloge

---

1. De Off. II, 1, III, 1.

de Lucullus. A peine Lucullus a-t-il pris la parole, et déjà les Gracques sont en scène : c'est aux Gracques et à leurs émules qu'il compare les partisans de Carnéade : ceux-ci prétendent se rattacher à Platon comme ceux-là veulent se rattacher aux patriotes qui fondèrent la république, et par cet ingénieux procédé, le vainqueur de Mithridate trouve le moyen de parler philosophie sans abandonner la politique. Cicéron sait, dans ces ouvrages, ramener à tout propos, avec une rare habileté, le tableau des anciennes vertus romaines, surtout si les personnages appartiennent au parti des honnêtes gens (*boni viri*) par quelque côté. C'est ainsi qu'il trouve des arguments en faveur de l'immortalité de l'âme dans les hauts faits de son consulat [1]. L'éloge de Regulus, de Fabricius, des deux Scipions et de quelques patriciens vénérés devient presque un lieu commun. Le traité des Devoirs abonde plus qu'aucun autre en panégyriques de cette nature. Cicéron, dans ses nombreux exemples, y fait figurer tout ce que l'aristocratie romaine comptait de plus illustre, Caius Sulpicius Gallus [2], grand ami de Paul Émile et savant astronome, Sextus Pompée [3], oncle paternel du grand Pompée, Caton l'Ancien [4], Regulus [5], Fabricius [6], Horatius Coclès,

1. Tusc. I, 15. — 2. De Off. I, 6. — 3. Ib. — 4. Ib. 12. — , Ib. 13. — 6. Ib.

les Decius, Cneus Scipion, père de Scipion Nasica, Publius Scipion, père du second Africain, Marcellus, le vainqueur de Syracuse [1], Scaurus, prince du sénat en l'an 639 de Rome, Catulus, adversaire du tribun Manilius et défenseur des actes de Sylla, Scipion Nasica [2], Fabius Maximus, qui sauva Rome par ses sages lenteurs [3], Metellus le Macédonique, père de quatre consuls, consul lui-même en l'an 614 de Rome et ennemi des Gracques [4], Caius Lelius, ami du second Africain [5], l'orateur Crassus, qui lutta contre le tribun Saturninus à main armée [6], Caius César, fils de Lucius, qui, s'il appartient à la famille Julia, périt du moins sous les coups de Cinna dans un mouvement démocratique [7], Drusus, oncle de Brutus [8], Catulus le père qui fut assassiné par l'ordre de Marius [9], Caton d'Utique [10], le grand jurisconsulte Mucius Scévola [11], Scipion Émilien [12], Scipion l'Africain [13] Cneus Octavius, consul en l'an 589 de Rome [14], Lucullus [15], Tiberius Sempronius, gendre du premier Africain, beau-père du second, dont on opposait souvent la conduite à celle des Gracques ses deux fils [16], Pompée [17], l'illustre orateur Antoine dont la tête sanglante fut attachée aux

---

1. Ib. 18. — 2. Ib, 22. — 3. Ib. 21. — 4. Ib. 25. — 5. Ib. 26. — 6. Ib. 30. — 7. Ib. — 8. Ib. — 9. Ib. — 10. Ib. 31. — 11. Ib. 32. — 12. Ib. — 13. Ib. 33. — 14. Ib. 39. — 15. Ib. — 16. De Off. II, 12. — 17. Ib. 13.

rostres par l'ordre de Marius [1], l'orateur Sulpicius Rufus en qui les honnêtes gens avaient placé d'abord de grandes espérances [2], Publius Crassus, qui fut consul avec Scipion l'Africain [3], Claudius Pulcher, un des adversaires de Saturninus [4], l'orateur Hortensius [5], le consul Silanus [6], Lentulus Spinther qui lutta contre Clodius avec une infatigable énergie [7], l'édile Seius, qui fut lié avec le parti des honnêtes gens [8], Aurelius Cotta, dont les débuts furent encouragés par l'aristocratie [9], Scribonius Curion, qu'une lettre à Quintus range parmi les défenseurs de la bonne cause [10], le tribun Marcus Octavius, qui fit abroger la loi *Sempronia frumentaria* [11], Paul Émile, Mummius, vainqueur de Corinthe [12], Brutus et Collatin, premiers consuls de Rome [13], le célèbre préteur Aquillius Gallus [14], Quintus Ælius Tubéron, cousin-germain du second Africain et adversaire déclaré des Gracques [15], le consul Flavius Fimbria, qui prit les armes contre Saturninus et fut tué par l'ordre de Cinna [16], Metellus le Numidique, ancien général de Marius et son mortel ennemi [17], Veturius et Postumius, consuls en l'an 433 de Rome [18], enfin les trois Torquatus [19], qui appartenaient à

1. Ib. 14. — 2. Ib. Cf. De Or. I, 7. — 3. Ib. 16 — 4. Ib. — 5. Ib. — 6. Ib. — 7. Ib. — 8. Ib. 17. — 9. Ib. Cf. De Orat. I, 7. — 10. Ib. — 11. Ib. 21. — 12. Ib. 22. — 13. III, 10. — 14. Ib. 14. — 15. Ib. 15. — 16. Ib. 19. — 17. Ib. 20. — 18. Ib. 30. — 19. Ib. 31.

l'une des plus illustres familles de Rome. A en juger par cette longue énumération, le personnage consulaire, qui ne s'efface guère dans les autres ouvrages philosophiques de Cicéron, paraît encore davantage dans le traité des Devoirs.

Mais ce caractère des traités cicéroniens ne se révèle pas seulement par des lambeaux d'histoire romaine. L'homme d'État s'impose au philosophe et l'idée politique marque incessamment l'idée philosophique d'une irrécusable empreinte. S'agit-il de juger une école? Cicéron l'abaisse ou l'exalte selon qu'elle nuit ou sert au bon gouvernement des États. La grandeur des conceptions, la sûreté des principes, la logique des conclusions le touchent peut-être moins que les résultats politiques d'un système. Quand il a épuisé tous ses arguments contre l'épicurisme, il lui reproche de former des hommes inutiles au pays ; car enfin jamais on n'entend retentir dans cette école le nom d'un grand citoyen : jamais on n'y cite les Lycurgue, les Solon, les Thémistocle, les Épaminondas, qui sont toujours sur les lèvres des autres philosophes[1]. Un épicurien descendant de ce Torquatus, que les fastes capitolins désignent sous le nom de Torquatus Imperiosus, vient sans doute soutenir dans le traité des vrais biens qu'en

---

1. De fin. II, 21.

paraissant immoler ses plus chers intérêts à l'État, cet incomparable citoyen agissait dans son propre intérêt : mais que dirait la grande âme de Torquatus, si elle entendait un pareil langage ? Avec quelle joie ne recueillerait-elle pas ces autres paroles qui le dépeignent comme le plus sublime et le plus désintéressé des héros [1] ! L'épicurisme ne reconnaît que l'égoïsme politique, parce qu'il n'enfante que l'indifférence politique : Cicéron le lui reproche sans trêve et singulièrement, nous le verrons plus loin, dans le traité des Devoirs. D'autre part, ce qui lui déplaît souverainement chez les stoïciens, c'est leur langage bizarre, que e peuple ne comprend pas, et leurs propositions extraordinaires, qui choquent le bon sens du peuple [2]. Cicéron, chacun le sait, s'amusa dans sa vieillesse à prendre pour matière de lieux communs oratoires les sept principaux paradoxes de leur morale [3], que les orateurs de la secte présentaient ordinairement avec une grande sécheresse d'expressions ; mais il paraît regarder cet exercice comme un tour de force et se félicite d'avoir su, quant à lui, choisir une philosophie plus accessible au vulgaire quand il lui convient d'effleurer soit au sénat, soit au forum, quelque sujet philosophique [4].

1. De fin. II, 9. — 2. De Orat. III, 18. Paradox. proœmium. — 3. *Ludens conjeci in communes locos.* — 4. Paradox. proœmium.

Mais le stoïcisme déplaît moins encore à l'homme d'État qu'à l'orateur, car enfin cette école forme de bons patriotes et des citoyens énergiques; au contraire, elle rétrécit et dessèche l'éloquence. Cicéron est un homme d'État prévoyant, un philosophe remarquable, un érudit très distingué, mais avant tout un orateur. A ses yeux, le plus grand tort du Portique est donc de produire des orateurs sans haleine, sans passion, sans ressources dans la discussion [1]. Leur obscurité le fatigue, leur habitude de défigurer le sens des mots l'irrite [2]; il se complaît à les blâmer de ne savoir ni développer un argument ni donner le moindre éclat au discours [3]; enfin il conseille à ceux qui veulent se taire de lire assidûment leurs ouvrages de rhétorique [4]. Il a des griefs tout semblables contre les épicuriens : leur philosophie lui paraît la moins propre du monde à former des orateurs [5]; il leur reproche, dans les Tusculanes, d'avoir un style confus, incorrect et vulgaire [6]. Avec quel orgueil il oppose la nouvelle Académie aux deux sectes rivales! Il embrasse, quant à lui, la philosophie d'où naît l'éloquence [7]. On ne peut pas être un parfait orateur sans avoir passé par l'Académie [8]: l'Académie ne sépare pas l'exposition

---

1. De Orat. III, 18. Brutus, 31. — 2. De fin. IV, 1, 2, 3, 7. — 3. Paradox. proœmium. — 4. De fin. IV, 3. — 5. Brutus, 35. — 6. II, 3. — 7. Paradox. proœmium. — 8. Brutus, 31.

dogmatique de l'élocution abondante et harmonieuse [1] ; enfin, s'il possède quelque talent oratoire, il l'a rapporté des jardins d'Académus et non des classes de rhétorique [2]. C'est là que le fleuve de l'éloquence prend sa source [3] et Démosthène avait été le disciple assidu de Platon [4]. S'il a pris pour modèle le livre de Panétius dans son traité des Devoirs, c'est que Panétius, abandonnant les traditions austères du Portique, empruntant aux académiciens leur clarté douce et pénétrante, énonce dans un langage accessible à tous les vérités qui sont faites pour tout le monde [5].

En effet, une des plus grandes préoccupations de Cicéron paraît être de donner une langue philosophique aux Romains. Dans les Académiques, il se demande s'il ne valait pas mieux renvoyer à la Grèce ceux qui veulent étudier la sagesse ; mais il croit, en définitive, que Rome trouvera plus d'avantage à posséder une littérature philosophique, et se met à l'œuvre [6]. Ce dessein rencontra quelques détracteurs : les érudits aimaient mieux étudier la philosophie chez les écrivains grecs [7]. Eh quoi ! leur répondait Cicéron dans son traité des vrais biens, la tragédie a maintenant chez nous droit de cité ; les plus fervents admirateurs d'Euripide applaudissent la

1. Ib. — 2. Orator, 3. — 3. Ib. — 4. Ib. 4, 1. — 5. De Off. II, 10. Cf. De Fin. IV, 28.— 6. Acad. post. I 3.— 7. De Fin. I, 1.

Médée d'Ennius et l'Antiope de Pacuvius : cependant nos tragiques se bornent à de serviles imitations. Je n'offre pas à Rome des copies ou des traductions ; elle a tout profit à lire une œuvre originale où je ne suis la Grèce qu'à distance et comme je l'entends. Je sais que les Grecs ont abordé les mêmes sujets ; mais ne lit-on pas sur les mêmes sujets Posidonius après Chrysippe, Théophraste après Aristote ? On peut bien lire à Rome un compatriote après tant d'étrangers. Il faut attribuer ces préventions à d'informes essais où l'on a misérablement imité de misérables ouvrages ; mais un livre bien écrit et bien pensé doit être bien accueilli [1]. Le préambule des Tusculanes démontre que l'auteur a désormais une entière confiance dans le succès de son entreprise. Il y considère toujours la philosophie comme une branche de la littérature grecque qu'on n'avait pas encore cultivée à Rome ; ceux qui l'avaient fait, au moins, s'y étaient mal pris. Il ne faut pas écrire sur la philosophie si l'on n'est pas écrivain. La philosophie sommeillait à Rome : c'était à lui de l'arracher au sommeil [2].

L'habitude des travaux philosophiques ne diminua pas chez ce parfait écrivain la vivacité des préoccupations littéraires, et le traité des Devoirs

---

1. De Fin. I, 2, 3. — 2. Tusc. I, 3.

on garde le fidèle reflet. Il conseille à son fils de lire ses autres ouvrages, non pas pour le rallier à la nouvelle Académie (peu lui importe, à vrai dire, que ce jeune homme la préfère ou la sacrifie au péripatétisme), mais pour le perfectionner dans la langue latine; car enfin, si d'autres peuvent prétendre au titre de philosophe, il se regarde à bon droit, sur le terrain de l'éloquence et de la littérature, comme le maître par excellence [1]. Le ton général de ses traités n'est pas le même que celui de ses discours, et la lecture des uns complétera très heureusement celle des autres [2]. Il se félicite, quant à lui, d'avoir ainsi mené de front l'éloquence et la philosophie : personne, excepté Démétrius de Phalère, n'avait uni jusque-là deux genres si divers, et le grand orateur en semble fort satisfait, tout en laissant comprendre qu'il laisse Démétrius bien loin derrière lui [3]. Dans ce même traité des Devoirs, il se réjouit encore d'avoir doté Rome d'une littérature philosophique et popularisé par là tant de nobles idées jusqu'alors ignorées de ses concitoyens [4]. Cet homme de lettres, le premier homme de lettres des temps anciens et modernes, pouvait en effet s'enorgueillir de son œuvre. Il avait créé une langue philosophique moins vigou-

1. De Off. I, 1. — 2. Ib. — 3. Ib. — 4. De Off. II, 2.

reuse, mais moins sèche que celle d'Aristote ; moins poétique, mais moins vague que celle de Platon, limpide, majestueuse, colorée, modèle d'une impérissable beauté. Cette langue entoure d'une divine auréole toutes les idées qu'elle exprime, et découvre par là même aux yeux du genre humain comme autant de rayons d'un soleil inconnu. Si l'on veut bien compter les vérités utiles que la philosophie de Cicéron sut ainsi propager, on comprendra qu'elle occupe une grande place dans l'histoire. On l'a souvent traitée de haut, comme le badinage d'un rhéteur. La plus grave erreur de la critique, on l'a dit avec raison, c'est de reprocher aux hommes de génie de n'avoir pas été autrement qu'ils furent. Quoique cette philosophie, comme l'a très bien dit Ritter, fût l'expression d'une pensée personnelle, il faut reconnaître que Cicéron n'est pas l'auteur d'un système original et forgé tout d'une pièce comme le furent, en Grèce, certains chefs d'école. Mais sa gloire en est-elle diminuée ? Ce qui lui appartient, c'est la couleur ineffaçable, fraîche après deux mille ans comme au premier jour, dont il a su revêtir chaque chose. Il n'a pas créé d'école ; mais le genre humain fut son disciple.

L'influence de ces écrits sur la société contemporaine, et plus tard sur la société chrétienne du quatrième siècle, plus tard encore sur la civilisation moderne en Occident, s'explique, avant tout, par leur tendance morale. Les manifestations du génie philosophique offrent un saisissant contraste, selon qu'on les étudie en Grèce ou dans le monde romain. L'Orient, doué d'un génie subtil, inquiet et profond, se complaît dans les spéculations les plus téméraires et scrute hardiment les mystères de la métaphysique. Rome ne lève pas les yeux jusqu'à cet obscur et lointain horizon. Rome est la patrie de la jurisprudence, la moins aventureuse des sciences philosophiques : elle excelle à raisonner sur les lois. Elle est donc admirablement disposée à comprendre la morale, qui est la préface naturelle de la jurisprudence. A vrai dire, elle ne voit guère que la morale dans la philosophie; mais elle la naturalise en Occident et lui imprime le sceau de son vigoureux génie. Pour la façonner à sa guise, elle en retranche tout ce que cette science offre encore de trop spéculatif, simplifie ses formules, et l'oblige à graver sur le bronze une autre loi des Douze Tables. Les stoïciens grecs avaient une logique, une physique et une morale, c'est-à-dire une philosophie très complète, et Tennemann affirme un peu témérairement que la morale était à leurs yeux la partie la plus importante de cette philosophie: Ariston de Chios, il est vrai, pensait que la logique nous est inutile, que la physique est au-dessus de nos forces et qu'on ferait bien de s'en tenir à la morale [1]; mais Ariston passait dans la secte pour un hérétique, et le stoïcisme classique donnait à la physique le pas sur la morale [2]. Rome a bientôt changé tout cela : chaque jour elle arrache plus complètement aux spéculations métaphysiques les disciples de Zénon; le stoïcisme conquiert une grande place dans la société romaine : il attire dans ses rangs des sénateurs, des préfets du prétoire, des empereurs, surtout des jurisconsultes ; mais ces mots *philosophie stoïcienne* et *morale stoïcienne* sont devenus à peu près synonymes.

Cicéron, pour ne pas s'isoler de la société romaine, tint compte de ses instincts. Assez éloquent pour l'entraîner sur ses pas à de nouvelles et plus complètes études dans le domaine des sciences morales, il eût philosophé dans le désert s'il eût voulu la lancer dans les abstractions métaphysiques. Il n'en avait d'ailleurs ni le goût ni l'envie. Si l'on excepte la discussion sur la nature de la connaissance humaine, qui remplit les Académiques, il n'envisage, à l'exemple de ses concitoyens, les systèmes philosophiques que par

---

1. Diog. Laert. VII, 160, 161. Senec. ep. 89. — 2. Sext. Emp. advers. math. VII, 23. Plutarque (*de Stoic. repugn.*) rapporte que Chrysippe était d'un avis contraire, mais pour mieux faire ressortir les contradictions des stoïciens.

leur côté moral. Il a fait cependant un ouvrage en trois livres sur la nature des Dieux. Mais c'est là, quoi que ce titre semble promettre, un traité de morale autant que de métaphysique. Il avait dit, au second livre des *Lois*, qu'il fallait convaincre les hommes de l'existence et de la perpétuelle présence des dieux parce que, croyant toujours vivre sous leurs regards et comme dans leur temple, ils en deviendraient plus chastes et meilleurs [1]. Quand il a fait diriger par Cotta tant d'arguments et de sarcasmes contre le polythéisme, s'il avoue qu'il incline vers les idées stoïciennes, c'est seulement après avoir invoqué les foyers et les autels, les temples des dieux, les murs même de Rome que le droit religieux proclamait sacrés, que la religion, mieux que tout le reste, couvrait d'un invincible bouclier, qu'on ne pouvait enfin, jusqu'au dernier souffle, abandonner sans crime [2]. Au reste, Carnéade ne bat en brèche la généalogie des dieux que pour montrer le vide de la démonstration stoïcienne, et non pour ébranler la foi, *ce qui ne convient pas à un philosophe* [3]. C'est enfin par des preuves morales, si je puis m'exprimer ainsi, que l'académicien Cotta s'efforce de réfuter les opinions dogmatiques de Balbus sur la providence et l'existence des dieux. S'agit-

---

1. De Leg. II, 11. — 2. De Nat. Deor. III, 40. — 3. De Nat. Deor. III, 17.

il du libre arbitre? Il n'aborde pas la question par le côté psychologique, mais encore par le côté moral, et démontre que le fatalisme, en inspirant aux hommes la foi dans la force irrésistible des événements, les plonge dans une indifférence stupide [1]; en arrachant leurs appétits, leurs opinions, leurs actions à leur propre empire, conduit à la négation du bien et du mal. « L'immoralité de ce résultat le mène à conclure « que le destin n'est pas le maître absolu du « monde [2]. »

Qu'on parcoure enfin la liste de ses ouvrages. A en juger par les fragments de l'*Hortensius*, ce ivre, qui devait populariser l'amour de la philosophie, rejetait sur le second plan la physique et la dialectique, et ne contenait guère que l'éloquent éloge de la vertu. Le traité des vrais biens et les Tusculanes sont des ouvrages de pure morale. Il faut encore ranger dans la même catégorie le livre de la Consolation, les livres sur le Destin, sur la Gloire, sur l'Amitié, sur la Vieillesse, et joindre à cette liste *la République* et *les Lois* [3], puisque la politique était une partie de la morale pour Cicéron comme pour Aristote. Enfin, peu de temps avant sa mort, il composa son traité des Devoirs, peut-être aussi son opus-

---

1. De fato, 12. — 2. De fato, 17. — 3. Peut-être même un ouvrage sur le droit civil.

cule sur les vertus [1] (*de Virtutibus*). On peut donc affirmer que ce philosophe fut surtout un moraliste. C'est par là qu'il a conquis et conservé sa grande popularité. Le moraliste a survécu au philosophe; mais cela suffit pour que le philosophe ait survécu presque tout entier.

1. V. notre neuvième chapitre.

CHAPITRE II

OBJET DU TRAITÉ DES DEVOIRS

Sommaire. — Précurseurs de Panétius. Panétius : son traité des Devoirs : plan de cet ouvrage. — Les trois livres du traité de Cicéron. — Cicéron n'a pas voulu faire un traité méthodique de morale en écrivant ce dernier ouvrage. — Il faudrait, pour le transformer en un traité méthodique de morale, le compléter avec les autres écrits philosophiques de l'auteur. — Exposé sommaire de la morale cicéronienne : lacunes et contradictions de cette morale. — Théorie stoïcienne des devoirs. Devoir idéal (*rectum*) et devoir imparfait (*officium*). Cicéron a compris cette théorie. — Objet propre du traité des Devoirs. Ce n'est pas un livre de casuistique. — Ce traité ne contient pas de théorie des droits : on n'y trouve rien sur la sanction divine de la loi morale. Opinion de Cicéron sur l'immortalité de l'âme. — Objet propre du premier livre. — Classification arbitraire des vertus. Nécessité d'y substituer une division complète et philosophique des devoirs dans l'examen critique de l'ouvrage.

C'était, chez les stoïciens, une habitude assez générale que d'écrire sur les devoirs. Zénon[1], Cléanthe[2] et Chrysippe[3], les trois fondateurs de la secte, leur avaient donné l'exemple. Tout porte à croire qu'il fut suivi par Antipater de Tarse et

---

1. Diog. Laert. VII, 4, 25. — 2. Id. 175. — 3. Plut., de Stoic. repugn. Sext. Emp. adv. math. XI, 104.

par Diogène le Babylonien [1]. Le traité de Panétius est demeuré célèbre. Hécaton de Rhodes marcha sur les traces de Panétius et composa sur cette matière un grand ouvrage, dédié à Quintus Ælius Tubéron, cousin du second Africain [2]. Enfin Posidonius et Antipater de Tyr, contemporains de Cicéron, firent chacun leur traité des Devoirs [3]. Nous ne voyons rien de semblable dans les autres écoles.

Cicéron prit Panétius pour guide dans son raité des Devoirs. Il est malaisé de comprendre pourquoi Ritter, dans son histoire de la philosophie ancienne, envisage ce Panétius comme un esprit superficiel. C'est là, ce semble, un jugement quelque peu superficiel, si l'on songe qu'il ne nous reste pas une ligne de ce philosophe. Ce stoïcien avait écrit sur les devoirs, sur les sectes (περὶ αἱρέσεων) [4], sur la force d'âme (περὶ εὐθυμίας) [5], sur les magistrats [6], sur la providence [7], probablement sur Socrate et sur l'art de prédire : il faut joindre à cette liste une épître philosophique adressée à Tubéron, que Cicéron mentionne deux fois [8]. Il eut pour disciples les plus illustres Romains, Lelius et Scipion, Fannius, gendre de Lelius, Tubéron, le jurisconsulte Scevola, l'his-

---

1. De Off. III, 12. — 2. De Off. III, 15. — 3. De Off. II, 24, III, 2. — 4. Diog. Laert. II, 87.— 5. Ib. IX, 20. — 6. De Leg. III, 5, 6. — 7. Att. XIII, 8. — 8. Acad. prior. II, 44. Tusc. IV, 29.

torien Rutilius Rufus, et cela seul devait lui gagner le cœur de Cicéron; mais il sut former en outre des élèves dignes de perpétuer son enseignement, Mnésarque, Apollonius, Démétrius, Hécaton et surtout Posidonius. C'était encore un écrivain remarquable: il n'avait pas achevé son traité des Devoirs et, comme il n'osait y mettre la dernière main, Rutilius Rufus rappelait qu'après la mort d'Apelle personne n'avait osé terminer la Vénus de Cos. Mais ce qui devait lui concilier tout à fait le grand orateur, Panétius était le plus éclectique et le plus tolérant des stoïciens comme il était lui-même le plus éclectique et le plus tolérant des académiciens. Le maître de Scipion, quoiqu'il repoussât la doctrine de Platon sur l'immortalité de l'âme [1], admirait et vantait sans cesse Platon; non seulement Horace le regarde comme un membre de la grande famille socratique [2], mais Proclus, qui devait s'y connaître, le transforme en platonicien [3]. Panétius, comprenant qu'un système éclectique repose sur l'étude approfondie des systèmes, avait fait un grand ouvrage historique [4]. Les stoïciens affirmaient que l'univers doit périr par le feu: Panétius combattit cette opinion [5]. Les stoïciens croyaient que

---

1. Tusc. I, 32. — 2. Carm. I, 20. — 3. Παναίτιος μὲν καὶ ἄλλοι τινὲς τῶν Πλατωνικῶν — 4. Son traité des sectes. — 5. De Nat. Deor. II. 46.

l'homme peut prévoir l'avenir : Panétius contesta cette proposition ¹. Les stoïciens niaient l'existence d'un plaisir contraire à la nature ; Panétius admettait deux sortes de plaisirs, l'un contraire, l'autre conforme à la nature ². Il blâmait l'apathie systématique (ἀπάθειαν et ἀναλγησίαν) ³. Il s'écartait souvent du stoïcisme classique en soutenant que la vertu ne suffit pas pour rendre l'homme heureux ⁴. C'était un principe généralement admis par la secte de Zénon que le sage doit aimer (ὁ σοφὸς ἐρασθήσεται) ⁵ : Sénèque ⁶ rapporte que, un jeune homme demandant à Panétius si tel est, en effet, le devoir du sage : « Réservons la « question pour le sage, répondit le philosophe ; « mais gardons-nous tous deux de cette passion « dangereuse. » Enfin sa division des vertus en théoriques et pratiques ⁷ paraît empruntée aux péripatéticiens. C'est avec une semblable indépendance que Cicéron devait chercher hors de l'Académie les fragments épars de la vérité philosophique. D'ailleurs, quelque respect que le grand orateur professât pour la morale à Nicomaque ⁸, il préférait évidemment à ces ouvrages *eisotériques*, d'une lecture difficile et d'une excessive

---

1. De divin, I, 3, II, 42, 47, Diog. Laert. VII, 149. — 2. Sext. Emp. advers. mathem. XI, 73. — 3. Aul. Gell. XII, 5. — 4. Diog. Laert. VII, 128. — 5. Tusc. IV, 34. Diog. Laert. VII, 129.]— 6. Ep. 116. — 7. Diog. Laert. VII, 92. — 8. De Fin. V, 5.

concision, des traités clairs, pratiques, populaires comme ceux de Panétius sur les devoirs [1]. Mais, en disciple intelligent de Panétius, il marchera librement à sa suite [2].

L'ouvrage de Panétius était composé de trois livres : il y traitait successivement de l'honnête et de l'utile; mais, après avoir annoncé qu'il s'occuperait ensuite des cas où l'utile semble contredire l'honnête, il s'était arrêté en chemin. Rien de plus étrange, si l'on songe que ce philosophe, au témoignage de Posidonius, après avoir écrit ces trois premiers livres, avait encore vécu trente ans. Panétius, a-t-on dit, laissait à dessein son œuvre incomplète; bien mieux, il ne pouvait pas la compléter parce que l'utile ne peut pas se trouver en opposition avec l'honnête. Mauvais raisonnement, puisque Panétius avait formellement promis, à la fin de son dernier livre, de publier un jour la troisième partie de l'ouvrage. Cicéron voit là, comme son devancier, l'indispensable complément d'un traité sur les Devoirs.

Ainsi donc le plan de l'ouvrage est fort simple. Après avoir défini le devoir et distingué, d'après la méthode stoïcienne, le devoir pratique du devoir idéal, Cicéron donne en quelques lignes une description plutôt qu'une définition de l'honnête :

---

[1] De Leg. III, 6. De Off. II, 10. — [2] De Off. I, 2.

il étudie successivement les quatre vertus qui le composent et les principaux devoirs qui se rattachent à chacune d'elles; il établit ensuite entre les éléments de l'honnête une certaine hiérarchie. Puis, comme il est nécessaire de ne pas s'égarer sur notre intérêt pour bien comprendre qu'il est conforme à notre devoir, il cherche ce qui nous est véritablement utile et s'efforce de tracer rapidement une hiérarchie des intérêts comme des devoirs. Il soutient, en dernier lieu, que l'utile s'accorde toujours avec l'honnête, et, passant en revue les vertus dont il a fait l'analyse, prouve que notre plus grand intérêt consiste à les pratiquer en toute circonstance.

Ce serait donc une erreur que d'envisager cet ouvrage comme un traité complet de morale. Si nous voulions recueillir les éléments d'une si grande œuvre, nous devrions les chercher dans tous les écrits philosophiques de Cicéron; il s'en faudrait bien encore que nous les pussions réunir.

Le premier devoir du moraliste qui entreprendrait une pareille tâche serait de nous indiquer sa méthode. Il n'en est pas, on le sait, de la morale comme des sciences mathématiques, où l'esprit humain procède invariablement par voie de déduction. Dans l'étude de la morale, il emploie successivement la méthode expérimentale et la méthode déductive; encore peut-il, lorsqu'il se sert de la première, étayer ses observations sur le spectacle du monde et l'universelle analogie, sur l'histoire du genre humain, sur le témoignage de la conscience. Quel système choisir ? Dans quel cas faut-il s'arrêter à l'un, recourir à l'autre ?

J'insiste à dessein sur l'importance d'un tel préambule dans un moment où une école, qui croit avoir découvert la vraie méthode philosophique et relègue orgueilleusement dans le domaine des chimères « l'aristotélisme, le cartésia-« nisme, le kantisme et les autres », attire quelques disciples aux pieds de ses autels. La philosophie positive estime que l'étude de la *mathématique*, de l'astronomie, de la physique, de la chimie, de la *biologie*, de la *sociologie*, doit précéder nécessairement celle de la morale, et le fondateur de la secte envisage celle-ci comme une science distincte [1], qu'il place à la suite des six autres. Mais son plus illustre élève [2] s'émeut d'une telle faveur et rappelle que la morale n'est point de « l'ordre objectif »; elle ne peut donc rentrer que dans la théorie subjective de l'humanité, c'est-à-dire dans l'examen de l'instrument subjectif qui

1. Politique positive d'A. Comte. — 2. E. Littré. V. le dernier chapitre de l'ouvrage intitulé : *A. Comte et la philosophie positive*.

nous sert à connaître la vérité ; or, cette théorie subjective repose elle-même sur l'anatomie, la physiologie, la zoologie, la pathologie, en un mot sur la biologie, et d'autre part sur la sociologie. Cependant M. Littré veut bien admettre qu'après l'exposition des six grandes sciences la philosophie positive « exige, pour fermer son « cercle, trois chapitres contenant des linéaments « de la morale, de l'esthétique et de la psycholo- « gie ». L'avenir nous apprendra comment cette école pourra concilier une telle proposition avec ce principe que le savoir humain peut être défini l'étude des forces qui appartiennent à la matière et des conditions ou lois qui régissent ces forces, parce qu'on ne connaît que la matière et ses forces, ni matière sans forces ni forces sans matière[1]. Plus hardi, plus conséquent peut-être, Saint-Simon demandait aux physiologistes de chasser les philosophes, les métaphysiciens et les *moralistes* comme les astronomes avaient chassé les astrologues [2]. Quoi qu'il en soit de ces tristes rêves, il importe, à toutes les époques, pour couper court à de pareilles théories, d'assigner à la morale sa méthode et, partant, sa place. C'est à quoi manqua Cicéron.

Ce problème une fois résolu, le moraliste doit

1. *A. Comte et la philosophie positive*, par Littré, page 42. — 2. Lettre d'un habitant de Genève.

descendre en lui-même et chercher à établir par l'observation psychologique la liberté de l'âme humaine. S'il n'arrive pas à ce résultat, sa tâche est déjà terminée ; l'homme n'a pas besoin de morale puisqu'il ne saurait avoir une règle. Cicéron croit à la liberté. La supériorité qu'il donne aux vertus volontaires (*virtutes voluntariæ*) sur les qualités naturelles de l'âme [1] suffirait à nous en convaincre, quand il ne l'aurait pas déclaré formellement dans son traité du Destin [2]. Saint Augustin le comprenait bien ainsi, quand il lui reprochait de sacrifier au libre arbitre la prescience divine [3].

On ne conçoit pas mieux la liberté sans une règle qu'une règle sans la liberté : c'est de là que découle toute la morale. Cicéron n'a pas insisté sur cette étroite liaison ; mais c'est là un fait si clair par lui-même qu'on ne peut guère lui reprocher d'en avoir négligé la démonstration.

Nous appliquons cette règle à toute notre conduite : mais quelle règle ? Quand, après avoir agi, nous prononçons sur le mérite de l'acte, c'est en vertu d'une loi générale que nous trouvons au-dedans de nous-mêmes et qui n'est pas notre œuvre. Le plus grand reproche qu'on ait dirigé contre Aristote, c'est d'avoir retranché cet élément

1. De Fin. V, 13. — 2. De fato, 5. — 3. De civit. Dei, c. IX, 2.

absolu de sa morale. Cette science n'est à ses yeux que le résultat de l'expérience, puisqu'il faut connaître la cause finale de nos actions pour les régler, et que déterminer cette cause finale, c'est déterminer le bien lui-même ; or, l'observation nous révèle que l'homme tend au bonheur ; donc l'homme *doit* tendre au bonheur. Mais comment conclure de la tendance habituelle à la tendance obligatoire ? du fait à la loi ? La méthode expérimentale ne saurait franchir cet abîme. Cette loi n'est autre chose que l'idée même du bien, principe primitif que la raison pure saisit par un acte nécessaire et spontané : celle-ci diffère des autres idées rationnelles en ce qu'elle est indissolublement liée à l'idée d'obligation. L'âme ne la perçoit pas sous cette forme abstraite : *le bien existe*, mais sous cette forme : *il faut faire le bien*. L'âme, en un mot, ne saurait concevoir l'existence du bien sans en concevoir en même temps la nature obligatoire. Écoutons Cicéron dans son traité de la République : « Il existe une loi
« suprême, fille de la raison, conforme à la
« nature, universelle, immuable, éternelle : sa
« voix nous mène au bien, nous éloigne du mal;
« les méchants y restent sourds, mais les bons ne
« l'entendent jamais en vain. Cette loi, nul ne
« peut y déroger ou l'abroger : le sénat et le
« peuple sont impuissants à nous en délier ; elle

« n'a besoin ni d'interprète ni de traducteur,
« car elle est la même dans Athènes et dans
« Rome, la même aujourd'hui, la même de-
« main : cette loi perpétuelle, invariable, uni-
« que, embrasse tous les peuples et tous les âges :
« c'est leur maîtresse, c'est leur reine, c'est
« leur dieu : le législateur qui la méconnaît se
« méconnaît lui-même et foule aux pieds la
« nature humaine. » On n'a jamais confessé plus
hautement l'existence d'un principe rationnel en
morale : on n'en a jamais proclamé plus solennellement le caractère universel et divin.

La formule générale du devoir se déduit facilement du caractère universel de la loi. Veut-on
reconnaître à quel signe une action est bonne et
raisonnable ? Il suffit que le motif de l'action
puisse être érigé en maxime de législation universelle ; si c'est le motif contraire qu'il faille ériger
en loi générale, l'action est mauvaise. Mais cette
formule ingénieuse et simple n'a pas été imagi-
née, on le sait, par l'antiquité. Cicéron, après
avoir emprunté à Platon sa théorie de la loi naturelle, l'abandonne brusquement pour adopter la
méthode péripatéticienne dans son traité des
vrais biens, et ce soudain revirement jette une
grande confusion dans toute sa doctrine. La transition pouvait être ainsi ménagée. Puisqu'il
existe une loi générale, il importe de substituer

une formule précise à la formule vague de la raison pure. Or cette loi ne peut être que conforme à la nature humaine. Vivre conformément à la nature, telle est donc la solution du problème moral. Il ne reste plus qu'à compléter par la méthode psychologique les données de la méthode rationnelle. Mais Cicéron paraît suivre les péripatéticiens sans s'être un instant soucié des prémisses qu'il avait posées. Pour être éclectique, on n'est pas dispensé de lier les différentes parties d'une doctrine philosophique, et le système cicéronien manque absolument de cohésion.

Aristote, nous l'avons dit, élevait sur le fondement de la méthode empirique l'édifice entier de sa morale. Or, si les lois du monde physique peuvent être démontrées par la fréquence des phénomènes physiques, il n'en est pas de même du monde moral où, quelle que fût la fréquence du phénomène observé, nul n'en saurait faire jaillir l'idée d'obligation pour un agent libre. Mais le philosophe de Stagyre était conséquent avec lui-même lorsqu'il renfermait sa morale dans la conformité des actions à la nature humaine et se livrait à l'étude minutieuse des phénomènes moraux. Au contraire, le moraliste qui place au faîte de son système l'idée rationnelle du bien ne peut plus, sans se démentir lui-même, accepter cette formule empirique. S'il l'accepte, il ne saurait éviter l'un des deux écueils où sont tombés les stoïciens et Cicéron.

Les stoïciens, on le sait, admettaient l'existence d'une loi suprême, antérieure aux lois écrites, et Chrysippe, remontant à la source la plus élevée de la justice, regardait l'idée du bien comme un attribut de la nature divine. Mais il s'attachait à ce premier principe et y subordonnait le second : *vivre conformément à la nature*. Qu'est-ce, en effet, que vivre conformément à la nature, si ce n'est obéir à toutes les forces d'impulsion que nous trouvons en nous-mêmes? Cependant y obéir c'est tantôt bien agir, tantôt mal faire. Agents libres, nous avons la puissance de faire le mal et le bien ; nous sommes sollicités tantôt vers l'un, tantôt vers l'autre. Peut-on dès lors conclure de nos aptitudes à notre fin? C'est effacer, si l'on veut être logique, toute distinction morale entre les actions humaines. Les stoïciens respectaient le texte de la formule, mais en défiguraient le sens : vivre conformément à la nature, c'était, pour eux, vivre conformément à la raison. La nature devenait à leurs yeux un équilibre produit par la domination de la partie raisonnable (τὸ ἡγεμονικόν); les Grecs l'appelaient σύστασις [1], les Latins *constitutio*[2]. Le règne universel et constant

---

1. Diog. Laert. VII, 85. — 2. Senec. epist. 121.

de cette partie raisonnable, voilà donc notre destinée, qui se rattache par là même à l'idée rationnelle et obligatoire du bien, principe fondamental de la morale. Les autres sectes avaient beau jeu pour reprocher aux stoïciens de sacrifier à cette partie raisonnable le reste de la nature [1] humaine ; mais ceux-ci, faisant dépendre nos aptitudes de notre fin et non pas notre fin de nos aptitudes, rejetaient à dessein les conséquences du principe empirique. Leur système était inattaquable s'ils avaient déterminé le souverain bien par la conformité de nos actes à la raison humaine : il suffisait d'y changer un mot.

Cicéron, après avoir reconnu l'existence d'une loi supérieure qui n'est autre chose que la raison idéale traçant à l'homme sa règle de conduite [2], ne s'embarrasse plus de ce premier principe. Il proclame, à diverses reprises, que toute la morale est comprise dans la détermination du souverain bien ; puis, remarquant que l'homme est organisé pour se conserver et se développer, en conclut que sa fin véritable est de vivre conformément à la nature [3]. Mais il ne va pas suivre l'exemple des stoïciens : il prétend étudier la nature humaine sous toutes ses faces et en retracer la complète image. L'homme est composé d'un corps et d'une

---

1. V. de Fin. IV, 11. — 2. De Leg. I, 12. — 3. De Fin. V, 9.

âme. Le corps doit être vigoureux et sain : la nature le veut ainsi ; bien mieux, elle règle nos gestes, notre attitude, notre allure, etc. C'est encore le vœu de la nature que chacun de nos sens fonctionne librement et perçoive avec promptitude, etc., etc. L'âme a des vertus ou qualités naturelles, comme la docilité, la mémoire, et des vertus ou qualités volontaires, comme la justice, la tempérance, etc. Les qualités de l'âme l'emportent sur celles du corps, les qualités volontaires sur les qualités naturelles [1]. Leur réunion constitue le souverain bien [2]. Ce système a trois vices principaux. Cicéron, pour établir une hiérarchie entre les divers éléments du souverain bien, n'emploie qu'un bien faible argument : *ea maxime expetenda ex nostris quæ plurimum habent dignitatis* [3]. Mais comment établir cette supériorité ? Quoi ! ces qualités du corps sont aux vertus volontaires de l'âme ce qu'est en plein jour la lueur d'une étoile à la flamme du soleil [4], et cette thèse reste à l'état de pressentiment instinctif sans être appuyée d'un seul raisonnement ! Le second vice de cette doctrine, c'est de conclure du penchant à l'obligation. Que l'amour de l'être et du bien-être soit inhérent au cœur de l'homme, rien de plus clair ; mais, de là, comment tirer un seul précepte

---

1. De Fin. V, 13. — 2. De Fin. V, 23. — 3. De Fin. V, 13. — 4. De Fin. V, 24.

de morale individuelle? Au moment même où cesserait l'amour de l'être, le suicide ne pourrait plus être défendu. Remarquons enfin que ce système embrasse beaucoup d'objets étrangers à la morale. Il s'agit de déterminer notre fin; la vigueur de nos muscles et la grâce de nos mouvements n'ont rien à faire avec le problème de notre destinée. La médecine et la gymnastique deviendraient des sciences morales, si nous avions des devoirs envers notre corps; mais la morale individuelle n'a que la personne morale pour objet. Les stoïciens ont mieux aperçu, selon nous, la portée de cette science quand, amenés à traiter la question du bien suprême, ils ont rejeté dans l'ombre la santé, la force, la richesse, etc. Certes, ce sont là des objets dignes de nos préférences, disaient-ils; mais puisqu'il s'agit de déterminer philosophiquement le souverain bien d'un agent raisonnable et libre, écartons ces avantages accessoires : le bien, c'est l'honnête, c'est-à-dire la conformité de nos actes à l'éternelle loi. Ce serait employer le mot *bien* dans deux sens différents que de l'appliquer en même temps à l'honnête et, par exemple, à la richesse. Kant, dans la *Critique de la raison pratique*, reproche vivement aux Romains de n'avoir qu'un seul mot pour exprimer deux notions aussi différentes. Si l'on veut donner à la langue philosophique une précision rigoureuse, l'honnête est le seul bien. Jusque-là tout s'enchaîne parfaitement; mais les stoïciens vont jusqu'à proclamer l'identité du bonheur et du bien. Leur sage, en possédant la vertu, possède, au sein des plus affreux tourments, la plus parfaite félicité. Cicéron développe aussi cette thèse dans le cinquième livre des Tusculanes ; si l'on m'accorde, dit-il, que la souffrance, l'exil, la pauvreté, l'esclavage, etc., ne sont pas des maux, je reconnais que le sage est parfaitement heureux. C'est toujours la même confusion. Il existe une différence entre le bien moral et les conditions du bonheur humain, parce que nous sommes des créatures sensibles, attachées à la terre par des liens sans nombre. La pleine possession du bien moral ne garantit pas à l'homme cette félicité qui ne dépend pas de lui. Le paradoxe stoïcien n'est qu'un rêve démenti par le cri de la conscience humaine.

Bien qu'un abîme sépare la doctrine d'Aristote et celle de Zénon, Cicéron s'obstine à ne voir qu'une querelle de mots entre ces deux écoles, emporté par la fougue d'éclectisme qui s'était emparée de l'Académie. Si l'on en juge par le cinquième livre des Tusculanes, il ne tenait pas beaucoup à ses premières opinions sur la question des vrais biens. Dans son traité des Devoirs, il déclare que ce problème le laisse encore indécis et qu'il adopte, suivant les circonstances [1], tantôt l'avis des péripatéticiens, tantôt celui des stoïciens. Admettons, dit-il, que l'honnête soit le bien principal ou l'unique bien : laquelle des deux prémisses, peu m'importe, pourvu que ce soit l'une ou l'autre : *mihi utrumvis satis est*. On comprend désormais comment le grand orateur, après avoir suivi les traces d'Aristote dans son principal traité de morale, emprunte aux stoïciens leur théorie des passions et leur théorie des devoirs.

Parmi les grands systèmes de morale, aucun ne s'est produit dans le monde sans une théorie des passions. Dans toute notre conduite, en effet, nous suivons tantôt l'impulsion des appétits et des affections, tantôt celle de la raison. Distinguer entre ces mobiles et ces motifs, comme on dit dans l'école, et leur assigner leur véritable rôle dans la direction de la vie, c'est un des points les plus importants de la morale.

Cicéron définit la passion, d'après le Portique, un trouble de l'âme irrationnel et contraire à la nature [2]. Il existe quatre passions principales, d'où naissent toutes les autres : le désir effréné (*libido*), l'extrême joie (*lætitia*), la crainte et la douleur, selon que l'âme s'émeut d'un bien futur ou pré-

---

1. De Off. III, 7. — 2. Tusc. IV, 6.

sent, d'un mal futur ou présent. Cette classification des stoïciens, pour n'être plus de mode, n'en est pas moins judicieuse, et, si l'on y regarde de près, repose sur une étude exacte de notre sensibilité. Leur subdivision, qu'on peut étudier tout au long dans le quatrième livre des Tusculanes, attestait encore un travail sérieux d'analyse psychologique [1]. Ils comparaient ingénieusement le mal moral au mal physique et l'habitude du mal moral à l'état maladif du corps [2]. Mais, comme le dit en de très bons termes le philosophe romain, tandis que le corps est fatalement soumis au mal physique, l'âme ne succombe que par sa faute au mal moral parce que la source des maladies morales est dans la désobéissance aux lois de la raison [3]. Que l'homme y prenne garde, ajoutait-il : c'est dans son imagination qu'est l'arsenal de ses passions : il les fait naître en lui par l'opinion qu'il conçoit des événements; il en est donc le maître puisqu'il peut réformer à son gré cette opinion [4]. C'est ici que les stoïciens commencent à fausser l'observation psychologique pour plier les faits au joug d'une utopie. Nous pouvons changer nos désirs, mais non pas le monde, résister à la douleur, mais non pas l'éviter. On connaît cette phrase d'un stoïcien : « Son fils est mort : consé-

---

1. Tusc. IV, 7, 8, 9, 10, 11, 12. — 2. Tusc. IV, 13. — 3. Tusc. IV, 14. — 4. Tusc. IV, 7.

« quence, son fils est mort. Rien de plus [1]. » Cicéron s'excuse donc d'avoir écrit son livre de la consolation, le cœur brisé par la mort de sa fille [2] : « Il est vrai, » dit-il, « que je n'étais pas un sage; » cette excuse est excellente parce qu'elle est l'excuse des meilleurs comme des pires, celle du genre humain tout entier. Zénon, Cléanthe, Chrysippe ne se regardaient pas non plus comme des sages. Ainsi s'explique encore cette partie de leur morale : ils concevaient un type idéal du sage et proclamaient son impassibilité comme l'état naturel de l'être parfait. Leur but était moins d'élever notre imperfection à ces hauteurs inaccessibles que de lui proposer un modèle d'une pureté divine. Le seul tort du Portique, c'est, après avoir réuni en un seul faisceau tous ces éléments du bien absolu, d'en faire l'auréole d'un homme introuvable et non pas d'un être divin. Mais il faut lui savoir gré d'avoir si nettement prescrit l'asservissement des passions au devoir et d'avoir vu dans cette subordination l'épanouissement complet de notre liberté. Cicéron s'est très heureusement approprié cette doctrine dans les Tusculanes, et le traité des Devoirs en porte l'empreinte [3].

Tandis que les stoïciens, dans leur théorie des

---

1. Arrien, livre II, c. 5. — 2. Tusc. IV, 20. — 3. De Off. I, 29, 39.

passions, au lieu d'expliquer l'influence des appétits et des affections, d'en constater l'intervention jusque dans nos motifs rationnels d'action, mutilaient systématiquement l'homme en ne tenant aucun compte de la sensibilité humaine, ils donnaient à l'antiquité la théorie des devoirs la plus profonde qu'elle ait connue.

Cicéron mentionne deux fois [1] dans son dernier ouvrage l'importante distinction que les stoïciens établissent entre le devoir parfait (κατόρθωμα, *rectum*) et le devoir imparfait (καθῆκον, *officium*). On a dit un peu légèrement [2] qu'il n'en avait pas même soupçonné le sens. Peut-on croire qu'un si grand esprit, lorsque les innombrables ouvrages des stoïciens subsistaient encore, n'eût pas compris une proposition si simple, à la portée du plus mince historien de la philosophie dans les temps modernes ? Le devoir parfait, dit Cicéron, c'est le bien pratiqué par le sage : les autres hommes, dans leurs actions les plus conformes à la nature, n'accomplissent que le devoir imparfait [3]. C'est le sage qui, les yeux fixés sur le bien idéal, s'y attache uniformément dans toute sa conduite sans qu'aucune autre considération pèse sur son âme : le devoir parfait n'est que le développement exclu-

---

1. De Off. I, 3, III, 3. — 2. Histoire des théories et des idées morales dans l'antiquité, par J. Denis, I, p. 315. — 3. De Off. III, 3, 4.

sif et continu de son activité vertueuse. Ce n'est pas que le sage et le vulgaire ne puissent être guidés à un moment donné par une même intention ; mais les mots κατόρθωμα, *rectum*, Ritter et d'autres ne l'ont pas assez remarqué, expriment un ensemble d'actes bien plutôt qu'un acte isolé. Cependant le sage, comme le dit Cicéron, ce n'est ni Lelius, ni les Scipions, ni les deux Decius, ni Fabricius ou Aristide. Or, le stoïcisme, qui regardait le relâchement de l'activité comme une interruption de la vie[1], ne pouvait laisser sans règle ces autres hommes qui composent l'humanité tout entière. Il va donc leur donner des préceptes de conduite en leur indiquant comment on peut vivre conformément à la nature, c'est-à-dire à la raison, sans posséder en soi la plénitude de l'activité vertueuse. De là découle toute la théorie des devoirs imparfaits que Cicéron expose dans son *de Officiis*. S'il n'insiste pas davantage sur une division fondamentale chez les stoïciens, c'est qu'il traite en général avec le dédain de l'incrédulité tout ce qui se rapporte à leur sage idéal. Déjà, dans les Tusculanes, s'adressant à son interlocuteur : « Il vaut mieux, je pense, laisser un moment le sage pour m'occuper de vous[2]. » On sent poindre, si l'on a quelque peu vécu dans

---

1. Sext. Emp. advers. mathem., XI, 73. — 2. Tusc. IV, 27.

l'intimité d'un grand orateur, la même ironie dans le dernier livre du traité des Devoirs[1]. Ici comme toujours il se hâte d'arriver aux questions pratiques de la morale. Il n'avait pas du reste à se préoccuper de cette distinction dans le cours de l'ouvrage, le devoir parfait ne différant du devoir imparfait que par le caractère indéfectible de l'intention vertueuse dans la personne du sage.

La détermination de nos devoirs particuliers, voilà donc l'objet propre de ce livre. Un pareil dessein n'est pas sans quelque péril, parce que la morale ne doit pas dégénérer en casuistique. C'est le reproche que le stoïcien Ariston faisait à cette partie de la morale stoïcienne : « Si vous dites « comment un mari doit vivre avec sa femme, « pourquoi ne pas dire aussi comment il faut « vivre avec une femme qu'on a épousée vierge « ou veuve, pauvre ou riche ? » La casuistique, en effet, quoiqu'elle ait la prétention de tout régler, ne saurait prévoir les innombrables nuances de l'acte et de la pensée : c'est une chimère que de vouloir embrasser dans une série de formules toutes les actions de la libre humanité, quand deux actions humaines ne se présentent jamais sous un aspect semblable. Mais aussi définir le bien et s'en tenir là, comme le veut Ariston, c'est

---

1. C. 3 et 4.

tomber dans l'excès contraire. La morale, pour n'être pas une creuse abstraction, doit au moins tracer les cadres de nos devoirs et donner quelques idées précises sur les rapports généraux de l'homme avec ses semblables, avec lui-même, avec Dieu. La science a-t-elle tout dit lorsqu'elle a déclaré que l'homme avait des devoirs envers lui-même? Singulière morale qui laisserait à l'arbitraire de la conscience individuelle le soin de décider si le suicide, la mutilation, l'esclavage volontaire sont permis ou défendus ! Le livre des *Devoirs* n'est pas un traité de casuistique, car Cicéron n'a jamais eu l'intention d'y dresser un catalogue de tous nos devoirs : quelquefois même il indique sa pensée d'un mot, alors qu'il serait utile d'approfondir le sujet d'une manière un peu plus détaillée [1]; quelquefois, au contraire, il descend à de trop minutieux préceptes [2]. Mais ces défauts de composition n'existaient pas au même degré pour les anciens qui glissaient volontiers sur certains points fort importants au gré des modernes et s'arrêtaient longuement à des questions presque insignifiantes à nos yeux.

Nous apprécierons en détail cette théorie des devoirs et nous en ferons ressortir les imperfections. Mais nous devons signaler d'abord deux

---

1. V. par exemple le 13ᵉ chapitre du premier livre. — 2. V. par exemple les chapitres 27 à 42 du premier livre.

lacunes qu'offre l'ouvrage de Cicéron, si l'on y cherche un traité complet de morale pratique : il ne contient pas de théorie des droits ; on n'y trouve rien sur la sanction divine de la loi morale.

On peut dire, nous le savons, qu'il est inutile de compléter une théorie des devoirs par une théorie des droits. J'ai le devoir de respecter votre vie, votre honneur, vos biens : donc vous avez le droit de les faire respecter ; ce n'est là, pour ainsi dire, qu'un même précepte envisagé sous une autre face. Mais n'est-il pas utile de l'étudier sous ces deux aspects? Cette corrélation n'est pas toujours claire ; de très grands esprits l'ont méconnue : le moraliste n'est pas dispensé de la prouver. Parfois la notion du droit semble précéder celle du devoir ; parfois encore on ne sait auquel de nos devoirs rattacher quelques-uns de nos droits. La liberté de conscience, par exemple, repose-t-elle sur l'obligation qui nous est imposée de ne pas gêner la croyance d'autrui? L'obligation ne repose-t-elle pas plutôt sur le droit qu'a tout individu d'écouter sa conscience en choisissant sa foi ? Ce droit ne repose-t-il pas à son tour sur un devoir de morale individuelle qui consiste à s'interroger soi-même et à conformer sa croyance à sa raison ? Voilà des problèmes que la science doit résoudre sous peine de se condamner elle-même à l'impuissance. L'origine du droit indiquée, elle doit encore en fixer l'étendue. Quel droit n'est limité par un devoir ? Mais les hommes ne s'entendent guère sur la détermination des limites, et je ne sache pas d'objet plus digne de leurs méditations. Une morale est incomplète sans une théorie des droits.

Il importe encore davantage d'apprendre aux hommes que la loi morale n'est pas dépourvue de sanction. Tel est sans doute le caractère de cette loi suprême qu'elle devrait exercer sur nos âmes un irrésistible empire et nous attirer à elle par sa seule beauté. Mais, comme les passions obscurcissent notre vue, nous sommes souvent enclins à la méconnaître : il faut donc avertir l'homme qu'il existe un ensemble de moyens propres à garantir l'accomplissement de la loi. Cicéron reconnaît l'existence d'une sanction intérieure lorsqu'il dépeint le remords dans l'âme du tyran comme une tache que rien n'efface ou comme une plaie que rien ne cicatrise [1]. Il y parle longuement de cette sanction extérieure qui consiste dans l'opinion : l'estime publique s'attache au juste, le mépris public au méchant ; « le caractère propre de la « vertu, c'est de gagner le cœur des hommes [2], » « car la nature elle-même nous invite à chérir « ceux qui nous paraissent vertueux [3] ». Dans un

---

1. De Off. III, 21. — 2. De Off. II, 5. — 3. De Off. II, 9.

admirable chapitre du second livre, l'auteur nous montre les rois et les peuples victimes de leurs injustices, Rome elle-même châtiée de ses crimes par la guerre civile et par la servitude [1]. Voici la formule de cette inexorable sentence : *Jure igitur plectimur*. Mais il ne faut pas la traduire : Dieu nous frappe justement : ce serait en dénaturer le sens. Que signifie pourtant ce terrible *jure plectimur* si l'on n'admet pas une justice divine capable de foudroyer les nations coupables ? Mais ce n'est là pour Cicéron qu'une autre espèce de sanction sociale. Lacédémone abusa de l'empire : ses alliés la prirent en haine et l'abandonnèrent au combat de Leuctre. Rome laissa persécuter les alliés ; les citoyens sont persécutés à leur tour : elle encouragea les plus grands forfaits par l'impunité ; César a pu tout oser. « C'est ainsi que les murs de Rome sont encore « debout, mais que Rome elle-même a succombé ! « Si tous ces malheurs nous accablent, c'est que, « las de nous faire aimer, nous avons mieux « aimé nous faire craindre [2]. » Quant à la sanction divine, il la juge d'un mot : « Gardons notre « serment, dit-il, par amour de la justice et de la « bonne foi, non par crainte de la colère divine, « qui n'est qu'une chimère (*quæ nulla est*) [3]. »

1. De Off. II, 7, 8. — 2. De Off. II, 8. — 3. De Off. III, 29.

Mais c'est ébranler la morale dans ses fondements que de montrer l'Être suprême indifférent à l'accomplissement de la loi. Ce système, on le sait, reprend quelque crédit, et la philosophie positive soutient aujourd'hui que chercher une pareille sanction, c'est chercher à la morale un point d'appui dans les cieux, partant y introduire l'élément surnaturel pour en bannir l'élément scientifique. Sans nous arrêter à réfuter ce système, rappelons que la philosophie positive n'a pas encore de morale.

Nous ne voyons donc pas resplendir au sommet de la morale cicéronienne la sainte espérance de notre immortalité. Ce n'est pas que le grand orateur l'ait formellement écartée. Dans l'*Hortensius*, il admet très bien les deux hypothèses et se contente d'avouer que la première a rallié les plus grands philosophes [1]. Il est plus affirmatif dans le traité des Lois parce qu'il y fait de la philosophie politique et ne veut pas ébranler une croyance utile au gouvernement des empires. Mais il étudie scientifiquement la question dans les Tusculanes. Il y expose que le respect des tombeaux, quelques croyances populaires, le penchant de tous les hommes à s'occuper des événements qui suivront leur mort, le sentiment uni-

---

1. 8º fragment.

versel des peuples, enfin certaines considérations sur la substance de l'âme humaine peuvent justifier l'opinion des platoniciens ; mais il expose ensuite avec une parfaite impartialité l'opinion contraire [1]. Peu lui importe, en effet, puisqu'il cherche simplement à démontrer dans cette partie des Tusculanes que la mort n'est pas un mal. Cependant, comme son interlocuteur s'écrie : « On « ne me fera jamais croire que l'âme périt avec « le corps. » « Voilà, réplique-t-il, un sentiment « fort louable : mais il ne faut pas trop s'y fier [2]. » Il avait déjà, dans un précédent chapitre, annoncé sa neutralité [3]. Mais, alors même qu'il raisonne dans l'hypothèse platonicienne, il ne rattache pas à la morale, comme l'ont fait quelques anciens et la plupart des modernes, cette question de la survivance des âmes, et s'il parle des châtiments terribles dont la religion païenne menace les coupables après leur mort, c'est pour les traiter de visions ridicules, comme dans le troisième livre des *Devoirs*. Quelle est, s'écrie-t-il, la vieille femme assez folle pour s'abandonner à de pareilles terreurs ? Panétius, on le sait, refusait de croire à la survivance des âmes ; Cléanthe admettait leur survivance, mais non leur immortalité. Chrysippe n'accordait cette prolongation d'exis-

---

1. V. tout le premier livre des Tusculanes. — 2. Tusc. I, 32. — 3. V. le *nihil enim pugno* du 12e chapitre.

tence qu'aux âmes des justes : mais pas un philosophe stoïcien, quelle que fût son opinion sur un problème si diversement résolu dans sa propre secte, ne concevait la nécessité d'une sanction divine au delà du tombeau. Cette erreur, partagée par Cicéron, reposait sur un sophisme fondamental de la morale stoïcienne : l'identité du bien moral et du bonheur. Puisque le sage est souverainement heureux, quoi qu'il arrive, alors même qu'il meurt dans l'opprobre et dans les supplices, la morale n'a guère à se soucier de sa destinée future : à quoi bon ce luxe de sanctions quand la parfaite harmonie du bonheur et du bien subsiste sur la terre ? Mais la conscience du genre humain proteste contre ce paradoxe, et Cicéron eût pu se rappeler qu'un grand stoïcien, son ami politique, était mort en lisant le Phédon.

Nous avons indiqué le plan, marqué le but et les limites du traité des Devoirs. Ce traité peut se diviser en deux parties bien distinctes : une théorie des devoirs contenue dans le premier livre ; la démonstration d'une thèse spéciale, l'identité de l'honnête et de l'utile, commencée dans le second livre et terminée dans le troisième. Le plan de la première partie, la plus importante de l'ouvrage, doit fixer notre attention.

Toute théorie des devoirs débute par une classification. Le choix de cette classification n'est pas une chose indifférente, car s'il est puéril de prétendre dresser un catalogue de nos obligations, il est indispensable d'en tracer un cadre complet et de ne laisser dans l'ombre aucune catégorie générale. Ainsi donc cette classification doit reposer sur une analyse psychologique très exacte. Dès que l'homme se trouve en rapport avec des êtres libres, il est obligé moralement envers eux, mais seulement envers eux; car, ainsi que le dit Sénèque, on ne remercie pas les fleuves, quoiqu'ils portent les navires, entretiennent l'abondance sur nos tables et promènent, à travers nos champs, leurs ondes poissonneuses [1]. La classification des devoirs, en un mot, n'est que celle des êtres intelligents et libres avec lesquels l'homme est en rapport. Créé par l'Être nécessaire et souverain, placé dans la société humaine, vivant néanmoins d'une vie individuelle, l'homme a des rapports nécessaires avec lui-même, avec ses semblables, avec Dieu. Cette division des devoirs est la meilleure; elle repose sur les données incontestables de l'observation psychologique, elle embrasse l'être humain tout entier.

Cicéron, d'après les stoïciens, suit un autre procédé. Comme il avait adopté leur division des

1. Des bienfaits, VI, 7. Citation et traduction de M. J. Simon.

passions dans les Tusculanes, il adopte, dans le traité des Devoirs, leur division des vertus. Il existe quatre vertus : la prudence, la justice, le courage et la tempérance ; de chacune d'elles découle une classe de devoirs, et l'ensemble de ces devoirs constitue *l'honnête*. Cette méthode est périlleuse. Sur quoi fonder une division des vertus? Comment s'assurer qu'elle est exacte et complète? Non seulement les subdivisions peuvent varier à l'infini suivant l'inspiration de chaque moraliste, mais encore les philosophes ne s'entendront pas sur le sens et la portée des divisions principales. La classification du grand orateur est moins qu'une autre à l'abri de ce reproche. S'il l'a choisie, c'est parce que les stoïciens l'avaient adoptée ; mais ceux-ci ne l'avaient adoptée que pour l'avoir trouvée chez Platon : Platon, de son côté, l'avait empruntée aux premiers philosophes de la Grèce. Par une conséquence naturelle, elle change absolument de signification selon qu'on la rencontre chez les premiers philosophes grecs, dans les dialogues de Platon et dans les ouvrages des stoïciens [1]. Nous ne saurions donc nous conformer à la méthode aventureuse de Cicéron dans notre examen critique du traité des Devoirs. Le seul moyen d'en apercevoir les

1. V. notre chapitre sur la théorie des quatre vertus.

lacunes, c'est de substituer à une division si peu philosophique une classification plus large, qui comprenne tout l'être moral. Nous allons consacrer six chapitres successifs aux devoirs de morale individuelle, de morale sociale et de morale religieuse, tels que Cicéron les a décrits dans son dernier ouvrage. Nous comprendrons mieux ainsi quelle imperceptible place l'auteur laisse à la première et à la troisième classe de nos devoirs. Nous verrons, en adoptant les subdivisions nécessaires qui dérivent de la nature des choses, qu'il a sacrifié la partie la plus humble, mais non la moins importante de la morale sociale, pour s'occuper presque exclusivement de nos devoirs envers la patrie et l'humanité. Tel est, en effet, le caractère politique de ce traité qu'on pourrait l'intituler : recueil de préceptes pour les jeunes gens qui se destinent à la vie publique. Il ne faut pas oublier que l'ouvrage est dédié au jeune Cicéron.

CHAPITRE III

DEVOIRS ENVERS NOUS-MÊMES

Sommaire. — Il existe une morale individuelle. Tendance de l'auteur à l'absorber dans la morale sociale. — Devoir de conservation. Conflit du devoir de conservation et des devoirs sociaux. Théorie stoïcienne du suicide : contradictions de Cicéron. — La question de l'esclavage volontaire. — Du perfectionnement de l'être intellectuel : contraste avec le système platonicien. — Du perfectionnement de l'être moral : théorie stoïcienne de l'impassibilité. — Affirmation de la morale individuelle dans le second chapitre du premier livre et négation de la morale individuelle dans le quarante-troisième chapitre du même livre. Malgré cette négation, Cicéron n'a pu faire complètement abstraction de nos devoirs envers la personne morale.

Certains philosophes ont pensé qu'on pouvait réduire toute la morale à nos devoirs envers l'humanité. Leur erreur se conçoit aisément. Parmi nos actions, il n'en est pas une qui n'intéresse nos semblables. Caton d'Utique, en se donnant la mort, prive l'humanité de ses services ; Cicéron, qui ne s'est pas soustrait aux événements, pourra la servir encore. Celui qui laisse son intelligence en friche manque à ses devoirs envers ses semblables : fécondée par le travail, cette intelligence eût peut-être propagé des vérités utiles au genre humain. Nicole, après avoir dit qu'on se procure la paix à soi-même en réglant ses pensées et ses passions, ajoute avec beaucoup de sens que, par cette paix intérieure, on contribue en même temps à la paix de la société dans laquelle on vit [1]. L'obéissance aux lois de la morale individuelle importe donc à la société tout entière.

Mais il n'en faut pas conclure que nous n'ayons pas de devoirs envers nous-mêmes. Quelques-uns de nos devoirs ont l'être moral pour objet direct et ne se rapportent qu'indirectement à l'humanité. D'après les stoïciens, le sage est sur la terre comme un esprit céleste dans lequel Dieu lui-même réside : abdiquer ou dégrader l'être moral, c'est profaner le temple intérieur, et nous devons à la divinité qui l'habite un inviolable respect. Envisageons les actions humaines en elles-mêmes et non dans leurs conséquences. Un homme se dépouille de sa liberté au profit d'un autre homme et signe volontairement le pacte d'esclavage. Sans doute il manque à l'humanité par une pareille stipulation : maître de

1. Des moyens de conserver la paix avec les hommes. Partie I, chap. 1.

ses actes, il eût pu la servir à sa guise; il n'appartient plus à ses semblables; c'est un maître qu'il servira. Cependant qui peut prévoir les conséquences du contrat? C'est peut-être pour le plus grand bonheur des hommes qu'il abdique : libre, il eût pu devenir criminel. Laissons donc les résultats inconnus, chimériques, peut-être impossibles de cet acte pour l'acte seul : c'est avant tout lui, lui-même que concerne le pacte d'esclavage. Cette aliénation de la liberté n'est qu'une mutilation d'un certain genre. C'est lui qu'il frappe avant les autres, c'est envers lui qu'il est d'abord coupable, c'est un précepte de morale individuelle qu'il a violé.

Quand il s'agit d'actes semblables, le moraliste peut les qualifier sans hésitation. Mais un grand nombre de devoirs s'offrent à nous sous un jour plus incertain. Le moraliste, en se plaçant à deux points de vue, peut également les rattacher à la morale individuelle ou à la morale sociale. Son choix dépend alors de ses préoccupations habituelles et de la tendance générale de son système. C'est ainsi que, en dépit d'une phrase placée au second chapitre de l'ouvrage, Cicéron n'aperçoit guère de devoirs en dehors des devoirs sociaux. Bacon avait si bien compris cette théorie qu'il écrivait: « *Repetamus bonum communionis, quod* « *societatem intuetur : istud nomine officii vo-*

« *cari consuevit, siquidem vocabulum officii
« magis proprie attribuitur animo bene dispo-
« sito erga alios, vocabulum virtutis animo intra
« se recte formato et composito* [1]. » Nous expliquerons un peu plus loin pourquoi Cicéron donne une si grande place à la morale sociale.

Cette réflexion s'applique surtout aux devoirs issus d'une certaine vertu que Cicéron nomme à la fois *verecundia, temperantia, modestia, decorum*, dont l'objet principal est de régler avec mesure les moindres actions de la vie. C'est par elle que nous conservons la dignité du caractère, et c'est là, sans nul doute, un devoir qu'on peut rattacher à la morale individuelle. Mais Cicéron considère l'homme comme un acteur sur la scène du monde. Que l'homme y prenne garde ! S'il manque de mémoire ou s'il joue son personnage à contre-sens, le public témoignera son mécontentement par des huées et des sifflets. Le moraliste, les yeux fixés sur le spectateur, règle donc avec un soin minutieux le geste, l'attitude, la démarche, la prononciation, le costume. En un mot, il absorbe à peu près toute cette classe de devoirs dans la morale sociale parce qu'il ne peut se résoudre à envisager l'homme isolé de l'humanité. Nous pourrions souvent examiner sous

---

1. De Augmentis scientiarum, VII, 2.

un autre aspect les mêmes phénomènes moraux ; mais il faut prendre garde de substituer une théorie personnelle à la théorie de Cicéron : nous nous conformerons donc ordinairement à son système pour ne pas dénaturer sa pensée.

Le premier devoir de l'homme envers lui-même, c'est de se conserver. Ce devoir est fondé sur un instinct si profondément vivace qu'il est presque inutile de le démontrer. Les stoïciens, qui regardaient la conformité de nos actes à notre nature comme la règle suprême de la morale, eussent commis une étrange inconséquence en méconnaissant cette loi. « Tout animal reçoit avec la vie, « disaient-ils, l'amour de lui-même et l'instinct de « conservation . » Cicéron, qui pose le même principe dans le traité des vrais biens, leur reproche de négliger ces prémisses en affectant d'oublier dans le reste de leur philosophie que l'homme est composé d'un corps et d'une âme. Les stoïciens admettaient encore que l'homme fait partie d'un tout harmonieux et concourt à l'ordre universel en accomplissant sa destinée : n'était-ce pas troubler l'ordre universel que de se soustraire à cette destinée ? Cependant le devoir si fermement indiqué dans le traité des vrais biens : *Omnis natura vult conservatrix esse sui*, n'est pas aussi nettement affirmé dans le dernier ouvrage de Cicéron. C'est à peine si l'auteur en fait mention

dans le dixième chapitre de son troisième livre :
« Nous devons nous préoccuper de nous-mêmes
« (*serviendum est*) quand nous le pouvons sans
« nuire à autrui. Chrysippe dit très bien : celui
« qui court dans le stade doit faire tous ses efforts
« pour arriver au but ; mais il ne doit ni pousser
« ni renverser les autres coureurs. C'est ainsi,
« reprend Cicéron, qu'il est juste de nous procu-
« rer ce qui peut nous être utile, mais non pas
« de l'enlever à nos semblables. » Il est vrai qu'on
peut expliquer la réserve du moraliste comme
saint Ambroise explique celle du Décalogue. Dieu,
remarque ce Père, n'y fit aucune mention de
l'amour de nous-mêmes, quoique absolument un
amour de nous-mêmes, honnête et réglé, soit un
précepte non seulement indispensable, mais de
droit naturel et de droit divin. Après avoir commandé l'amour du prochain et l'amour du Seigneur, il n'ajouta point : « Tu t'aimeras toi-même
« de cet amour juste et légitime que la nature
« t'inspire. » Car il aurait été inutile que Dieu
eût pourvu par une loi particulière à l'observation de ce devoir. Il était sûr que l'homme ne
s'oublierait pas [1].

Dans un autre chapitre du troisième livre,
Cicéron se demande si, dans un naufrage, le sage

---

1. V. le sermon de Bourdaloue sur la charité du prochain. Deuxième partie.

a le droit de s'approprier la planche dont le fou s'est emparé. Ce droit n'appartient pas au sage, pas même s'il est propriétaire du navire. Cependant une seule planche surnage et deux sages sont près d'être engloutis : se l'arracheront-ils ou l'un cédera-t-il à l'autre ? C'est ce dernier parti qu'il faut prendre : mais qui cédera? celui dont le salut importe le moins soit à lui-même, soit à la république. La solution n'est guère pratique et Cicéron s'en aperçoit vite. En cas d'égalité, poursuit-il, que le sort ou quelque hasard en décide, mais jamais le droit du plus fort. Dans un autre fragment du même livre, nous retrouvons une doctrine à peu près semblable [1]. Il s'agit de savoir si le sage, dans un pressant besoin, peut ravir et s'approprier la nourriture d'un homme inutile. Il est moins indispensable, répond le moraliste, de conserver sa vie que de ne pas léser le droit d'autrui dans un intérêt personnel. Cependant un honnête homme qui va périr de froid ne pourra-t-il pas dépouiller le tyran Phalaris? La question devient embarrassante. Mieux vaut, en effet, s'exposer à toutes les souffrances que léser le droit d'autrui : voilà le principe, et le motif en est clair : il n'est pas plus contraire à la nature d'être pauvre et malade que d'envier et de prendre le

---

1. De Off. III, 6.

bien d'autrui ; mais il est contraire à la nature de sacrifier l'intérêt général à l'intérêt individuel. Cela posé, si la mort d'un homme honnête, sage et courageux, doit causer le plus grand préjudice à l'humanité, la loi naturelle ne lui défend pas d'arracher à l'homme oisif et inutile les choses nécessaires à la vie, pourvu qu'il ne se fasse pas illusion sur lui-même par égoïsme ou par orgueil. Quant à Phalaris, conclut Cicéron, comment ne volerait-on pas légitimement celui qu'on peut tuer avec gloire ? C'est un tyran, donc il est hors la loi naturelle.

Nous reviendrons sur ces règles de conduite envers les tyrans. Remarquons tout d'abord que le moraliste confond ici l'intérêt général et la justice. Les stoïciens raisonnaient ainsi : l'intérêt général, étant conforme à la nature, ne saurait être en opposition avec la justice. On sait qu'ils partaient de là pour identifier le juste et l'utile, non pas en faisant de l'utile la mesure du juste, mais en faisant du juste la mesure de l'utile. Dans le fragment que nous avons analysé, Cicéron manque à cette règle : le sage, placé dans une situation difficile, ne demande sa règle de conduite qu'à l'intérêt général et conclut à la justice de l'acte. « Il s'acquitte d'un devoir en con-
« sultant l'intérêt général, » dit le moraliste (*officio fungetur utilitati consulens hominum*) ;

mais, s'il faut commettre la moindre injustice pour satisfaire cet intérêt, il peut rendre un service, il ne remplit plus un devoir.

Ajoutons que, dans ces subtiles hypothèses, Cicéron ne semble guère apercevoir le conflit du devoir individuel et du devoir social, mais plutôt le conflit du devoir social avec le droit individuel. Quand il met en présence deux hommes prêts à se disputer la dernière planche du navire, il cherche moins à fixer leur devoir qu'à limiter leur droit : ce droit, il le subordonne précisément à ce que l'humanité peut exiger de l'individu. Mais dans ce moment suprême l'homme doit remplir jusqu'au bout son devoir envers le plus indigne de ses semblables et, s'il le sacrifie, ce n'est qu'à un devoir plus saint envers la société tout entière.

Les stoïciens, d'ailleurs, tout en reconnaissant que l'homme tend naturellement à sa conservation, ne devaient pas appliquer ce principe avec une grande rigueur de déduction, puisqu'ils admettaient la légitimité du suicide [1]. « Un homme « placé dans certaines circonstances, dit Cicéron, « doit se donner la mort ; un autre, dans des cir- « constances identiques, ne le doit pas. Les pom- « péiens qui capitulèrent en Afrique et Caton

---

[1]. La théorie stoïcienne du suicide est très complètement exposée par Caton dans le *de Finibus*, III, 18.

« n'étaient pas dans une situation différente. Ce-
« pendant, si les premiers se fussent donné la
« mort, on eût pu les en blâmer, leurs mœurs étant
« moins rigides et leur vie moins austère ; mais,
« pour Caton, la dignité naturelle de son caractère,
« rehaussée par une contenance inébranlable et
« par un attachement inflexible au parti qu'une
« fois il avait embrassé, lui faisait un devoir de
« mourir plutôt que d'apercevoir le visage du
« tyran [1]. » L'auteur, du reste, n'exprime son
opinion qu'en passant et comme par hasard, pour
montrer qu'il faut jusqu'au bout soutenir son personnage.

Cette opinion surprend tout d'abord. « On
« trouve des philosophes, dit assez dédaigneu-
« sement Sénèque, qui refusent à l'homme le
« droit de quitter la vie comme il l'entend : à les
« croire, il faut attendre patiemment l'ordre de
« la nature [2]. » Mais ces philosophes, ce sont les
maîtres de l'esprit humain, ceux que Cicéron
exalte par-dessus tous les autres, c'est avant tout
Platon, qui semble avoir puisé ses idées sur le
suicide dans la doctrine de Pythagore. Bien mieux,
Cicéron avait dit autrefois : « Si Dieu ne fait pas
« lui-même tomber tes chaînes, l'accès du séjour
« céleste t'est interdit... Tous les hommes de bien

---

1. De Off. I, 31. — 2. Ep. 70.

« doivent maintenir leur âme dans la prison du
« corps; personne ne peut quitter la vie sans
« l'ordre du créateur, sous peine de paraître aban-
« donner le poste assigné par Dieu [1]. » Comment
justifier cette contradiction ?

Le traité de la République, malgré son originalité profonde, est plein de réminiscences platoniciennes. Cicéron imite à chaque instant le philosophe grec et le copie quelquefois : la morale du livre est toute platonicienne, si la politique en est toute romaine. L'apologie du suicide y eût été complètement déplacée, surtout dans la bouche de Scipion, personnage conservateur, homme pratique, homme d'action, naturellement hostile à une doctrine qui pouvait priver Rome de ses plus illustres enfants. Au contraire, Cicéron ne pouvait blâmer le suicide dans le traité des Devoirs sans altérer l'harmonie de son œuvre en rompant avec les stoïciens qui la lui avaient inspirée. On peut aller plus loin et croire que les événements avaient ébranlé dans l'esprit du moraliste l'opinion si nettement exprimée, quelques années plus tôt, au sixième livre de la *République*. Cette lutte, chaque jour plus manifestement inutile pour le maintien de la vieille constitution romaine, était faite pour désespérer les hommes les plus éner-

---

1. De Rep. VI, 15.

giques. S'il faut en croire Plutarque, un pareil revirement s'était opéré dans l'âme de Brutus : « Plus jeune, dit-il à Cassius, j'avais, en homme « inexpérimenté, blâmé Caton de s'être donné la « mort ; je pensais alors qu'il n'était ni pieux ni « digne d'un homme de céder à la fortune et de « se dérober à ses coups au lieu de les supporter « bravement [1]. » Ajoutons que Cicéron ne pouvait proscrire absolument le suicide sans blâmer son ami Caton d'Utique, dont il avait sans doute exalté la fin tragique dans le panégyrique réfuté par César. Il se pourrait bien que l'apologie du suicide eût été surtout introduite dans le traité des Devoirs pour la plus grande gloire de Caton.

Cette doctrine, on le sait d'ailleurs, ne fut pas absolument proscrite même par les Hébreux, même par les premiers chrétiens. Les Juifs persécutés allèrent, au dire de Josèphe, jusqu'à menacer d'un suicide en masse Pétrone, gouverneur de Syrie, proclamant qu'ils ne violeraient par là aucune loi divine. Saint Ambroise, dans son traité *de Virginibus* [2], approuve les jeunes filles qui se sont tuées pour conserver leur honneur ; saint Jérôme permet le suicide dans cette hypothèse unique [3]. Un stoïcien pourrait répondre à ces docteurs : vous admettez qu'une femme menacée

---

[1]. Plutarque, Vie de Brutus. — [2]. Livre III. — [3]. Comment. n Jonam, cap. 1.

dans son honneur peut se mettre au-dessus de la loi ; nous pensons qu'il existe pour un homme de cœur des maux aussi durs, des hontes non moins intolérables : nous ne différons avec vous que sur ce seul point. Saint Augustin paraît avoir mieux posé la règle lorsqu'il considère une pareille mort comme excusable sans affirmer dans un seul cas la légitimité du suicide [1].

Mais comment Cicéron, dans un traité des Devoirs, effleure-t-il si légèrement une si grave question, débattue dès longtemps entre les philosophes, plus importante encore à cette malheureuse époque ? Caton vient de se donner la mort : Brutus se tuera bientôt sur le champ de bataille où succomberont ses dernières espérances. Plus tard, les plus grands citoyens de Rome vont les imiter. Quoi ! s'ils ouvrent les écrits du seul philosophe qu'ait vu naître Rome républicaine, ils n'y trouveront pas un avertissement sérieux, un conseil digne d'être médité, mais seulement une ou deux phrases sur la nécessité de soutenir jusqu'au bout le même personnage, le suicide de Caton d'Utique indiqué comme exemple aux Romains, enfin deux opinions contradictoires dans deux ouvrages différents ! Quelque embarrassante que fût la question, Cicéron devait l'aborder plus franchement et l'examiner plus complètement.

1. De civit. Dei I, 16. *Quis humanus adfectus eis nolit ignosci?*

Bacon, dans ses Essais de morale, place une étude *de Regimine valetudinis* entre des dissertations sur l'agrandissement des États et sur l'inconvénient des jugements téméraires. Il entre à ce propos dans de minutieux détails d'hygiène qui eussent très légitimement effarouché le stoïcien Panétius et son illustre interprète. Celui-ci dit très brièvement : « Il faut nourrir et soigner le « corps, non dans une vue de plaisir, mais pour « le maintien de la force et de la santé [1]. » Le moraliste, on le voit aisément, recommande moins d'entretenir la santé pour conserver et développer l'être que de fuir la volupté. Si l'on en juge par le *de Finibus* [2], il se fût un peu plus étendu sur ce point dans une œuvre plus originale, mais il devait à peine l'effleurer dans un ouvrage tout stoïcien, la santé, d'après le Portique, pouvant tout au plus être regardée comme une chose préférable, jamais comme un bien. Cicéron range donc le maintien de la santé dans les dépendances de l'utile et non parmi les obligations qui dérivent de l'honnête. Antipater de Tyr reprochait à Panétius d'avoir omis ce point important dans son ouvrage. Cicéron répond que Panétius n'y a pas pris garde et qu'on ne saurait contester l'avantage d'une bonne santé. Il pose alors très brièvement

---

[1]. De Off. I, 30. — [2]. V. surtout le quatrième livre.

les préceptes qui semblent avoir inspiré à Bacon les développements de son trentième *Essai*. Connaître ses besoins, observer ce qui peut être salutaire ou nuisible, rester sobre, éviter le plaisir, recourir, s'il le faut, aux hommes de l'art [1].

On peut être surpris que Cicéron n'ait pas même abordé, dans le traité des Devoirs, la question de l'esclavage volontaire, dont les jurisconsultes s'étaient sérieusement occupés. Ceux-ci, dans le dernier siècle de la république, firent triompher cette maxime : la liberté est inaliénable. C'est pourquoi l'homme libre, vendu comme esclave, put toujours, quelle que fût l'époque de la vente, réclamer sa liberté (*proclamare ad libertatem*) : mais aussi les acheteurs d'esclaves furent souvent dupés, un homme libre se présentant avec un compère qui le désignait comme son esclave et partageant ensuite avec le prétendu vendeur le prix du contrat annulé par la loi. Le remède fut pire que le mal puisqu'après la chute de la république, probablement sous le principat de Claude, on valida le marché pour punir la fraude et partant on abrogea l'ancienne règle. Le travail de la jurisprudence et la décision de la loi romaine eussent pu, ce semble, inspirer quelques réflexions à Cicéron. N'avait-on pas consacré par là même un

---

[1]. De Off. II, 24.

des premiers préceptes de la morale individuelle? N'était-ce pas une nouvelle application de l'axiome philosophique *omnis natura vult conservatrix esse sui ?* Si les philosophes avaient un peu plus insisté sur cette question, débattue dans des livres élémentaires de jurisprudence, la législation n'eût peut-être pas rétrogadé sur ce point quelques années plus tard.

L'homme doit non seulement conserver, mais encore développer son être et ses facultés. Dans cette seconde classe de devoirs envers la personne morale, il en est peu de plus sérieux que la culture de l'intelligence. « Un livre mal écrit, « disait-on naguère, n'est pas assez honnête pour « le peuple. » C'est une grande vérité bien exprimée. Entretenir le sens esthétique et l'amour du vrai, c'est entretenir l'amour du bien. Quand il en serait autrement, nous devrions encore développer l'être intellectuel en vue de l'être intellectuel.

Cicéron n'avait pas seulement approfondi tous les secrets de l'art oratoire et donné au monde la plus haute théorie de cet art qu'eût connue l'antiquité. Nul n'avait un plus vif sentiment de de la beauté soit dans les lettres, soit même dans les arts plastiques. Il fonde un système de critique littéraire jusqu'alors inconnu. S'il parle sculpture dans un plaidoyer, il a besoin de cacher à moitié la perfection de son goût artistique pour ne pas offusquer ses grossiers compatriotes. Comme ses contemporains, mais mieux qu'aucun d'eux, il possède à fond la langue et la littérature grecques. On a conservé de remarquables fragments de ses poésies, qu'il ne faut pas juger par une impertinente citation de Juvénal. Dès qu'il voulut s'adonner à l'histoire, il devint historien : non seulement il a laissé dans le *Brutus* un modèle d'histoire spéciale qui n'a jamais été surpassé, mais encore il a raconté les premières années de la ville éternelle avec une sagacité singulière, et les juges compétents regardent ce fragment de la *République* comme un chef-d'œuvre d'étude historique. Le droit public, le droit religieux et le droit civil lui furent également familiers : peut-être même fit-il un ouvrage spécial sur le droit civil. Son immortel traité de la République, quoique mutilé par le temps, suffit à montrer avec quelle profondeur il analyse les principes de la constitution des empires. Sa traduction du Timée, qui ne fut pas un exercice de jeunesse, montre qu'il ne resta pas étranger à l'étude des sciences physiques. C'est encore le plus populaire et le plus universel des philosophes romains. Bien mieux, il compose un ouvrage tout exprès pour exciter ses contemporains à l'étude de la sagesse. Dans cet ouvrage, Hortensius rabaisse la philosophie au profit de l'éloquence et tous les autres interlocuteurs du dialogue, y compris Cicéron, prennent la défense de la philosophie [1]. Qu'on se rappelle enfin ce même homme dans les premières Académiques, jurant par les dieux pénates et par Jupiter qu'il est enflammé du désir d'arriver à la vérité (*ardere studio veri reperiendi*) [2]. Quel lecteur ne s'attendrait à trouver dans le traité des Devoirs de sérieux développements sur cette partie de la morale individuelle ?

Il n'en est rien. Cicéron voit bien dans la volonté de chercher et de trouver le vrai (*cognitio veri, perspicientia veri*) l'une des quatre vertus constitutives de l'honnête ; mais il s'arrête brusquement après avoir donné deux conseils sommaires au sage et renferme toutes ses vues sur la matière dans un seul chapitre, le plus court de l'ouvrage.

Cicéron constate d'abord que nous sommes naturellement enclins à l'amour de la science et de la vérité, tandis que nous regardons l'erreur comme un mal et l'ignorance comme une honte. Mais il recommande au sage, en premier lieu, de ne pas se figurer connaître ce qu'il ne connaît pas, en second lieu de ne pas consacrer trop de temps

---

[1]. C'est ainsi que les meilleurs commentateurs de Cicéron distribuent les rôles de l'*Hortensius*. — [2]. Acad. I, lib. II, 20.

à d'obscurs et inutiles travaux. Il termine en réduisant à deux points tout l'effort de l'esprit humain : méditer le perfectionnement de l'être moral, chercher le perfectionnement de l'être intellectuel. Quel contraste avec la doctrine de Platon sur la même matière! Où le maître de la philosophie grecque s'était élancé d'un vol si hardi dans un horizon sans limites, il s'arrête au premier pas. Comment expliquer cette excessive concision?

Tout le monde sait quelle était la place de la sagesse ou plutôt de la science dans le système moral de Platon. Si nous péchons, c'est par erreur : si nos yeux n'étaient pas obscurcis, nous comprendrions et nous ferions le bien. De quelle noble ardeur l'homme ne marchera-t-il pas à la conquête de la vérité, puisqu'elle doit illuminer son intelligence et sanctifier sa vie! Aristote critiqua sévèrement cette doctrine : l'homme le moins éclairé n'a-t-il pas, quand il fait le mal, la conscience de sa mauvaise action? Ne peut-il pas s'éclairer davantage et persévérer dans le mal en acquérant chaque jour une plus complète notion du bien? Cependant on conçoit aussi l'autre doctrine. Supposons l'homme entièrement dégagé de l'erreur et placé, pour ainsi dire, en face de la vérité : la splendeur de cette vérité subjuguera toute son âme et, comme elle vivifiera l'intelligence, purifiera l'être moral. Il est vrai que nos yeux ne peuvent pas être entièrement dessillés sur la terre et c'est par là que tout le système s'écroule : comme rien ne saurait dissiper toutes les ombres de l'intelligence, nous demeurons dans les perpétuelles incertitudes de cette condition terrestre. Les stoïciens avaient aussi leur utopie, puisque leur sage est en pleine possession de la science et de la vertu ; mais, chez leur sage, la vertu ne dérive pas de la science et dès lors cette obligation de développer l'être intellectuel qui domine toute la morale platonicienne n'occupe qu'une moindre place dans leur morale : on peut expliquer par là le contraste dont nous parlions tout à l'heure.

Platon, fidèle à ses prémisses, trace aux sages qui doivent gouverner son idéale cité tout un plan d'études. L'apprentissage devra durer quinze ans : ils apprendront l'arithmétique et la géométrie, puis l'astronomie et la musique ; ensuite ils passeront trois ans à récapituler ces sciences et à faire de la gymnastique; enfin ils consacreront cinq ans à la dialectique : après quoi, ils seront tout formés pour le gouvernement [1]. C'est là précisément le système auquel s'attaque le moraliste romain quand il nous met en garde contre l'abus

---

1. Platon. Septième livre de la République.

des études théoriques. Il résume en deux mots toute sa doctrine : *virtutis enim laus omnis in actione consistit* [1]. « Sans résultats pratiques dans « la vie active, répète-t-il un peu plus loin, « l'étude de la nature n'est qu'une ébauche « informe et stérile [2]. » On comprend avec quelle persévérance Cicéron, dans ses traités de morale, oppose au sage idéal du philosophe grec un citoyen idéal, imbu des idées romaines, armé par la philosophie pour la vie publique. Déjà, dans la *République*, il exaltait aux dépens des philosophes ces hommes qui font observer à tous, par la crainte des lois et l'ascendant de leur autorité, des préceptes que les maîtres de la sagesse peuvent à peine graver par leurs paroles dans quelques esprits [3]. Il ajoutait avec orgueil que Rome avait vu naître plusieurs de ces philosophes politiques, tout différents des autres : s'ils ne méritent pas au même titre le nom de *sages*, dont on se montre singulièrement avare, ils s'étaient couverts de gloire pour avoir fait observer les leçons des sages [4]. Cette doctrine est reproduite avec une nouvelle énergie dans le traité des Devoirs. Platon a tort de considérer les philosophes comme des justes parce qu'ils se consacrent à la recherche du vrai et dédaignent l'objet ordinaire de nos

1. De Off. I, 6.—2. De Off. I, 43. — 3. De Rep. I, 2. — 4. De Rep. III, 2.

désirs et de nos combats : isolés dans leurs études, ils oublient l'humanité qu'ils doivent servir.

Il ne faut jamais oublier, pour expliquer les doctrines morales de Cicéron, que Cicéron s'adressait aux Romains. Ce peuple ne comprit que trois choses : la guerre, la politique, le droit ; aussi vit-il naître de grands hommes d'État : Sylla, César, Octave ; de grands généraux : Lucullus, Marius, César, Trajan ; de grands jurisconsultes : Labéon, Gaius, Papinien, Paul, Ulpien ; mais il regarda toujours la poésie, la philosophie, les arts plastiques comme des objets d'importation grecque et ne les envisagea, dans ses meilleurs jours, qu'avec une certaine défiance. Cicéron dut imprimer à toute sa philosophie, pour la faire accepter des Romains, un caractère pratique : encore parut-il craindre longtemps de discréditer par ce genre d'écrits sa personne et ses travaux. Il ne s'avança, nous l'avons vu, qu'avec d'infinies précautions sur ce terrain dangereux, expliquant et justifiant sans cesse sa téméraire entreprise. Tracer ainsi le parallèle du sage contemplateur et du sage citoyen tout à l'avantage de ce dernier, c'était remporter sur la Grèce une dernière victoire qui devait absoudre le personnage consulaire de son excursion sur le domaine du génie grec. Pas un démagogue qui pût désormais le transformer aux yeux de ses concitoyens en un théoricien candide, épris de songes creux et confiné dans de stériles spéculations. La philosophie n'était que la sublime préface de la politique. Ajoutons que le grand homme, un peu trop soucieux de sa propre gloire, ne négligeait aucune occasion de faire ressortir la supériorité de son rôle sur celui des philosophes grecs. Homme d'État par instinct et par ambition, philosophe par accident, prisant très fort ses écrits philosophiques, mais bien plus encore son consulat, il répétait avec un certain orgueil : *virtutis omnis laus in actione.* Platon, Aristote n'avaient pas déjoué de conjurations ni sauvé la patrie. C'est à Rome, mais c'est surtout en lui-même, qu'il trouve ce type du philosophe homme d'État, et nous achevons de comprendre comment, dans le traité des Devoirs, il donne une si petite place au développement de l'être intellectuel par la recherche spéculative de la vérité.

L'homme ne doit pas seulement développer en lui l'être intellectuel, mais encore l'être moral. Ce devoir est plus impérieux, plus universel. Quels loisirs les pauvres, les artisans, les laboureurs, réduits à travailler pour vivre, peuvent-ils donner à la recherche de la vérité ? Mais s'ils sont bien plus sûrement détournés des travaux spéculatifs par leur tâche quotidienne que les personnages consulaires et les sénateurs, ils ne sont pas plus qu'eux dispensés de perfectionner l'être moral. C'est par là surtout qu'apparaît au grand jour le ridicule de la philosophie positive. Sa première erreur est d'imaginer que, par l'habitude de chercher le vrai, « tous les attributs mo- « raux s'élèvent au niveau requis [1] » et partant de subordonner le développement moral au développement intellectuel : une faute encore plus grande est d'envisager la morale comme un appendice de la mathématique, de l'astronomie, de la physique, de la chimie, de la biologie et de la sociologie. L'homme est bien à plaindre s'il lui faut, pour trouver la loi de son existence morale, connaître d'abord celles de la mécanique céleste.

Cicéron, dans son analyse d'une des quatre vertus constitutives de l'honnête (la grandeur d'âme, la force ou le courage), envisage successivement les devoirs qu'elle impose envers la personne morale et envers l'humanité. Cette vertu consiste sans doute à servir l'humanité par de grandes actions, sans souci des travaux ni des dangers ; mais elle consiste de même à mépriser le monde extérieur, c'est-à-dire à chercher exclusivement l'honnête, c'est-à-dire encore à dominer les événements et nos passions. Ajoutons que, si

1. The positive philosophy of A. Comte freely translated and condensed by miss Martineau. Préface, p. 13.

le philosophe romain l'envisage quelque temps sous ce dernier aspect, c'est surtout parce qu'il voit dans cette victoire intérieure le principe des grandes actions qui font, à son avis, l'éclat et le prix de la vertu [1].

Ce courage intérieur, si l'on peut s'exprimer ainsi, se forme de deux éléments : regarder l'honnête comme l'unique bien ; délivrer l'âme de toute passion. Quoi de plus courageux que d'apprécier à leur juste valeur ces faux biens qu'envie le vulgaire et de les peser dans l'équitable balance de la raison ? Ces prétendus malheurs qui troublent si souvent la vie, le sage les supporte avec un calme inébranlable, une dignité parfaite sans jamais fléchir sous le joug de la fortune. Mais l'homme inaccessible à la crainte doit l'être à la passion ; celui qui surmonte le danger ne doit pas être abattu par le plaisir. Entre toutes les passions, il n'en est pas de plus méprisable que l'amour des richesses : aucune autre n'indique aussi clairement la bassesse de l'âme. Nous devons même nous mettre en garde contre l'amour de la gloire : pour conserver ce libre arbitre auquel nous devons tenir avant tout, il faut savoir parfois refuser les honneurs, parfois les quitter.

---

1. De Off. I. 20. *Harum rerum duarum splendor omnis, amplitudo, addo etiam utilitatem, in posteriore est : causa autem et ratio efficiens magnos viros est in priore.*

Enfin nous devons nous affranchir de la joie, de la douleur et de la colère comme du désir et de la crainte : c'est l'unique moyen d'acquérir cette sérénité d'âme sans laquelle il n'y a ni constance ni dignité véritable [1]. Rappelons-nous combien l'homme est supérieur aux autres créatures animées. Celles-ci ne connaissent que le plaisir et tous leurs instincts les y portent : l'esprit humain se nourrit de science et de pensée. L'homme le plus enclin au plaisir, pourvu qu'il n'abdique pas son rôle d'homme pour descendre au rang de la brute, cache par pudeur ses grossiers penchants. Il faut en conclure qu'on doit mépriser les plaisirs du corps comme incompatibles avec la dignité humaine [2].

Cicéron, dans ces fragments, effleure un des points fondamentaux de la morale stoïcienne, la doctrine de l'impassibilité. Le sage doit être impassible, parce que les passions font succéder dans son âme une léthargie mortelle à une exaltation factice, parce qu'elles supplantent les saintes affections, comme l'amitié, la bienveillance, la confiance qui excluent la passion. L'homme impassible est seul libre parce qu'il obéit seul à la raison : l'esclave des passions veut ce que veut chacune d'elles et dépend de tout et de tout le

---

1. De Off. I, 20. — 2. De Off. I, 30.

monde, excepté de soi ; mais Jupiter même n'a point de pouvoir sur la liberté d'un être impassible. Seul enfin, cet être restera d'accord avec lui-même et gardera dans toutes les vicissitudes de la vie la même règle de conduite avec la même égalité d'âme. Les plus grands maux, la mort même ne servent qu'à faire éclater sa patience et son courage. Enfin, l'impassibilité, nous menant à supporter doucement les hommes, supprime les sentiments qui relâchent et rompent le lien social, comme la colère, la haine, l'envie, et c'était aux yeux des stoïciens la plus importante conséquence de leur doctrine.

On l'a déjà remarqué : cette théorie de l'impassibilité, qui semblerait appartenir exclusivement à la morale individuelle, se rattache encore à la morale sociale dans le système des stoïciens et de Cicéron. Le philosophe romain recommande d'abord l'assujettissement des passions à la raison parce que cet état de l'âme engendre de grandes actions, utiles à l'humanité, puis il y voit, pour un honnête homme, l'unique moyen de jouer jusqu'au bout son personnage sur la scène du monde. Il est curieux d'étudier à ce point de vue, dans le traité des Devoirs, le vingt-neuvième chapitre du premier livre. Après avoir recommandé de soumettre les passions à la raison, Cicéron ajoute: « C'est l'unique moyen, pour le sage, de faire

éclater sa constance et sa modération (*elucere*). »
Ceux qui lâchent la bride à leurs appétits dépassent en effet la borne et la mesure (*finem et modum transeunt*) : l'état de leur âme atteste leur révolte contre la loi de la nature. Jetez les yeux sur l'homme que transporte la colère, la crainte, l'extrême joie ou quelque autre passion : son visage, sa voix, son attitude, ses gestes, tout est bouleversé. Tirons-en cette conséquence, qu'il faut contenir tous nos appétits et ne jamais agir sans réflexion. Mais c'est quelque peu ravaler la vertu que de trop l'envisager dans ses manifestations extérieures. Soyons vertueux pour les autres, mais aussi pour nous-mêmes. Cultivons, perfectionnons en nous l'être moral plus encore par respect de la personne morale qu'en vue de l'humanité.

Cicéron, dans le second chapitre de son dernier ouvrage, avait dit : « Le devoir préside à la vie « humaine sous quelque face qu'on l'envisage et « jusque dans nos rapports avec nous-mêmes [1]. » Il a donc reconnu l'existence d'une morale individuelle. Cependant, il suppose dans un autre chapitre que le sage a sous la main toutes les choses nécessaires à l'existence et se trouve à même de contempler, au sein du repos, les plus

---

1. De Off. I, 2.

hautes vérités, mais qu'il vit seul, à jamais séparé de ses semblables : que lui reste-t-il à faire? A sortir de la vie, répond le moraliste, qui semble nier cette fois l'existence d'une morale individuelle. Il nous reste, en effet, quelque chose à faire ici-bas tant que nous avons un devoir à remplir. Au demeurant, Cicéron n'a guère songé, dans le cours du livre, à la proposition qu'il avait d'abord émise, et ne s'est plus soucié de la morale individuelle ; c'est à peu près à son insu qu'il a parlé quelquefois de nos devoirs envers nous-mêmes, parce qu'on ne peut pas faire complètement abstraction de nos rapports avec la personne morale.

CHAPITRE IV

DEVOIRS GÉNÉRAUX ENVERS L'HUMANITÉ

SOMMAIRE. — Supériorité des stoïciens dans la conception de nos devoirs généraux envers l'humanité. — Devoirs négatifs et devoirs positifs. — Obligation de ne pas nuire à nos semblables : des causes qui nous en détournent et particulièrement de l'ambition. Obligation de respecter la propriété d'autrui, et théorie incomplète du droit de propriété. — Obligation de rendre service à nos semblables, et particulièrement d'empêcher l'injustice. — Obligation de tenir sa parole. — Obligation de respecter l'équité dans les conventions de toute nature et nécessité morale de subordonner la législation positive à l'équité. — Le pardon des injures. — La justice complétée par la bienfaisance.

M. Jouffroy dit qu'il a existé deux sectes stoïciennes : toutes deux pensaient que la fin de chaque être n'est pas indifférente à la fin du tout ; mais la première subordonnait la fin du tout à celle de l'individu, la seconde regardait la fin de l'individu comme accessoire et proclamait qu'il doit se sacrifier lui-même à celle de l'humanité [1]. Cette manière d'envisager la philosophie du Por-

---

[1]. Cours de droit naturel, 2ᵉ éd., t. II, p. 285 s.

tique me semble inexacte : la première opinion n'a jamais été qu'une hérésie au sein du stoïcisme ; la seconde, c'est le stoïcisme lui-même. Rompant la chaîne des idées grecques, il enseigna tout à coup le dogme de la fraternité humaine. Il est une autre patrie que la Grèce, c'est le monde ; l'homme, en même temps qu'il appartient à la cité natale, est encore citoyen de l'univers. Un fleuve, une rivière, les déserts, l'océan ne limitent pas nos devoirs envers nos semblables. Les cyniques avaient bien vu dans l'homme le citoyen du monde, mais parce qu'il peut manger et dormir au delà des confins de sa patrie, et la morale n'avait rien gagné à ce brutal cosmopolitisme ; les stoïciens, en proclamant l'homme citoyen du monde, proclament ses devoirs envers l'humanité tout entière, et la face de la morale est renouvelée.

Le dogme de la fraternité humaine s'appuie sur une profonde conception que Cicéron reproduit et commente avec un grand bonheur dans la plupart de ses traités [1]. Scipion déclare dans la *République* [2] que les hommes se sont réunis en société moins à cause de leur faiblesse que par un instinct naturel de sociabilité : *non est enim singulare nec solivagum genus.* Au premier livre des *Lois*, le philosophe est encore plus explicite et

---

1. Excepté dans le *de Inventione.* V. notre premier chapitre. Cf. *de Oratore*, I, 8, 9. — 2. De Rep. I, 25.

part de cette ressemblance singulière que le créateur a mise entre tous les hommes pour établir l'existence d'un droit naturel qui les enchaîne tous l'un à l'autre [1]. Il développe une idée semblable dans le *de Finibus* [2]. Mais il n'a jamais mieux défini l'instinct de sociabilité que dans le traité des Devoirs : « Les abeilles ne se groupent
« pas en essaims pour faire le miel, mais elles
« font le miel parce qu'elles se groupent naturel-
« lement en essaims : de même et plus encore
« les hommes, groupés par la nature, mettent en
« commun leurs pensées et leurs efforts. Des
« philosophes ont dit que les hommes s'étaient
« réunis en société pour parer à des besoins
« qu'ils n'eussent pu satisfaire dans l'isolement ;
« que si, par un coup de baguette magique, toutes
« les choses nécessaires à la vie s'étaient sponta-
« nément présentées à eux, les plus intelligents,
« laissant tout autre souci, se fussent appliqués
« sur-le-champ à la recherche de la vérité. C'est
« une erreur. Ils eussent d'abord fui la solitude
« et cherché des compagnons de travail [3]. »
Comment le système épicurien, condamné par cette logique supérieure, n'a-t-il pas été relégué dans la poussière des bibliothèques ? Comment la question s'est-elle encore présentée au dix-hui-

---

1. De Leg. I, 11, 12. — 2. De Fin. V. 28. — 3. De Off. I, 44.

tième siècle, y a-t-elle été si diversement envisagée et parfois si absurdement résolue ? Mais on sait que la théorie cicéronienne a triomphé de cette épreuve.

Unis par la nature, nous ne pouvons rompre cette union sans violer sa loi. L'humanité ressemble à un grand corps, qui ne saurait être atteint dans un seul de ses membres sans souffrir tout entier [1]. Des quatre vertus, la principale est donc celle qui règle les rapports des hommes entre eux, la justice, parce qu'elle est le lien même de la société [2]. Notre première tâche est de resserrer le lien naturel en fortifiant l'union du genre humain. L'homme, traître envers l'humanité, n'est pas moins coupable que le citoyen traître envers la patrie [3]. Nous avons même, dit Caton dans le traité des vrais biens, des devoirs envers les générations futures, et ce mot fameux : « Après moi le déluge » est aussi abominable qu'impie [4]. Chose étrange ! c'est après une telle profession de foi qu'un champion de la philosophie positive, distinguant l'amour des hommes et l'amour de l'humanité, a écrit que celui-ci était né parmi les générations modernes, bien plus, *n'avait pu naître que parmi elles*, et a prétendu faire de ce sentiment

---

1. V. De Off. III, 5. — 2. V. De Off. I, 7, 44. — 3. De Fin. III, 19. — 4. Ib.

fraîchement éclos dans le monde un des principes fondamentaux de sa morale [1].

Le souffle de l'esprit chrétien semble animer toute cette partie de la morale cicéronienne. Le païen dit que la charité (*caritas generis humani*) lui paraît être la plus haute expression de l'honnête [2]. L'Évangile dira mieux : « Vous aimerez le « Seigneur votre Dieu de tout votre cœur, de « toute votre âme et de tout votre esprit. C'est « le plus grand et le premier commandement. « Voici le second : vous aimerez votre prochain « comme vous-même : c'est là toute la loi [3]. » Mais Cicéron avait déjà dit : vous aimerez votre prochain. Dans une admirable phrase, à laquelle il faut encore renvoyer les philosophes que nous citions tout à l'heure, il compare la vie de l'homme oisif, sans chagrins, plein de force et de beauté, jouissant de tout en abondance, vivant au sein des plaisirs, et celle de l'homme qui, suivant la trace des demi-dieux placés par la reconnaissance des hommes au conseil des esprits célestes, consacre sa vie, ses forces, son âme entière au service de toutes les races humaines : méconnue du premier, la loi naturelle reçoit du second sa parfaite et sublime consécration [4]. Les modernes n'ont rien trouvé de mieux.

1. Littré; *A. Comte et la philosophie positive*, p. 525. L'autre principe est le sentiment de l'immensité. — 2. De Fin. V, 23. — 3. Ev. sec. Matth. XXII, 37, 40. — 4. De Off. III, 5.

Par là, les disciples de Zénon combattaient le plus égoïste des systèmes et le mieux fait pour enlacer l'ancien monde, abattu par une indéfinissable lassitude, le système d'Épicure. Ce n'est pas que les épicuriens eussent persévéré dans la doctrine exclusivement grecque d'Aristote et de Platon. Comme les préjugés nationaux ne pouvaient que troubler la tranquillité de la vie, ils conseillaient de traiter les étrangers comme les citoyens : ils eussent même passé des contrats avec les animaux, si les animaux en avaient dû comprendre le sens. Ils avaient d'autant moins de peine à prêcher cette universelle tolérance que tous les hommes leur étaient également indifférents. Vivre en soi, vivre pour soi, voilà le vrai but de la vie. De là ces amères critiques contre les héros chers au Portique, qui s'étaient dévoués soit pour l'humanité, soit pour la patrie ; aux yeux des épicuriens, Épaminondas et Philopœmen n'avaient pas tout leur bon sens. Ne nous occupons pas, disait Métrodore, de mériter des couronnes civiques : la seule couronne désirable est celle de la sagesse ! Que l'homme s'atténue, se resserre, s'affaisse, s'isole du monde entier ; qu'il se condamne à une morne apathie pour garder la tranquillité de l'âme. Telle est la morale qui rallia le plus de suffrages dans le vieux monde païen. Mais, tandis que la tolérance épicurienne aboutissait à la négation du devoir, la charité stoïcienne impliquait une série de devoirs envers l'humanité Nous allons descendre, avec Cicéron, dans le détail de cette théorie.

Cicéron divise en deux grandes classes [1] nos devoirs généraux envers l'humanité : devoirs négatifs (s'abstenir de certains actes), devoirs positifs (rendre certains services). Nous retrouvons cette division dans les écrits des jurisconsultes stoïciens ; Ulpien renferme la morale sociale dans ces deux préceptes : *ne pas léser autrui, rendre à chacun ce qui lui est dû* [2], et Marcien [3] s'approprie un fragment du stoïcien Chrysippe, où il est dit qu'il faut faire certains actes, s'abstenir d'autres actes ; que les lois sont faites pour prescrire les premiers et défendre les seconds. Enfin les moralistes modernes reproduisent la même classification : « Nous avons deux « devoirs à remplir envers nos semblables : celui « de ne pas leur faire de mal et celui de leur « faire du bien [4]. »

La première règle de la morale sociale est de ne pas faire de mal à nos semblables. Léser le droit dans l'homme, c'est déclarer la guerre à notre allié naturel [5]. Quels peuvent être les mo-

1. De Off. I, 7. — 2. Lib. 1. Regularum. — 3. Lib. 1. Institutionum. — 4. J. Simon, *le Devoir*, 6ᵉ éd., p. 387. — 5. De Off. I, 7.

tifs d'une si étrange conduite? Nous sommes quelquefois poussés à une attaque brutale par la colère ou par quelque autre passion qui nous aveugle. Quelquefois c'est la crainte qui nous fait mal agir, quand nous frappons un de nos semblables pour parer le coup qu'il nous eût porté [1]. Mais la source la plus ordinaire de l'injustice est la cupidité. Quelles sont les sources de la cupidité? Chez les pauvres, la nécessité de vivre, chez les riches, l'amour des plaisirs, chez quelques-uns dont l'âme est un peu plus élevée, l'ambition; d'après Crassus, ne faut-il pas à celui qui veut occuper le premier rang dans la république assez d'argent pour entretenir une armée à ses frais? Souvent encore, c'est l'ambition qui mène directement à l'injustice. C'est ainsi que César a foulé aux pieds toutes les lois divines et humaines pour arriver au rang suprême. Chose déplorable! ce sont ordinairement les plus grands esprits qu'entraînent la passion du commandement et l'amour de la gloire [2]!

Mais quoi! cette même philosophie stoïcienne ne va-t-elle pas me commander tout à l'heure, par l'organe de Panétius et de Cicéron, d'aborder les affaires publiques? Ne fera-t-elle pas consister la vraie grandeur dans la résistance aux tem-

---

1. Ib. — 2. De Off. I, 8.

pêtes civiles et dans la courageuse administration de l'État? Ce traité même ne respire-t-il pas, à chaque page, toute l'ardeur des luttes politiques auxquelles fut incessamment mêlé son auteur? Cette partie de la doctrine stoïcienne a sa raison d'être, ainsi que je le démontrerai plus tard. Mais quel effort surhumain le stoïcisme exige! Aborder les affaires publiques et toucher au pouvoir, mais arracher d'abord de son cœur l'amour du pouvoir! Courir au-devant de la gloire et des honneurs sans goûter un seul instant les honneurs ni la gloire! Il n'est pas de but plus élevé, mais moins accessible. Cicéron, qui pouvait faire un retour sur lui-même, finit par reconnaître timidement l'inconséquence de la doctrine stoïcienne. Après avoir proclamé qu'il faut mépriser la gloire, parce que le sage ne peut se placer dans la dépendance de la frivole multitude et que l'amour de la gloire mène souvent à des actes injustes : *Qui locus est sane lubricus quod vix invenitur qui, laboribus sus ceptis periculisque aditis, non quasi mercedem rerum gestarum desideret gloriam*[1]. Il le savait mieux que personne.

La morale chrétienne est à la fois plus conséquente et plus pratique. Le Christ, a dit l'Évangéliste, ayant connu que tout le peuple viendrait

---

[1]. De Off. I, 19.

pour l'enlever et le faire roi, s'enfuit tout seul à la montagne [1]. Le Fils de Dieu nous instruit donc à craindre les grands emplois [2] : il ne faut pas même que le désir de faire du bien nous fasse désirer une condition plus relevée [3]. D'abord l'ambition, comme toutes les autres passions, est un dérèglement ou une maladie de l'âme, ce qui exclut nécessairement la félicité ; puis elle ne nous donne pas même la puissance, car la plus grande puissance du monde ne peut s'étendre plus loin que d'ôter la vie à un homme, et ce n'est rien que de hâter de quelques moments le cours d'une vie qui se précipite d'elle-même. D'ailleurs, étrangers sur la terre, nous ne devons pas désirer de gouverner où nous n'avons qu'un lieu de passage, d'être les maîtres où nous ne devons pas même être citoyens. Ce qu'il faut désirer, c'est d'être puissants pour nous modérer nous-mêmes et nous composer selon Dieu. L'ambition s'accommode mal des scrupules et des lenteurs inséparables de la vertu. Le moraliste chrétien nous la montre dans le cœur d'un Nabuchodonosor, comme le païen dans le cœur d'un César, et frémit des ravages que peut faire dans l'âme de l'homme cette terrible pensée de ne voir rien sur sa tête. Sans se mettre en peine de se déborder

---

1. Jean, VI, 15. — 2. Bossuet, Sermon sur l'ambition. — 3. Bossuet, ib.

par des pensées ambitieuses, il faut donc tâcher de s'étendre bien loin par des sentiments de bonté; et, dans des emplois bornés, d'avoir une charité infinie [1]. Tout se concilie dans ce système où le chrétien peut subir le pouvoir, mais ne le cherche jamais. Cicéron, dans le premier livre de son traité, proscrit l'amour de la gloire pour l'acquit de sa conscience et, dans le second, cherche les moyens les plus sûrs d'arriver à la gloire.

Il y a deux sortes d'injustices, à quelque motif que se rattachent nos actes : l'injustice préméditée, l'injustice non préméditée. La seconde est la moins coupable, puisqu'elle naît comme d'un accident imprévu. Cette sage distinction passa dans les écrits des juriconsultes stoïciens : Marcien, dans son traité des instances publiques, établit trois degrés de culpabilité, selon que le délit a été commis avec préméditation, sans préméditation ou par imprudence [2]. Les législations modernes sont encore plus formelles et plus précises sur ce point que la loi romaine. C'est ainsi qu'aux termes du code pénal français le meurtre prémédité, seul, est puni de mort [3]. C'est par une fausse analyse psychologique que le criminaliste Farinacius [4] voyait l'excuse du délit dans le juste motif de la colère et non dans la colère : toute alté-

---

1. Bossuet, Sermon sur l'ambition. Première partie. — 2. L. 11 ff. *de Pœnis*. — 3. Articles 302 et 304. — 4. Quæstio 91, n. 13.

ration de notre liberté diminue notre responsabilité : c'est le fondement incontestable de la distinction proposée par Cicéron.

De cette obligation générale qui consiste à ne pas léser le droit d'autrui découle, par une conséquence naturelle, l'obligation de respecter chez autrui le droit de propriété. Ce devoir paraît si important au moraliste qu'il le comprend, pour ainsi dire, dans la définition de la justice. Celui qui veut s'approprier le bien d'autrui viole une loi fondamentale [1]. Plus d'équité, si chaque propriétaire ne peut plus garder son bien [2]. Mais à quel signe distinctif reconnaître chez autrui le droit de propriété ?

La courte théorie du droit de propriété, qu'on rencontre au premier livre des *Devoirs*, débute par ces mots : *sunt autem privata nulla natura* [3]. Faut-il en conclure que Cicéron regarda le droit de propriété comme une création factice des législations civiles ? Ce serait mal interpréter sa pensée, puisqu'il le désigne sous cette expression générale : *jus humanæ societatis*. Le moraliste veut dire seulement, ce nous semble, que l'homme ne naît pas naturellement propriétaire et qu'il ne le devient pas avant d'avoir fait acte d'appropriation. Certaines choses que les Latins nommaient

---

1. De Off. I, 7. — 2. De Off. II, 22. — 3. De Off. I, 7.

communes ne sont pas susceptibles d'appropriation privée : Cicéron les classe à part. Puis il énumère les modes d'acquisition de la propriété privée qui sont, d'après le texte du chapitre au nombre de six : l'occupation, la victoire, la loi, le contrat, la condition, le sort. Comme cette énumération diffère complètement de celle des jurisconsultes, nous allons examiner très rapidement la théorie cicéronienne.

Tous les jurisconsultes romains, depuis les temps les plus reculés jusqu'à Justinien, reconnaissent la légitimité du premier mode d'acquisition. Le droit naturel, dit Gaius, donne au premier occupant ce qui n'appartient à personne [1]. Cependant le progrès des idées modernes a restreint chaque jour davantage ce mode d'acquisition. C'est à peine s'il en est encore fait mention dans notre législation civile [2]. Quelques jurisconsultes hésitent même à regarder l'occupation comme un mode légitime d'acquisition de la propriété, parce que nous ne pouvons étendre notre personnalité sur les objets du monde matériel que par le travail. Mais Cicéron ne pouvait s'écarter à ce point des idées romaines [3].

---

1. L. 3. ff. *De Adquirendo rerum dominio*. — 2. Art. 716 du code civil. — 3. D'après le texte même du passage (*vetere occupatione*), Cicéron semble avoir en vue tout à la fois la prescription et l'occupation.

Le second mode d'acquisition de la propriété, c'est la victoire. Si les jurisconsultes ne le comprennent pas dans leur énumération classique, il faut au moins reconnaître qu'ils ne le repoussent nulle part. Gaius a même consacré l'opinion de Cicéron par un texte formel [1]. La théorie cicéronienne a fait plus de bruit que Cicéron lui-même ne pouvait se l'imaginer : Grotius et d'autres s'en sont emparés : Grotius y voit tout un argument en faveur du droit de s'approprier ce qui a été pris sur l'ennemi. Peut-être eût-elle comporté de plus longs développements. *Victoria*, dit simplement l'auteur, *ut qui bello potiti sunt*. Quoi donc ! toute espèce de victoire et toute espèce de guerre ! Vattel dit au moins : « La guerre fondée sur la « justice est un moyen légitime d'acquérir sui- « vant la loi naturelle [2]. » Mais la thèse même de Vattel est très contestable. Individu, je ne saurais être dépouillé par la violence, et la nation pourrait être dépouillée par la guerre ! A l'improviste un peuple se précipite sur un autre et lui ravit son bien ; ce peuple en deviendrait propriétaire ! un pareil fait pourrait fonder un pareil droit ! Grotius, au moins, cherche quelque raison plausible à son système : « On acquiert légitime- « ment, dit-il, autant de choses prises qu'il en faut

---

[1]. L. 5, § 7. *De Adquir. rerum dominio.* — [2]. III, 13, § 193.

« pour égaler la valeur de ce qui nous est dû ou
« pour châtier l'ennemi en lui causant un dom-
« mage proportionné à la peine qu'il mérite [1]. »
Il ajoute que si, d'après le droit naturel, la guerre
doit être juste, il suffit, d'après le droit des gens,
qu'elle soit *dans les formes*; le vainqueur acquiert
alors la propriété de ce qu'il a pris à l'ennemi, et
cela *sans règle ni mesure*. Ce texte même souleva
de très vives critiques : on reprocha justement à
Grotius de ne pas faire entre les meubles et les
immeubles une distinction nécessaire, que les
jurisconsultes postérieurs proclamèrent énergiquement. Voilà donc de graves questions que le
traité des Devoirs ne résout pas. Pour fonder
l'appropriation, faut-il que la guerre soit juste ou
suffit-il qu'elle soit dans les formes ? Quand elle
réunirait ces deux conditions, donne-t-elle un
droit égal sur les meubles et sur les immeubles ?

On devient encore propriétaire par la volonté
de la loi, *lege*. C'est ainsi, dit Gaius, que nous
acquérons par nos esclaves, même malgré
nous [2] (*etiam invitis nobis*). Le moraliste peut
encore avoir compris sous cette dénomination le
testament, que les Romains considéraient comme
une sorte de loi [3]. Cicéron voit dans les contrats

1. III, VI, § 1. — 2. L. 32, ff. *Ad Adquir. rerum dominio*. —
3. On sait que les comices curiates intervenaient dans les
transmissions de propriété *mortis causa* jusqu'à ce que la loi

(*pactiones*) un autre moyen d'acquérir la propriété, ce qui, dans la langue du droit, serait une grossière inexactitude : on sait en effet que, d'après la législation romaine, les simples conventions, tout en créant l'obligation de transférer la propriété, ne la transfèrent jamais; mais cette inexactitude est permise dans un traité philosophique qui s'occupe moins du droit romain que du droit universel, et le moraliste, après tout, est libre de remonter au premier fait d'où l'acquisition dérive, la volonté des parties contractantes. On s'explique moins qu'il comprenne dans la même énumération la *condition*, le *sort* (*conditione, sorte*), qui ne peuvent rentrer que dans une subdivisison : le contrat, en effet, peut être aléatoire ou commutatif, pur et simple ou conditionnel sans cesser d'être lui-même. Enfin le moraliste a manifestement oublié ce dernier mode d'acquisition que les jurisconsultes nommaient *adjudicatio*, quand le juge, dans certains procès [1], transfère la propriété par sa sentence. L'énumération du traité des Devoirs, même en y faisant entrer ce qu'elle ne comprend peut-être pas, est donc incomplète, et le moraliste

---

des Douze Tables eût accordé à chaque citoyen le droit de faire lui-même la loi de son hérédité (*condere testamentum legem dicere, legare*).

[1] *Finium regundorum, familiæ erciscundæ, communi dividundo.*

eût mieux fait de ne pas ébaucher cette théorie du droit de propriété, trop longue et trop courte à la fois, qui ne peut suffire ni au jurisconsulte ni au philosophe.

Non seulement les hommes ne doivent pas se nuire, mais ils doivent s'entr'aider. Tout a été créé pour l'usage de l'homme, disaient les stoïciens, l'homme pour l'usage du genre humain : pour obéir à cette loi, nous devons confondre nos intérêts par un continuel échange de services, sans cesse donner et recevoir, enfin consacrer nos bras, notre intelligence, toutes les ressources de notre être à resserrer chaque jour davantage l'union naturelle des hommes [1]. Nous sommes obligés envers l'humanité par cela seul que nous avons été doués de la parole et de la raison. Les animaux qui n'ont ni l'une ni l'autre n'ont rien à exiger de nous. Mais pas d'exception dans nos rapports avec nos semblables : chacun de nous est lié envers tout le genre humain. Notre premier devoir est de faciliter à tout le monde la jouissance de tout ce que la nature met à notre disposition. Celui-là, dit Ennius, qui montre au voyageur égaré son chemin, rallume une torche éteinte à son propre flambeau, mais il n'en voit pas moins clair pour se guider lui-même. Géné-

1. De Off. I, 7.

ralisons cette pensée : nous devons rendre service même à un inconnu quand nous le pouvons sans nous faire tort. Nous devons permettre à tout homme de puiser dans l'eau courante, d'allumer son feu au nôtre, de nous demander un bon conseil s'il est dans l'embarras : c'est rendre service sans nous faire tort. Il faut donc travailler sans relâche à l'intérêt général [1].

Laisser commettre une injustice quand on peut l'empêcher, c'est aussi mal faire que de trahir un père, un ami, son pays [2]. Parmi ceux qui négligent ce devoir, les uns redoutent des inimitiés, des fatigues, des dépenses, d'autres s'abandonnent à la paresse, d'autres s'absorbent dans le soin de leurs propres affaires. Mais s'absorber dans le soin de ses propres affaires par égoïsme ou par misanthropie, sous prétexte qu'on ne fait tort à personne, c'est éviter une espèce d'injustice pour tomber dans l'autre, car l'injustice consiste autant à ne pas empêcher le mal qu'à le commettre [3].

On peut s'étonner que ces préceptes de la morale stoïcienne n'aient pas exercé plus d'influence sur la législation romaine. C'est en vain que nos vieux jurisconsultes ont prétendu retrouver la trace de cette théorie dans deux textes d'Ulpien et un texte de Scévola : les Pandectes, en posant

---

1. De Off. I, 16. — 2. De Off. I, 7. — 3. De Off. I, 9.

certaines règles dans des cas spéciaux, ne contiennent réellement aucun principe sur la répression des délits d'inaction. Le droit canonique allait peut-être un peu plus loin : « Ne pas
« empêcher, quand on le peut, une injustice, dit
« un texte isolé, c'est paraître la favoriser et par-
« ticiper à la faute [1]. » Mais nos vieux écrivains s'emparèrent d'une prétendue loi égyptienne, ainsi conçue : « Si quelqu'un trouve en chemin un
« homme que l'on tue ou que l'on maltraite et
« qu'il ne le secoure pas quand il le peut, qu'il
« soit condamné à mort [2]. » De là cette fameuse maxime de Loysel : « Qui peut et n'empesche
« pèche [3]. » Enfin Jousse, notre criminaliste classique, consacra un chapitre spécial de son grand traité à ceux qui, *pouvant empêcher de commettre un crime, ne le commettent point*. Cependant la législation contemporaine a rompu avec la théorie stoïcienne et presque entièrement effacé la répression des délits d'inaction. C'est un tort. Le législateur eût dû se pénétrer davantage du devoir général d'assistance qui lie les hommes entre eux : sans prescrire sous une sanction pénale des actes d'un dévouement trop difficile, il

---

1. *Corpus juris canonici*, Sexti decreti, lib. 5, tit. II. De Sententia excommunic., cap. 6. — 2. V. Delamarre, *Traité de la police*, liv. I, tit. 2, tome I, p. 15. — 3. Instit. coutum., liv. VI, tit. 1, n° 5.

eût pu déterminer, en règle générale, les conditions constitutives de quelques graves délits d'inertie. Le système du Portique, quoiqu'il s'en tienne au for intérieur, mène à cette conséquence, et le traité des Devoirs, à cet égard, est en avance sur la plupart des législations modernes.

Nous devons, avant tout, rester fidèles à notre parole, car la bonne foi (*fides*) est le fondement de la justice [1]. Cependant il existe des circonstances où l'homme juste doit s'abstenir de rendre un dépôt et d'accomplir une promesse. Deux principes, en effet, dominent tous les autres : il ne faut nuire à personne, il faut concourir à l'intérêt général. Cicéron cite une fois à ce propos l'exemple d'Apollon qui tint la parole donnée à son fils Phaéton, deux fois l'exemple de Neptune qui fit périr Hippolyte pour ne pas manquer à sa promesse [2]. Un fou réclame le glaive qu'il avait déposé chez vous avant de perdre la raison ; l'ennemi de la patrie réclame l'argent qu'il vous avait confié, mais pour engager la guerre civile : il ne faut rendre ni le glaive ni l'argent [3].

Le principe posé par le moraliste n'est pas incontestable. Doit-on subordonner, en effet, l'accomplissement d'une promesse ou la restitution d'un dépôt soit à l'intérêt privé, soit à l'intérêt

---

1. De Off. I, 7. — 2. De Off. I, 10, III, 2. — 3. De Off. III, 25.

public ? On pourrait tirer de semblables prémisses les conclusions les plus étranges. Les trois premiers exemples ne signifient rien : le dieu Neptune ne pouvait pas accomplir une exécrable injustice ; Apollon ne devait pas céder au désir d'un fou : quand un insensé réclame un dépôt, ce n'est pas à lui, mais à son représentant légal, qu'il en faut faire la restitution. Le dernier exemple, au contraire, montre déjà le vice de la théorie cicéronienne. Quoi ! César a remis cent mille sesterces entre vos mains et vous ne les lui rendrez pas ! Mais César médite les plus criminelles attaques contre la constitution de sa patrie : César est un ennemi public. — Qu'en savez-vous ? Qui vous a fait juge de ses intentions ? Peut-être va-t-il régénérer l'État que vous croyez près de succomber sous ses coups. Mais lui-même ne pourrait-il pas tenir un pareil langage à ses adversaires ? Dépositaire de la fortune d'un pompéien, pourquoi la rendrait-il à l'un de ces chefs de parti, dès longtemps usé dans les discordes civiles, prêt à ensanglanter l'Italie pour le maintien d'une oligarchie détestée ? Refusez-lui donc votre suffrage au jour des comices et rendez-lui son argent. Nous n'admettrons pas davantage cette seconde proposition : « Vous avez ma parole ; mais l'accomplis-
« sement de ma promesse vous sert moins qu'il
« ne me nuit : j'y puis manquer. » Voici l'unique

exemple : « J'ai promis de paraître à votre procès
« pour vous appuyer de ma présence, selon l'usage :
« mon fils devint gravement malade ; je puis rester
« chez moi [1]. » Mais pourquoi ? Parce que le plus
grand devoir efface le moindre ; or, mon plus
grand devoir est d'assister mon enfant malade. Il
ne s'agit pas, encore une fois, de mesurer deux
intérêts, mais deux devoirs. Ces expressions du
moraliste *prosint, noceant*, doivent être bannies
d'un pareil débat, même dans le système qui prétend confondre l'utile avec l'honnête. Le plus
grand intérêt ne peut pas faire fléchir le plus petit
devoir. Changeons donc le principe. Il ne faut
jamais faire de promesse injuste ni même de promesse vague, de peur qu'on n'exige de nous un
acte injuste : la promesse injuste, une fois faite,
ne doit pas être accomplie. Quelquefois même on
peut se soustraire, par devoir, à l'exécution de
la plus équitable promesse. Mais qu'est-ce qui
doit en arrêter l'accomplissement ? l'intérêt d'un
homme ou d'un peuple ? Non, la justice elle-même.

Cette justice ne consiste pas dans la stricte
observation d'une règle législative. Saint Jérôme
devait dire plus tard [2] : « Autres sont les lois des
« Césars, autres sont les lois du Christ ; autres

---

1. De Off. I, 10. — 2. Ad Oceanum de morte Fabiolæ, ep. 77.

« les décisions de Papinien, autres les préceptes
« de l'apôtre Paul. » Mais le traité des Devoirs
avait opposé déjà les préceptes des législateurs à
ceux des philosophes, dont la sanction ne réside
que dans la conscience [1]. Or, que nous prescrit
la conscience? D'éviter en toutes choses la ruse,
la dissimulation, la fraude. Le législateur laisse-
t-il impunies, comme chez les Romains, certaines
fraudes civiles? La sanction de la loi naturelle
doit suppléer celle de la loi positive. D'ailleurs,
la tradition romaine distingue un *droit des gens*
ou des *nations* (*jus gentium*) et un droit civil :
Cicéron, dans un temps où les vieilles formalités
du droit civil étaient encore en si grand honneur,
proclame avec une singulière élévation la supériorité d'un droit plus large, qui contient des
règles communes à tous les hommes : « Ce droit,
« dit-il, devrait être aussi notre droit civil [2].
« Mais nous ne possédons pas la véritable image
« du droit et de la justice : nous n'en avons gardé
« que l'ombre [3]. »

Il n'a jamais existé de droit plus formaliste que
l'ancien droit romain. Les contrats les plus simples étaient soumis à des règles solennelles : si
l'on supprimait un geste, si l'on modifiait une
parole, on n'avait rien fait. Cicéron, dans sa

---

1. De Off. III, 17. — 2. *Quod civile, non idem continuo gentium;
quod autem gentium idem civile esse debet.* — 3. De Off. III, 17.

plus spirituelle plaidoirie, avait déjà ridiculisé ces grossières coutumes avec une grâce incomparable. Racontant de quels mystères le patriciat de la république avait longtemps enveloppé la science du droit jusqu'au jour où le scribe Flavius publia le tableau des jours fastes, il accusait les jurisconsultes d'avoir, à cette époque, inventé tout un appareil de formules barbares pour conserver leur influence. C'est alors que l'orateur trace le tableau d'un procès en revendication, mettant tour à tour en scène les plaideurs et le magistrat, plaçant dans leur bouche les paroles sacramentelles et raillant tout le monde : « Ils « ont fait du droit civil une science de mots, dit-il « pour conclure, et laissé de côté la justice [1]. » C'est la brillante préface d'une théorie ébauchée au premier livre et développée au troisième livre du traité des Devoirs. Cette phrase *summum jus, summa injuria* n'est-elle pas passée en proverbe ? Il s'élève donc contre l'interprétation trop subtile des lois et des conventions. Cléomène de Sparte promet, dans un armistice, de ne pas ravager le territoire de l'ennemi durant trente jours et le ravage pendant la nuit. Le consul Fabius Labéon, pris pour arbitre par les gens de Naples et de Nola, les détermine séparément à faire des

---

1. Pro Murena, 12.

concessions et adjuge au peuple romain le territoire qu'ils abandonnent. Il n'est pas de tels accommodements avec la justice [1].

L'auteur du traité des Devoirs avait quelque mérite à montrer ainsi les vices d'une législation surannée, pour amener ses compatriotes à une conception plus philosophique du droit. Partisan déclaré de l'ancienne constitution romaine, il n'hésitait pas à condamner ce vieux droit exclusif, si cher à l'aristocratie, mais où l'antique génie d'un peuple rustique et superstitieux avait trop profondément marqué son empreinte. Si l'on songe à la trace lumineuse que le grand orateur laissa dans toute la littérature latine, il n'est pas douteux que ces derniers conseils n'aient eu quelque influence sur la transformation du droit romain. La législation de Rome païenne dépouilla sa rude enveloppe nationale pour devenir la plus humaine et la plus universelle entre toutes celles qui précédèrent la révolution française; et Cicéron, dans le traité des Devoirs, est le rédacteur du premier projet de réforme qui soit parvenu jusqu'à nous.

La loi qui nous unit par une chaîne si étroite et si forte à toute l'humanité va-t-elle jusqu'à nous prescrire le pardon des injures ? L'opinion

---

1. De Off. I, 10.

du moraliste n'est pas très nette sur ce point : s'il incline vers la théorie chrétienne du pardon, c'est après avoir posé, ce semble, un principe contraire. La première règle de la justice, dit-il d'abord[1], c'est de ne nuire à personne si l'on n'a pas été provoqué. La provocation légitime donc les représailles. Cependant, un peu plus loin, le philosophe a déjà corrigé son système : il déclare que nous avons des devoirs même envers ceux dont nous avons reçu quelque injustice, car la vengeance a des bornes (*est enim ulciscendi modus*). Peut-être même, ajoute-t-il, vaut-il mieux laisser l'auteur d'une injustice à ses propres remords : c'est le meilleur moyen de le calmer lui-même et de décourager le reste de nos ennemis[2]. Ainsi donc la vengeance est de droit rigoureux ; mais nous devons nous venger avec modération et nous ferions mieux de ne pas nous venger du tout. Par une sorte d'inconséquence, le moraliste qui décrit avec tant d'ardeur nos devoirs généraux envers nos semblables fonde la supériorité du pardon sur notre intérêt personnel et non sur cette loi suprême qui, dans la doctrine stoïcienne, nous oblige à resserrer chaque jour davantage les liens qui unissent tous les hommes. N'écoutons pas, dit-il enfin[3], ceux qui nous excitent à pour-

---

1. De Off. I, 7. — 2. De Off. I, 11. — 3. De Off. I, 25.

suivre nos ennemis d'une implacable haine : rien n'est plus louable que la clémence, rien n'est plus digne d'un honnête homme et d'un grand homme. Bon conseil, mais que nous voudrions voir exprimé d'une manière un peu plus impérative. Aristote et Platon, ce dernier surtout, se rapprochent bien davantage de la doctrine évangélique. Aristote, au quatrième livre de la morale à Nicomaque, définit et décrit la douceur qu'il considère comme une vertu très importante, placée entre l'apathie et l'irascibilité. C'est la vertu qui nous empêche d'être inexorables : elle est la marque d'une âme ferme et non d'une âme faible. Qui recherche la vengeance? Les femmes et généralement tous les êtres faibles. Le propre de la douceur est de ne pas rechercher la vengeance [1]. Platon dit bien dans le *Gorgias* que, s'il avait un ennemi auquel il pût souhaiter le plus grand malheur, il lui souhaiterait l'immortalité dans le vice, parce que le pire des malheurs c'est de commettre impunément et tranquillement l'injustice. Mais ce n'est là, pour ainsi dire, qu'un artifice oratoire, une figure par laquelle le philosophe cherche à faire mieux comprendre la sainteté du châtiment. Suivons-le dans sa définition de la justice. Est-il juste celui qui fait du bien aux bons

---

1. Eth. Nic. IV, 11.

et du mal aux méchants ? Non, sans doute, car le mal qu'on fait à ceux-ci les expose à devenir plus méchants encore. Il est injuste de nuire à un homme, quel qu'il soit, et le juste doit servir indistinctement ses amis et ses ennemis. Comme il n'est jamais permis de faire ce qui est contraire au bien, il ne l'est jamais de rendre le mal pour le mal, quelque tort qui nous ait été fait. Enfin, puisqu'on ne pèche, d'après Platon, que par ignorance, il est absurde de s'irriter contre les méchants. C'est ainsi que, dans la Cyropédie [1], un philosophe pardonne à son assassin parce qu'il a plus agi par ignorance que par méchanceté. C'est l'opinion de tous les Socratiques, que Platon fait passer avec l'autorité de son génie jusque dans la législation pénale de la *République*.

Mais Cicéron n'encourt pas le reproche adressé par Platon à ceux qui définissaient la justice : « accorder à chacun ce qui lui est dû. » Le philosophe romain ne croit pas qu'il suffise, pour s'acquitter envers l'humanité, de chercher ce qu'elle peut, en droit strict, exiger de nous, sans jamais dépasser cette limite. Il ne conçoit pas la justice isolée de la *bienfaisance*.

Aristote, le premier parmi les Grecs, avait fait ressortir, dans une de ses profondes analyses les

---

1. III, 2.

caractères essentiels de cette vertu. Bien que la restreignant trop exclusivement aux libéralités pécuniaires, il en avait indiqué les principaux traits avec une sagacité merveilleuse. Donner avec choix, donner quand il faut, donner autant qu'il faut, donner de bon cœur, donner même quand on possède peu, n'augmenter sa fortune et n'en user que pour faire le bien, voilà ce qu'il demande à l'homme vraiment libéral [1]. Puis il distingue soigneusement de la bienfaisance la magnificence, vertu purement politique, qui consiste à prodiguer sa fortune pour la patrie. Nous verrons plus loin ce qu'a pensé le moraliste romain de cette théorie paripatéticienne. Il s'agit en ce moment non d'une vertu politique, mais d'une vertu sociale, accessible à tous. Tous les hommes, en effet, peuvent être bienfaisants, surtout dans la théorie de Cicéron, qui ne fait pas, comme Aristote, consister exclusivement la bienfaisance dans un bon emploi de la fortune.

Comme Aristote, Cicéron déclare que la bienfaisance demande beaucoup de prudence et de discernement. Mais il distingue deux sortes de bienfaisance qui s'exercent, l'une au moyen de l'argent, l'autre sans le secours de l'argent. La première est plus aisée, surtout pour les riches;

---

1. Eth. Nic. IV, 1, 2, 3.

la seconde est plus belle, plus noble et plus digne encore d'un honnête homme. Dans un cas, il suffit d'ouvrir notre bourse; dans l'autre, c'est notre cœur qu'il faut ouvrir [1]. Quelle qu'elle soit, nous devons la subordonner à trois règles principales : ne pas nuire à ceux que nous voulons servir ni aux autres hommes ; ne pas dépasser nos ressources ; proportionner le bienfait au mérite. Si nos bienfaits doivent tourner à la ruine de ceux que nous paraissons servir, nous ne sommes pas leurs bienfaiteurs, mais leurs flatteurs les plus dangereux ; si c'est à la ruine des autres, nous imitons les gens qui font passer en des mains étrangères le bien d'autrui. C'est pourtant la pratique de quelques ambitieux. Ceux-là s'imaginent peut-être remplir un devoir de bienfaisance envers leurs amis, parce que tout moyen leur semble bon pour les enrichir. C'est ainsi qu'ils violent la loi, bien loin de l'accomplir. Les donations de César et de Sylla, faites sur les dépouilles des citoyens, ne sont pas des libéralités : il n'y a ni libéralité ni bienfaisance en dehors de la justice. En second lieu, nous ne devons pas dépasser nos ressources : ce serait d'abord méconnaître le droit de nos proches auxquels il faut conserver notre patrimoine plutôt que de le sacrifier au premier venu ; puis

---

1. De Off. II, 15.

on arrive à réparer par d'injustes moyens les brèches de ce patrimoine ; enfin l'on n'agit guère ainsi que par esprit d'ostentation, et c'est l'élan de notre bonne volonté, non l'amour d'une vaine gloire, qui doit inspirer notre bienfaisance. La dernière règle est de proportionner le bienfait au mérite. Plus un homme est juste et modéré, plus il a droit à notre bienveillance et à notre appui[1]. Mais la nature et les circonstances établissent encore entre les hommes certains rapports qui modifient profondément nos obligations. Au premier rang sont nos devoirs spéciaux envers la famille.

1. De Off. I, 14, 15.

CHAPITRE V

DEVOIRS ENVERS LA FAMILLE, LES AMIS, LES ESCLAVES

SOMMAIRE. — Laconisme de Cicéron sur les devoirs de famille : ce laconisme s'explique surtout par les préoccupations politiques de l'auteur. Contraste avec Platon, Aristote et les stoïciens. Regrettables lacunes. — Devoirs envers les esclaves. Platon, Aristote et les stoïciens. Timidité de Cicéron sur cette grave question. Les modernes ont parfois dépassé cette timidité. — Devoirs d'amitié. La morale à Nicomaque. Les stoïciens se sont moins occupés de l'amitié que les péripatéticiens et les épicuriens. Comparaison des doctrines contenues dans le traité des Devoirs et dans le Lelius.

Il semble d'abord que Cicéron, dans son dernier ouvrage, eût dû consacrer une place importante à nos devoirs spéciaux envers la famille. Cet ouvrage même, il le compose pour son fils au milieu des discordes civiles, et le lui envoie comme un gage suprême de sa tendresse. Tout ce qu'une fille peut attendre de l'amour paternel, il l'avait prodigué à Tullie et, sans parler de ce livre aujourd'hui perdu, qu'il écrivit sur une tombe si chère, tout, jusqu'à ses traités philosophiques, atteste la profondeur de son regret. Ce n'était pas là, nous n'en saurions douter, un phénomène isolé dans l'histoire païenne. Bien que le christianisme ait remanié la famille de fond en comble, il faut reconnaître que l'antiquité nous a transmis les types les plus purs des affections et des vertus domestiques. Il suffit de rappeler ces noms que se transmettent tous les âges et que balbutient toutes les langues : Andromaque, Électre, Antigone ! Rome païenne avait recueilli, conservé, fortifié les traditions de la Grèce. Saint Augustin, dans *la Cité de Dieu*, cherchant à expliquer les causes de la grandeur romaine, déclare que les conquêtes de la république furent la récompense terrestre de ses vertus publiques et privées. La famille, en effet, s'y constitua tout d'abord par les lois et par les mœurs. Les comices par curies n'étaient que l'assemblée des grandes familles politiques : chacune d'elles avait ses dieux, ses images, ses clients, et formait un groupe compact dans l'État. La famille civile n'était pas moins fortement organisée : le législateur y avait tout réglé avec une rare vigueur de conception et un esprit de suite admirable, puissance paternelle, adoptions, tutelles, rapports d'agnation et de cognation. Que si, par hasard, un élément dissolvant s'était glissé dans les lois, il ne pénétrait pas jusqu'aux mœurs : le divorce était permis et des siècles passent sans qu'il soit pratiqué. Cicéron qui, les yeux sans cesse fixés sur l'ancienne Rome, y cherchait le type idéal des gouvernements et s'épuisait en vains efforts pour ranimer la poussière de ces mœurs éteintes, aurait dû, ce semble, décrire avec quelque soin ces devoirs envers la famille, si mal compris des contemporains, si bien compris des ancêtres.

Comme les stoïciens, il sait remonter à l'origine de la famille : « Tous les animaux, dit-il, « sont portés par un instinct naturel à chercher « les animaux de leur espèce, mais d'un sexe « différent, et à prendre quelque soin des êtres « nés de cette union [1]. Quant à l'homme, ajoute- « t-il, la même loi naturelle qui l'unit à ses sem- « blables par le lien de la parole et d'une vie « commune lui met au cœur l'invincible amour « de sa descendance...; la préoccupation de « nourrir sa femme, ses enfants, les autres êtres « qui lui sont chers, tient son âme en éveil et le « rend capable des plus grandes choses [2]. » Déjà, dans le traité des vrais biens, il avait exprimé la la même pensée, rappelant avec une grande délicatesse de langage que la ressemblance naturelle des pères et des enfants impliquait des rapports de mutuelle tendresse [3]. C'est par là que débute invariablement l'importante théorie des stoïciens

---

1. De Off. 1, 4. — 2. Ib. — 3. De Fin. III, 19.

sur la sociabilité humaine, chaque fois qu'elle se présente dans leurs écrits. Cicéron, d'après eux, place très bien l'origine des sociétés dans la famille et, dès qu'il la met en scène, a déjà la vue très nette des obligations que l'état de famille impose à l'individu ; mais, après avoir posé le principe, il s'arrête et n'effleure que quelques points de son sujet.

Cependant il dit encore, au dix-septième chapitre du premier livre : « Les membres d'une « même famille sont unis par un lien plus étroit « que les membres d'une même cité. La famille « est le type et le résumé de la société tout en- « tière. Comme tous les animaux ont l'instinct « de reproduction, la première société se forme « entre époux ; suivent les enfants et ceux qui « vivent sous le même toit. C'est là l'origine de « la cité, la pépinière de la république. Un lien « puissant unit encore les frères, puis les cousins : « la même maison ne pouvant les contenir, ils vont « chercher un gîte ailleurs, comme les colons loin « de la mère-patrie. C'est une grande chose que d'a- « voir les mêmes monuments, les mêmes sacrifices, « les mêmes tombeaux. » A ce dernier trait, on reconnaît le moraliste romain ; mais tout est dit sur un tel sujet, et, s'il parle encore des devoirs envers la famille, ce n'est que par hasard, sans dessein prémédité. Par exemple, il reconnaît incidemment qu'un père est obligé d'assister son fils malade [1] ; de conserver, dans une certaine mesure, son patrimoine à ses enfants et à ses proches [2]. Ce défenseur zélé des préjugés aristocratiques ne donne qu'une place imperceptible à ces traditions de famille, dont l'empreinte est si profondément marquée dans les premiers temps de l'histoire romaine. Il constate sans réflexion que nous sommes habituellement déterminés par nos parents à choisir notre genre de vie [3] : il approuve assez froidement ceux qui cherchent à s'illustrer par la même voie que leur père et cite les noms de Quintus Mucius, fils de Publius Scévola, de Scipion Émilien, fils de Paul Émile [4]. Il ajoute que le souvenir des bonnes actions et des vertus paternelles est le meilleur des patrimoines : cette noblesse oblige, et l'oublier serait une impiété [5]. Cicéron croit donc devoir féliciter son fils d'avoir un si bel héritage à recueillir : la gloire de son père, en l'enveloppant de ses rayons, le soustrait fatalement à l'obscurité [6].

Il faut attribuer avant tout ce laconisme aux préoccupations politiques de l'auteur. Quoi qu'il fasse, il est toujours personnage consulaire : en ce moment, il est chef de parti, luttant contre les héritiers de César avec les débris de l'oligarchie

---

[1]. De Off. I, 10. — [2]. De Off. I, 14. — [3]. De Off. I, 32. — [4]. De Off. I, 32. — [5]. De Off. I, 33. — [6]. De Off. II, 13.

romaine. L'organisation de la famille est, à vrai dire, le moindre de ses soucis : son traité des Devoirs est plutôt un appendice de ses deux grands ouvrages politiques, *la République* et *les Lois*. Décrire les devoirs du citoyen, définir son véritable rôle et lui tracer des préceptes de conduite envers ses compatriotes, ses amis politiques, les étrangers, les peuples ennemis, c'est la tâche que s'est proposée le moraliste. Le reproche qu'on fait [1], non sans quelque injustice, à l'auteur de la morale à Nicomaque, c'est bien plutôt à Cicéron lui-même qu'il faut l'adresser : il sacrifie, dans le traité des Devoirs du moins, l'homme au citoyen. Comme il avait déjà relégué la morale individuelle dans le domaine des abstractions, il laisse encore dans l'ombre cette partie de la morale sociale. Il disposera jusqu'aux plis de la toge qu'il convient de porter sur la place publique, mais il ne se demandera pas si l'épouse doit garder la foi promise à l'époux. C'est à nos yeux une grave inconséquence. Proclamer que la famille est l'origine de la société, la pépinière de la république, puis abandonner au caprice individuel la détermination des devoirs qu'entraîne l'état de famille, c'est raisonner sans conclure, imaginer une théorie sans application. Cette lacune est d'autant plus

---

1. Denis, Histoire des théories et des idées morales dans l'antiquité.

incompréhensible que le moraliste avait sous les yeux mille exemples contraires.

Platon, dans sa *République*, avait bouleversé toutes les idées reçues en proclamant la communauté des femmes et des enfants ; il ne voyait dans la cité que l'âme humaine transportée sur un plus grand théâtre, et commençait par sacrifier à son idéale cité les plus impérieux instincts de l'âme humaine. Il avait sans doute abandonné cette théorie dans le traité des Lois ; mais Aristote l'avait directement réfutée dans les deux premiers livres de sa Politique, montrant la famille appuyée sur le triple pouvoir du père, du maître et du mari. Les sages préceptes qu'il donne sur l'administration du patrimoine, sur l'éducation morale et matérielle des enfants, auraient pu servir de préambule au code de la famille romaine. Il n'existe pas, dans le traité des Devoirs, la moindre trace de cette controverse entre les deux plus grands esprits philosophiques de l'antiquité. Disons bien vite, pour justifier Cicéron, qu'il avait, selon toute vraisemblance et comme paraissent l'indiquer de trop courts fragments, traité la question dans le quatrième livre de sa *République*. Il abordait sans doute, au sixième chapitre de ce livre [1], une des plus déli-

---

1. Fragments 16, 17, 18 et 19 de l'édition d'Orelli.

cates questions de l'antique organisation sociale, la situation des femmes. Doivent-elles vivre à l'ombre du gynécée? Jusqu'à quel point faut-il les subordonner à l'autre sexe? Doit-on, comme le demande Platon, les relever de leurs incapacités civiles et politiques? Faut-il, comme les stoïciens commençaient à le proclamer, développer également les facultés intellectuelles et morales de toute créature humaine, sans distinction de sexe? Quand elles deviennent épouses et mères, quels deviennent leurs droits ? quels respects leur devons-nous ? quelles obligations nous lient à elles? La fidélité du mari, par exemple, ne doit-elle être exigée que pendant la fécondité de la femme, ainsi que paraît le croire Aristote? Quelques-uns de ces problèmes ont été, nous le pensons, agités dans la *République*, mais quelques autres avaient leur place naturelle dans le traité des Devoirs et ne s'y trouvent pas.

La question du célibat et du mariage était devenue, bien avant les pères de l'Église, un sujet d'ardentes controverses. Le débat ne se compliquait pas encore des idées toutes chrétiennes qui vinrent en changer la face, et transformèrent les plus grands écrivains de cette époque en défenseurs de la « sainte virginité ». Mais bien avant que Clément d'Alexandrie, dans ses Stromates [1],

1. Livre III.

eût réfuté les adversaires du mariage, les stoïciens avaient repoussé, sur ce point, la doctrine égoïste des épicuriens. Ceux-ci, comme on le sait, ne se préoccupaient pas plus de la famille que de la patrie ou de la société : le mariage leur déplaisait parce qu'il entraînait à sa suite un joug incommode et d'innombrables embarras ; ils recommandaient donc le célibat. C'était une doctrine dangereuse à une époque où, les liens de la famille se relâchant de toutes parts, les empereurs cherchaient à remédier par toutes les mesures possibles au décroissement de la population. Les stoïciens, qu'aucune question politique ne laissait indifférents, regardèrent le mariage comme un devoir, mais en subordonnèrent néanmoins l'accomplissement à certaines circonstances : c'est ainsi qu'Épictète se croyait trop pauvre pour s'engager dans de tels liens. Si nous voulons bien excuser les stoïciens de n'avoir pas eu dans la bonté du Père céleste cette admirable confiance que le christianisme seul pouvait prêcher, nous devons cependant reconnaître qu'une pareille théorie supprimait le mariage pour les trois quarts du genre humain. Quoi qu'il en soit, ce grand problème préoccupait à bon droit la secte : elle y consacre des ouvrages spéciaux en assez grand nombre. Il est difficile de justifier le silence du traité des Devoirs en cette matière. Homme d'État,

Cicéron n'aborde pas une question qui préoccupait César et va préoccuper Auguste; moraliste, il se tait sur un des plus graves problèmes qu'eût à résoudre alors la morale.

Ce devoir de tendresse paternelle que Dieu lui-même a gravé dans nos cœurs se prolonge-t-il jusqu'après la mort des enfants ? La raison nous permet-elle ces regrets que la nature paraît nous commander ? Les stoïciens ne le pensaient pas, et Marc-Aurèle comparait dédaigneusement le père qui redemande aux dieux ses enfants morts avec le paysan qui cherche des figues sur un figuier pendant l'hiver. L'auteur du traité des Devoirs approuvait-il cette révolte du stoïcisme contre la loi commune ? C'est sur quoi le traité des Devoirs ne nous renseigne pas. Mais on sait que le père de Tullie s'est excusé d'avoir pleuré sa fille à une époque où il était moins avancé dans l'étude de la sagesse. C'est la théorie même des Tusculanes où Cicéron, fidèle au Portique, considère la douleur comme un fait purement personnel et dépendant de nous-mêmes, parce qu'il est placé tout entier dans notre opinion. Mais Tullie fût morte après les Tusculanes que le disciple improvisé de Panétius et de Zénon n'eût pas moins dit, en se frappant la poitrine : *cedo et manum tollo* [1]. Jamais les coryphées de la secte n'avaient

---

1. De Consolatione. Fragment 7 de l'éd. d'Orelli.

pris au sérieux ce stoïcisme oratoire, et Brutus, au moment même des Philippiques, le lui fit comprendre avec une étrange dûreté [1].

Quelques commentateurs pensent que Cicéron fit un ouvrage spécial sur le droit civil ; mais il est au moins vraisemblable que le grand orateur s'était occupé du droit civil dans le sixième livre des *Lois*, aujourd'hui perdu. Nul doute que, fidèle à la tradition platonicienne, il n'y eût exposé ses idées sur le droit domestique et tracé le tableau des devoirs qui lient entre eux les membres de la famille. Tout porte à croire qu'il y avait contredit Platon sur beaucoup de points importants, par exemple, le mariage prescrit à tous les citoyens, le divorce imposé après dix ans de mariage aux époux qui n'ont pas d'enfants, la faculté de répudier l'enfant accordée au père après une délibération conforme du conseil de famille, la volonté de la loi substituée dans presque tous les cas à celle du testateur, etc. Mais Platon, tout en écrivant le code de la famille grecque, rappelait en même temps avec une singulière élévation que les idoles les plus vénérables sont un père, une mère courbés sous le poids des ans, et recommandait, au nom de la morale, le culte de ces « statues animées » qui président aux desti-

---

[1]. Epist. ad Brutum, 24.

nées de la famille. Quelque place que la partie législative occupât dans le sixième livre des *Lois,* Cicéron pouvait, dans le traité des Devoirs, réserver une place un peu plus importante à cette autre partie purement morale du droit domestique. Il n'eût, en cela, dérogé ni aux habitudes romaines ni aux traditions de la philosophie grecque, et le jeune Cicéron lui-même eût trouvé quelque profit à ces conseils. J'ajoute qu'il était digne d'un moraliste romain d'arracher la famille au joug de l'État sous lequel la philosophie grecque l'avait si longtemps placée, et de la pousser sur la scène libre de toute entrave. C'est ce qu'avait déjà fait une fois le grand orateur, en prenant avec chaleur, dans le quatrième livre de la *République,* la défense de l'éducation privée.

On sait que ce mot de *famille* avait, dans la langue latine, un sens beaucoup plus large que dans la nôtre. On y comprenait l'ensemble des êtres placés sous la puissance d'un même chef, le *paterfamilias,* et, par conséquent, les esclaves. Avons-nous des devoirs envers cette classe d'hommes ? Quels sont ces devoirs ? L'esclavage lui-même n'est-il pas en contradiction formelle avec une loi supérieure ?

Par quel coup du sort ces questions, qui semblaient reléguées dans le domaine de l'histoire, peuvent-elles encore passionner nos contemporains ? Les modernes peuvent-ils faire un crime aux païens d'avoir si longtemps méconnu le vrai caractère de cette institution quand le premier parlement de l'Europe encouragea de tout son pouvoir, jusqu'au milieu du dix-huitième siècle, le commerce des esclaves ; quand, treize ans avant la révolution française, le ministre d'un État libre déclarait ce commerce indispensable à la prospérité de sa patrie ? La constitution de la grande république américaine ne contient pas une seule fois le mot propre ; mais elle parle *des personnes tenues au service ou au travail* qui se sauveraient d'un État dans un autre, c'est-à-dire des esclaves fugitifs, ou bien de l'*importation de telles personnes dont l'admission pourra paraître convenable* à chacun des États existants, c'est-à-dire de la *traite*. Cependant, dès 1850, quelques courageux habitants de la Pensylvanie et du Delaware, pensant que la constitution fédérale obligeait la nation entière à soutenir l'esclavage, demandèrent au congrès la dissolution immédiate de l'Union. On sait que la partie la plus éclairée de l'Union prétendit conserver le pacte fédéral sans l'esclavage et que, sur le simple soupçon d'un pareil projet, les États du Sud se coalisèrent pour maintenir l'esclavage et déchirer le pacte fédéral. De là, cette guerre sauvage, implacable, impie, où paraît devoir sombrer la fortune de la grande république américaine. La postérité n'oubliera pas que la majorité des journaux français a, pendant cette lutte, appuyé de ses vœux ardents les États propriétaires d'esclaves, révoltés contre le droit, la justice et l'humanité [1].

Rappelons donc, avec un sentiment d'humilité profonde, quelles furent, en cette matière, les erreurs de l'antiquité païenne avant Cicéron.

Tous les philosophes de la Grèce paraissent avoir recommandé la douceur envers les esclaves. Solon les avait protégés par des lois clémentes que Rome put envier longtemps à l'Attique : lequel, parmi les sages, eût osé s'attaquer à l'œuvre vénérée du législateur et forcé, pour ainsi dire, les siècles à remonter leur cours ? C'est dans les ouvrages de Xénophon que la pensée de Socrate s'offre au lecteur pure de tout mélange. Les premiers chapitres de l'Économique contiennent d'excellents préceptes sur les égards que le maître doit à ses esclaves quand il aperçoit en eux quelques sentiments d'honneur.

---

[1]. Tout le monde sait que, depuis un quart de siècle, le droit et la justice ont pris leur revanche. Sous l'impulsion du cardinal Lavigerie, de Léon XIII et de Léopold II, roi des Belges, toutes les nations civilisées ont entrepris une glorieuse croisade contre le commerce des esclaves, et la presse européenne a généralement encouragé ce grand effort.

Mais Socrate, attaché au parti aristocratique et conservateur, ne s'aventure pas jusqu'à discuter la légitimité de l'esclavage. Aristote et Platon, qui partagent les idées politiques de leur maître, vont éprouver le même embarras quand ils auront à résoudre ce redoutable problème.

Cependant on a beaucoup remarqué que Platon, dans sa *République,* n'avait pas dit un mot de l'esclavage. En effet, d'après le plan de son idéale cité, la troisième classe de citoyens doit se livrer à ces travaux manuels que la plupart des sages jugeaient alors indignes des hommes libres. Ainsi disparaît la nécessité sociale de l'esclavage. Mais l'esclavage reparaît dans les *Lois.* Même dans les *Lois,* disons-le vite, Platon ne craint pas d'exprimer tout haut cette pensée que la division des hommes en esclaves et en maîtres est assez difficilement compatible avec notre nature ; non seulement il reconnaît les périls attachés à la possession des esclaves qui s'enfuient, se liguent, se révoltent à main armée, mais il déclare que les mieux nés entre les Grecs, s'ils pouvaient approfondir les secrets du passé, rencontreraient une foule d'esclaves parmi leurs ancêtres. Enfin les esclaves sont, à ses yeux, capables de toutes les vertus [1]. Aristote est plus logique et plus précis.

---

1. *Lois, passim.*

Il ne laisse pas sa pensée flotter dans un nuage et nul, après qu'il a parlé, ne cherche ce qu'il a dit. On peut encore demander à Platon, même après la lecture des *Lois*, s'il admet la légitimité de l'esclavage et, s'il l'admet, sur quels motifs il la fonde. Aristote l'admet, et puisqu'il l'admet, j'ai déjà dit qu'il prétend la démontrer. Il lui faut des esclaves à côté des citoyens, parce qu'il lui faut des artisans et des laboureurs : le travail agricole lui-même, aux yeux de ce Grec païen, n'est pas digne d'un homme libre ! L'humanité se divise en deux catégories : les hommes libres et les esclaves ; ces derniers sont à bon droit esclaves, parce que la nature a mis en eux un cœur servile : ils ne le seraient qu'accidentellement et sans droit, si la nature les avait faits capables de commander; mais cette hypothèse gêne le moraliste qui l'effleure sans s'y arrêter. Quel sophisme monstrueux ! Comment ce profond observateur peut-il rattacher la plus inique des distinctions sociales à cette bizarre supposition? Confusion singulière entre l'effet et la cause ! La nature n'a pas dégradé l'esclave pour la condition servile; mais c'est la condition servile qui l'a dégradé. Que sera donc cet esclave de droit naturel et de droit divin ? Moins qu'un enfant, à peine un être : il n'aura ni volonté ni personnalité ; c'est l'instrument ou, si l'on veut, l'appendice du maître.

Voici la conséquence : comme on ne peut être injuste envers soi-même, on ne peut être injuste envers son esclave : on doit seulement lui donner le soin qu'on donne à tout objet utile dont nous nous servons. Incapable de volonté, l'esclave l'est, par conséquent, de vertu : ses vertus comme ses bras appartiennent à son maître [1].

Les stoïciens, après avoir proclamé si haut la fraternité du genre humain, ne pouvaient pas admettre ces dogmes révoltants ; ils furent à la fois plus courageux et plus logiques. Athénée, au sixième livre de son grand ouvrage [2], cite bien un texte de Posidonius où le philosophe paraît voir une des causes de l'esclavage dans la faiblesse (ἀσθένεια) de certains hommes qui, ne pouvant subvenir eux-mêmes à leurs besoins, se jettent dans les bras d'un maître. Mais Posidonius mentionnait un fait sans prétendre en rien conclure ou, s'il cherchait à justifier par là l'esclavage, heurtait une des opinions les plus universellement reçues dans sa propre secte. Il ne nous reste malheureusement presque rien des stoïciens antérieurs à Cicéron ; mais quelques fragments de Diogène Laerce [3] et de Stobée nous apprennent

---

1. V. les livres I, III, VII de la Politique, V et VIII de la morale à Nicomaque. — 2. Deipnosoph. VI, 18. — 3. V. le 7e livre de son grand ouvrage.

que l'anathème de Zénon contre l'esclavage était absolu, sans restriction, que l'esclavage fût issu de la convention ou de la conquête.

Ce grave problème était encore plus embarrassant pour Cicéron que pour les philosophes grecs. Rome avait resserré le lien qui enchaînait l'esclave au maître. Tandis que les lois d'Athènes punissaient les coups, l'homicide, l'attentat à la pudeur dont l'esclave avait été victime, celles de Rome conféraient au maître un droit illimité. Les Romains étaient si bien attachés à ce principe que le jurisconsulte Gaius, en dépit des coutumes attiques, envisageait ce pouvoir illimité du maître comme une maxime de droit universel [1]. Mais le stoïcisme ébranlait chaque jour davantage cette législation surannée. Gaius, dans le même fragment, annonce une grande innovation : c'est qu'il n'est plus permis aux maîtres de sévir sans mesure contre leurs esclaves. Ulpien cite un rescrit d'Antonin, classique en cette matière, où l'empereur proteste de son respect pour le pouvoir illimité des maîtres, mais prétend empêcher certaines rigueurs. Ce même Ulpien, d'accord avec les jurisconsultes stoïciens, devait proclamer hardiment que l'esclavage est contraire au droit naturel (*contra naturam*). Mais cette thèse

---

1. Lib. I Institutionum.

avait été magnifiquement développée par Sénèque et les stoïciens de l'époque impériale. La question était beaucoup moins avancée au temps de Cicéron. J'ajoute qu'il était infiniment difficile à cet homme d'État d'adopter un parti franchement libéral au lendemain des victoires de Spartacus contre un préteur et deux consuls, quand l'Italie était encore fumante des feux qu'y avait allumés la guerre servile. L'état de la législation romaine et la situation politique de l'Italie peuvent donc expliquer son laconisme. Dans le troisième livre de la *République*, il avait sans doute abordé cette grave question : le grammairien Nonius nous a transmis un très court fragment de ce troisième livre d'où l'on peut induire que le moraliste admettait avec quelques tempéraments la théorie péripatéticienne : « La servitude est illégitime si « l'esclave peut se commander à lui-même, légi- « time s'il ne peut se commander [1]. » Mais cette théorie devenait elle-même périlleuse si l'on ne proclamait pas de parti pris, comme le philosophe de Stagyre, l'incapacité de tous les esclaves. C'est là que se trouve, en définitive, le trait caractéristique du système péripatéticien. La citation de Nonius est trop brève pour que nous sachions à quel point Cicéron s'était fait, en pareille

---

1. De Rep. III, 25. Ed. Orelli.

matière, le disciple d'Aristote, et nous sommes bien forcé de revenir au traité des Devoirs, où il s'exprime en ces termes : « Souvenons-nous qu'il « faut observer la justice même envers les plus « humbles. Rien n'est plus humble que la condi-« tion des esclaves : on a dit avec raison qu'il « les fallait traiter comme des serviteurs à ga-« ges, exiger d'eux certains travaux, subvenir à « leurs besoins légitimes [1]. » Il dit encore au troisième livre [2], rappelant certaines questions compliquées que s'était posées, dans son grand ouvrage, le stoïcien Hécaton : « Le philosophe se « demande s'il vaut mieux, quand on allège un « vaisseau dans une tempête, se débarrasser d'un « cheval précieux ou d'un esclave sans prix. « L'intérêt parle pour le cheval, l'humanité pour « l'esclave. » Eh quoi ! le philosophe ne conclut pas ! Il se pose une pareille question sans la résoudre ! Un disciple de Zénon met en balance la vie d'un cheval et celle d'un homme sans que Cicéron fasse la moindre réflexion ! Cependant les sophismes d'Aristote sont présents à sa pensée : que l'ancien chef de l'ordre équestre, le dernier défenseur de l'aristocratie mourante, redoute une discussion sur la légitimité de l'esclavage ; mais il peut, il doit au moins se demander s'il faut,

1. De Off. I, 13. — 2. De Off. III, 23.

avec le philosophe de Stagyre, méconnaître en l'esclave toute vertu, toute volonté, toute personnalité. Tout le code de la morale envers les esclaves se résume en quatre mots : *operam exigendam, justa præbenda*. Il n'était pas besoin de se jeter dans le camp stoïcien pour donner aux Romains une si prudente profession de foi. La constance de l'homme politique n'excuse pas la pusillanimité du moraliste.

On reste confondu quand on voit les plus illustres publicistes du dix-septième siècle dépasser la timidité de Cicéron. Le Romain paraît vouloir esquiver la difficulté. Grotius, pour ne pas rompre la chaîne des traditions, admet la théorie de l'esclavage avec une sérénité d'esprit merveilleuse. Il ne veut pas contredire les jurisconsultes stoïciens qui proclament l'esclavage contraire à la nature ; mais il prétend expliquer et jusqu'à un certain point atténuer cette hardiesse : « Il ne répugne pourtant pas à *la justice* « *naturelle*, dit-il, que les hommes deviennent « esclaves par un fait humain, c'est-à-dire en « vertu de quelque convention ou par suite de « quelque délit [1]. » Esclaves tous ceux qui se trouvent pris dans une guerre *publique et en forme*, esclaves *tous ceux qui se sont malheureu-*

---

1. Liv. III, ch. 7.

sement trouvés sur les terres de l'ennemi dans le temps que la guerre s'est élevée tout d'un coup, esclaves leurs descendants à perpétuité. Mais quel sera le pouvoir du maître? Écoutons encore Grotius : « Tout est permis au maître par « rapport à son esclave. » Puis, comme s'il craignait qu'on n'eût pas bien saisi sa pensée : « Il n'est point d'action qu'on ne puisse comman-« der aux esclaves ou à laquelle on ne puisse les « contraindre de quelque manière que ce soit, et « les plus grandes cruautés que les maîtres « exercent contre eux demeurent impunies. » S'il en est parfois autrement, c'est par quelque disposition singulière des lois civiles, qui ne doit pas tirer à conséquence. L'auteur du traité des Devoirs est presque un révolutionnaire à côté de Grotius.

Mais les grands révolutionnaires en cette matière, ce sont les stoïciens postérieurs à Cicéron. Comment ne pas les louer de leur généreuse audace quand on voit ce Hollandais théologien, philosophe et jurisconsulte enchérir sur la tradition péripatéticienne et courber la tête sous des raisonnements usés déjà du temps de Papinien? Sénèque proclame l'égalité du maître et de l'esclave devant la loi divine; Épictète rappelle au maître que l'esclave est un frère, insiste avec force sur les abominables effets de l'esclavage et soutient qu'à se laisser servir par des hommes on devient soi-même esclave ; enfin, Dion Chrysostôme avance un dernier paradoxe qui eût effrayé Grotius : la possession du maître, quand elle proviendrait du plus régulier des contrats, n'en est pas moins illégitime : l'homme ne peut pas être la propriété de l'homme : la liberté est inaliénable [1]. Tout cela n'était-il pas en germe dans la théorie cicéronienne de la sociabilité, de la charité, de la fraternité humaines ? Mais il fallait pousser le principe jusqu'à ses conséquences, et le personnage consulaire eut le tort de reculer devant cette extrémité redoutable.

Sur le seuil de la famille se tiennent les amis, qui nous sont parfois plus chers que nos proches. Mais l'amitié nous impose aussi des devoirs.

Peu de philosophes ont mieux parlé de l'amitié qu'Aristote aux huitième et neuvième livres de la morale à Nicomaque. Platon, poète autant que philosophe, s'était surtout occupé de l'amour, c'est-à-dire du sentiment impétueux et profond qu'excite en nous la contemplation de la beauté. Mais Aristote analyse avec un soin minutieux ce sentiment de bienveillance mutuelle qui, sans être une vertu, complète et couronne la vertu. Le philosophe de Stagyre ne fait pas dériver l'amitié

---

[1]. La lutte des derniers stoïciens contre l'esclavage est très bien exposée dans l'ouvrage déjà cité de M. J. Denis, II, p. 79 s.

de l'intérêt, « car le bienfaiteur chérit son obligé, « même quand celui-ci ne lui peut être utile en « rien ». C'est ici surtout que les épicuriens se séparaient d'Aristote : ils recommandaient énergiquement l'amitié, mais parce qu'ils la considéraient comme la plus précieuse ressource de la vie. Cicéron, dans son Lelius, commente avec une grande élévation la théorie d'Aristote, appliquant très ingénieusement à l'amitié le système des stoïciens sur la sociabilité humaine. L'amitié procède, à ses yeux, non d'une égoïste pensée, mais du besoin naturel d'aimer. C'est le charme indéfinissable de la vertu qui nous attire ainsi l'un vers l'autre : n'aimons-nous pas pour leur vertu d'illustres personnages que nous n'avons jamais vus[1] ? Il faut y joindre un certain mouvement spontané des âmes, l'échange de certains services et de certains devoirs[2]. C'est ainsi que nous trouverons dans l'amitié même et dans l'amitié seule le but et la récompense de l'amitié. Les épicuriens raisonnent là-dessus comme des brutes (*pecudum ritu*). L'amitié que l'intérêt engendre est détruite par l'intérêt contraire, et les véritables amitiés sont éternelles.

On reconnaît encore dans la théorie cicéronienne quelques lambeaux de stoïcisme. L'amitié,

---

1. Lælius, 8. — 2. 9.

par exemple, c'est, aux yeux du Romain comme des stoïciens, l'instinct de sociabilité réduit à sa plus simple expression, mais d'autant plus énergique qu'il embrasse un plus petit nombre d'âmes [1]. Il ne faudrait pas cependant rattacher le Lelius au système général de la morale stoïcienne. Le Portique s'occupait bien plutôt du genre humain que de la famille, de la charité que de l'amitié. Ces doux et continuels rapports d'homme à homme, que les disciples d'Épicure regardaient comme le plus grand charme de la vie, offraient un moindre intérêt aux disciples de Zénon. Aussi le grand orateur qui, quelques mois plus tard, allait se poser, dans le traité des Devoirs, en disciple de Panétius, recommence-t-il, dans le Lelius [2], ses mordantes critiques contre certains paradoxes stoïciens. Mais, comme il suit la tradition du Portique dans le traité des Devoirs, il y parle très brièvement de l'amitié, renvoyant, pour de plus amples développements, à son précédent ouvrage [3].

D'après Aristote, l'amitié ne peut exister qu'entre égaux. Cicéron reprend et développe cette proposition : le plus grand doit se mettre au niveau du plus humble : jamais Scipion n'a fait sentir à Philus, à Rupilius, à Mummius la supé-

---

1. — Lœlius, 5.— 2. Lœlius, 5. —3. De Off. II, 9.

riorité de son rang ou de son génie. Le plus humble, de son côté, doit envisager sans peine, chez un ami plus heureux, la supériorité de l'intelligence ou de la fortune; il ne doit, à aucun instant, s'imaginer qu'on le dédaigne et l'ami plus heureux ne doit jamais laisser prise à un tel soupçon [1]. C'est ainsi qu'Aristote et Cicéron se rencontrent parfois sur un terrain commun : mais le Lelius, sans être un des meilleurs traités de Cicéron, paraît être un de ses plus originaux : c'est une œuvre purement cicéronienne qui ne peut être revendiquée ni par les stoïciens, ni les péripatéticiens.

Cicéron, dans le traité des Devoirs, se demande s'il vaut mieux jouir de la faveur publique ou se laisser chérir d'un petit nombre. Il n'hésite pas à conseiller ce dernier parti. L'amitié lui paraît être le sentiment le plus naturel et le plus nécessaire du monde. C'est peut-être, ajoute-t-il, la seule chose dont on ait également besoin dans toutes les conditions de la vie [2]. Quel autre avait connu mieux que Cicéron les tristes revirements de la popularité? Quel autre en avait mieux su tempérer l'amertume par les douces confidences et les consolations de l'amitié? Cependant l'incorrigible homme d'État ne nous paraît pas exprimer sa

---

1. Lælius, 19. — 2. De Off. II, 8.

pensée sur ce point avec toute la vigueur et toute la netteté désirables.

Quel rang assigner à nos devoirs d'amitié ? La langue de Cicéron manque parfois de précision philosophique. *Omnium societatum nulla præstantior est, nulla firmior quam quum viri boni moribus similes sunt familiaritate conjuncti :* voilà pour l'amitié. Mais il s'agit un peu plus loin des devoirs politiques : *omnium societatum nulla est gravior, nulla carior quam ea quæ cum republica est unicuique nostrum* : voilà pour la patrie. Cependant Cicéron, développant sa première pensée, reproduit cette idée du Lelius, que l'aspect de la vertu chez autrui nous attire et nous enchaîne : la justice et la bienfaisance éveillent surtout cette sympathie dans notre âme. Il n'est pas de lien plus doux et plus fort que celui de l'union dans la vertu (*nec amabilius nec copulatius*), mais cette théorie n'éclaire pas la classification cicéronienne. A la fin du même chapitre, le moraliste donne une forme un peu plus rigoureuse à sa pensée : la patrie, le père et la mère paraissent être au premier rang, puis les enfants, puis quelques-uns de nos proches, enfin nos amis[1]. Tel n'est pas, on le sait, le système du Lelius, où l'auteur semble mettre les amis avant les

---

1. De Off. I, 17.

proches : « Ce qui fait la supériorité de l'amitié,
« dit-il, c'est que les liens du sang subsistent sans
« l'affection, mais non l'amitié. » Cicéron, selon
toute vraisemblance, ne tenait ni à l'une ni à
l'autre classification. Les circonstances peuvent
nous commander de préférer tantôt nos amis à
nos proches, tantôt nos proches à nos amis. C'est
ce qu'il explique assez bien lui-même. Le jour de
la récolte mieux vaut aider son voisin que son
ami ou son frère; le jour d'un procès, mieux vaut
aider son frère ou son ami que son voisin [1].

Mais on ne peut rompre à la légère les liens
formés par l'amitié ; cependant, une rupture est
parfois nécessaire, quand nos prétendus amis
laissent éclater leurs instincts pervers ou corrompus. Cicéron conseille, dans le traité des Devoirs [2] et dans le Lelius, de rompre à petit bruit,
peu à peu, sans éclat. Mais il ajoute avec raison
dans le Lelius que notre honneur exige parfois
une rupture éclatante. Si quelque question politique vient à diviser deux amis, qu'ils se séparent
sans amertume, avec dignité, suivant l'exemple
de Scipion quand Metellus et Quintus Pompée
devinrent ses adversaires politiques. Le pire des
spectacles, c'est de voir les amis de la veille
transformés en ennemis irréconciliables [3].

---

1. De Off. I, 18. — 2. De Off. I, 33. — 3. Lælius, 21.

Notre amitié nous plonge quelquefois dans des perplexités cruelles. Un ami vient à nous : « Ma « vie est en danger, mon salut est dans tes « mains. » Mais quoi! pour sauver une vie si chère, il faut s'écarter de la ligne droite, tracée par l'honneur. La vue du moraliste s'est troublée dans le Lelius : « Si la tête ou la renommée d'un « ami sont en jeu, nous pouvons, dit-il, céder à « sa prière, même injuste, pourvu qu'une trop « grande honte ne rejaillisse pas sur nous ; *car* « *il faut bien accorder quelque chose à l'ami-* « *tié* [1]. » Il s'agit de savoir si la plus sainte affection peut jamais faire fléchir cette loi supérieure, universelle, absolue, que Cicéron lui-même fait descendre de Dieu. La morale a-t-elle donc deux mesures ? Est-il permis de faire le moindre mal pour obtenir le plus grand bien ? Poser ces deux questions, c'est les résoudre.

La doctrine du traité des Devoirs est autrement nette et philosophique : elle ne dément point son origine stoïcienne. Les honneurs, les richesses, les plaisirs et tous les faux biens de cette espèce ne doivent pas être préférés à l'amitié ; mais la patrie et l'honneur ont le pas sur l'amitié. Votre ami plaide-t-il devant vous ? Vous n'êtes plus ami, mais juge. Nous pouvons tout immoler à

---

1. Lælius, 17.

notre ami, tout, sauf l'honneur. Il n'est ici question que des amitiés vulgaires; car le sage ne peut pas demander une injustice. Ainsi donc, dans l'amitié comme ailleurs, que l'honnête l'emporte toujours sur l'utile ou plutôt sur l'ombre de l'utile. Mais, si l'on nous demande une chose malhonnête, soyons inexorable. Telle est la règle, tel est le devoir [1]. C'était bien aussi le principe posé dans le chapitre XI du Lelius, où l'auteur enseigne aux amis des Gracques et de Coriolan qu'entre ces hommes et la patrie l'hésitation n'est pas permise ; mais, privé de l'appui des stoïciens, Cicéron n'avait pas osé soutenir jusqu'au bout son courageux principe.

1. De Off. III, 10.

CHAPITRE VI

DEVOIRS POLITIQUES

SOMMAIRE. — Devoirs envers la patrie. De l'obligation d'aborder les affaires publiques : dissentiment avec Platon : réfutation des épicuriens : les Philippiques et le traité des Devoirs. Parallèle entre le courage militaire et le courage civil. Caractère du courage civil. Cicéron envisagé comme type du courage civil : coup-d'œil sur sa vie politique. Du choix d'une profession. — Devoirs des citoyens envers les citoyens. De l'unité de conduite, qui constitue la personnalité du citoyen. Devoirs des jeunes gens. Devoirs des vieillards. De l'attitude, du costume, de l'allure, du logement, de la conversation, des délassements du vrai citoyen. De l'estime due aux divers genres de professions. — Devoirs des magistrats. Respect de la légalité : respect de l'équité. Devoirs des juges. Devoirs des avocats. De l'impartialité, du désintéressement des magistrats. De la justice répressive d'après le traité des Devoirs et d'après les *Lois* de Platon.

Les hommes que la fortune a placés un moment à la tête des affaires publiques ne peuvent plus en distraire leur esprit. Un appât invincible les attire vers la politique, et quand ils auraient annoncé leur abdication, comme Charles-Quint, c'est aux bruits des affaires publiques qu'ils prêtent l'oreille. D'incomparables poètes que le jeu des événements pousse aux premiers postes regardent comme une faveur cette trahison de la fortune, et perdent leur génie poétique dans l'étreinte passionnée du pouvoir. Nul doute que Cicéron ne préférât les succès de son rôle politique aux plus éclatants triomphes de son génie oratoire : alors même qu'il cherche un refuge dans la philosophie contre les souvenirs cuisants de la vie publique, ces souvenirs l'entourent, l'assiègent et le dominent. Plus il fait d'efforts pour oublier la politique, et plus il y songe. Personne ne mettra le traité des Devoirs entre les mains d'un jeune artisan, fût-il d'une intelligence vive et d'un esprit cultivé. Cette morale n'est pas celle du premier venu : ces devoirs ne sont pas les devoirs de tout le monde. Ce titre, *Traité des Devoirs*, serait exact, s'il n'existait de devoirs que pour les candidats à la préture ou les aspirants au consulat.

Nous examinerons successivement les devoirs envers la patrie, les devoirs des citoyens envers les citoyens, les devoirs des magistrats.

Que d'autres se demandent s'il est des devoirs envers la patrie. Le moraliste croirait faire injure à Rome s'il posait une semblable question. Nos parents et nos enfants nous sont chers ; dit-il au dix-septième chapitre du premier livre ; nos proches et nos amis nous sont chers : mais l'amour de la patrie contient en soi tous les autres : qui peut hésiter, pour elle, à braver la mort ? Il est d'autant plus grand, le forfait de ces hommes qui déchirent la patrie de leurs mains criminelles et mettent tous leurs efforts à la ruiner de fond en comble.

Notre premier devoir est d'aborder les affaires publiques. Citoyens du monde, nous sommes les soldats de l'humanité; membres d'un État, nous sommes les soldats de la patrie. Nous devons nous lancer dans la mêlée le front haut, le cœur ferme et sacrifier sans hésiter à la république notre vie, notre repos, notre gloire même. Loin de nous la vaine pensée de chercher dans les honneurs une pâture à notre ambition ! Les citoyens qui se disputent la conduite des affaires ressemblent à des matelots qui se disputeraient le gouvernail dans la tempête [1].

Nous avons déjà remarqué que ce problème n'est pas facile à résoudre. Le moraliste ne nous conseille pas de subir les charges de la vie publique ; il nous précipite dans la vie publique. Qu'y chercher, en définitive, sinon le pouvoir ? Mais c'est le pouvoir dans l'intérêt général, pour le salut universel et pour le plus grand bien de la patrie. C'est pour autrui qu'il faut l'aimer et l'obtenir. Abdiquer l'ambition loin du pouvoir, cela

---

1. De Off. I, 25.

s'est vu, cela se conçoit, mais l'abdiquer dans la poursuite et la possession du pouvoir! Le sage idéal des stoïciens, seul, conservera, dans les ardeurs de la vie publique, ce prodigieux sang-froid et ce désintéressement absolu. Mais il faut quitter ces hauteurs inaccessibles et nous retrouver face à face avec l'homme, les passions, les faiblesses de l'homme. Qu'il préfère le pays à lui-même, qu'il mette au service de l'État une ambition légitime et tempérée par le sentiment du devoir : au fond, Cicéron ne lui demande pas davantage et le plus fier stoïcien sait bien qu'il n'en peut être autrement. C'est ainsi qu'il abordera la vie publique, et l'État ne saurait s'en plaindre.

Cependant il est clair qu'avant d'aborder la vie publique il faut s'interroger soi-même et se demander si l'on est digne de porter un tel fardeau. Qu'il est facile, en pareille matière, de s'égarer sur son propre compte ! Cicéron exhorte donc celui qui forme un si grand projet à ne pas désespérer trop facilement, mais à ne pas trop présumer de lui-même [1]. La morale chrétienne prêche aux plus grands esprits cette salutaire défiance, mais parce qu'elle tend surtout à dégager l'humanité de ses intérêts terrestres pour la

---

1. De Off. I, 4.

pousser au ciel. Le stoïcisme procède autrement : la défiance qu'il conseille est fondée sur cette donnée plus vulgaire de la prudence humaine qu'il faut mesurer sa tâche à ses forces. C'est servir notre intérêt, c'est encore servir l'État.

Platon paraît un peu moins pressé de jeter le citoyen sur la scène politique. Il s'en explique assez clairement au premier livre de la République : Δεῖ δὴ αὐτοῖσ ἀνάγκην προσεῖναι... Il ne doit céder qu'à l'impérieux ascendant des circonstances : qu'on le pousse, qu'on l'entraîne, qu'on lui fasse violence, il acceptera le fardeau des affaires, mais il n'ira pas jusqu'à le solliciter. Cependant Platon lui-même, par une sorte d'inconséquence, propose à ses lecteurs, comme but suprême de l'éducation, le gouvernement de l'État. Après quinze années consacrées à l'étude des mathématiques, de l'astronomie, de la musique, de la gymnastique et de la dialectique, son idéal citoyen lui paraît enfin digne de participer au gouvernement [1]. Mais c'est par un étrange coup du sort qu'on irait le chercher dans sa solitude et l'inviter respectueusement à monter sur le piédestal. Le sage doit-il aborder les affaires publiques? S'il les doit aborder, pourquoi n'irait-il pas lui-même exposer son âme à toutes les épreu-

---

1. V. le septième livre de la République.

ves, sa poitrine à tous les coups ? Cicéron, d'un mot, réfute sur ce point la pusillanime théorie de son devancier : « La spontanéité d'un acte en fait la valeur morale : le sage fera donc mieux d'aborder spontanément les affaires [1]. »

Cependant quelle plus grande douleur pour le sage que de flétrir au contact des passions impures la sérénité de son génie ? Que de fois, si nous ouvrons l'histoire, y trouvons-nous tous les vices déchaînés sur la scène politique ! Le sage s'expose alors aux huées de la multitude : celle-ci reste suspendue aux lèvres de ses tribuns : s'il parle, c'est dans le désert, ou des cris furieux dominent sa voix. Platon voudrait réserver le sage pour un état modèle où les honnêtes gens jouiraient d'une faveur particulière et pourraient conduire en toute sécurité les affaires publiques. Cicéron se demande avec indignation s'il est un motif plus légitime d'aborder les affaires que le désir de soustraire la république aux coups des méchants [2]. C'est à la fureur du vice qu'il faut opposer la digue de la vertu. C'est abdiquer son rôle que de se réfugier, au premier péril, dans une majestueuse et stérile inaction. Mais le sage ne devra-t-il pas du moins se réserver pour les graves circonstances où son concours est indispen-

---

1. De Off. I, 9. — 2. De Rep. I, 5.

sable à l'État? Mon concours, répond le moraliste, fut indispensable au salut de la République, attaquée par Catilina : j'étais désarmé si je n'eusse été consul et je n'aurais pas été consul si je n'avais, dès ma plus tendre jeunesse, abordé les affaires. L'ennemi paraît à l'improviste : comment le repousser, si l'on n'est pas sur la brèche ? Par quelle singulière présomption, d'ailleurs, croit-on pouvoir guider dans la tempête le vaisseau qu'on n'a jamais conduit aux jours de calme? Il faut voir, aux premiers chapitres de la *République*, avec quelle chaleur d'âme et quelle supériorité de génie le philosophe homme d'État développe cette grande thèse.

S'il diffère avec Platon sur des points importants, son principal adversaire est Épicure : c'est lui qu'il réfute avec tant de persévérance soit dans la *République*, soit dans le traité des Devoirs. Les épicuriens et les stoïciens n'étaient en plus complet désaccord sur aucun autre problème de la morale. Les premiers soutenaient qu'il n'existe pas, à proprement parler, de science politique, et ridiculisaient la pédantesque tentative des utopistes qui prétendent donner aux chefs d'empire des leçons de gouvernement. Aristote et Zénon faisaient dans la morale une trop large place à la politique : Épicure bannissait la politique de la morale et, pour être conséquent, ne permettait pas plus à ses disciples la pratique que la théorie. La plus grande faveur qu'on pût attendre du sort, à ses yeux, c'était de ne jamais participer aux affaires publiques. Nous étions l'un à l'autre, Métrodore et moi, disait-il encore, un assez vaste théâtre, et c'est avec orgueil qu'il parle de son obscurité. Cicéron, d'un mot, démasque ces théoriciens de l'indifférence politique : « Toutes « les raisons qu'ils donnent pour légitimer leur « abstention sont autant de prétextes pour « vivre plus aisément dans l'oisiveté [1]. » Tel était, en effet, le mobile des épicuriens.

Épicure n'est pas mort tout entier. C'est un philosophe homme d'État qui s'exprime en ces termes : « Les magistrats sont trois fois esclaves : « esclaves du prince ou du peuple, esclaves « des affaires, esclaves de la renommée. La liberté « leur est donc ravie... Singulière ambition que « d'aspirer au pouvoir en perdant la liberté, d'ab- « diquer l'empire de soi-même en cherchant l'em- « pire sur les autres [2] ! » C'est bien, sous une autre forme, la théorie d'Épicure, sacrifiant à cette prétendue liberté les devoirs les plus sacrés du citoyen. Mais le système de l'indifférence politique a toujours ses partisans, parce qu'il se rattache étroitement à tous les penchants égoïstes de notre

---

1. De Rep. I, 5. — 2. Baconi serm. fidel. XI.

nature. Les reproches de Cicéron peuvent être médités dans tous les siècles, et beaucoup de nos contemporains liront encore le traité des Devoirs avec fruit, quand ils n'y trouveraient pas d'autre leçon. Ce qui manque au citoyen, dans la plupart des états modernes, c'est le courage d'être pleinement citoyen. Ceux-là qui réclament le plus bruyamment le gouvernement des peuples par eux-mêmes ne font rien pour le leur procurer : quand vient le moment d'agir, leur vue se trouble, leur âme chancelle, ils abdiquent, et le mot de Cicéron n'a pas cessé de leur être applicable... *quo facilius otio perfruantur.* J'applaudirais donc celui de nos moralistes qui remettrait hardiment sous les yeux des nations modernes ces fortes maximes de la philosophie stoïcienne. Comme le Dieu créateur, en nous donnant l'instinct de sociabilité, nous a faits membres du genre humain, puis de cette société particulière qu'on nomme la patrie, nous devons consacrer au monde et à la patrie notre corps et notre âme. C'est seulement à ce prix que nous serons vraiment hommes et citoyens ; c'est nous relever nous-mêmes, tout ensemble la patrie et l'humanité.

Mais à quel moment fut-il plus nécessaire de combattre les théoriciens de l'indifférence politique ? Ils étaient assurément excusables, ceux-là qui, désespérant de la liberté romaine, s'enveloppaient dans leur toge et se résignaient à contempler silencieusement la chute de la République. Tant de massacres et tant de servitudes s'étaient succédé depuis les Gracques ! Marius, Sylla, César avaient si manifestement précipité les destinées de cette société vacillante ! Il devenait si difficile, en posant la main sur ce corps expirant, d'y sentir encore battre le cœur de la vieille Rome ! Les circonstances ne pouvaient pas mieux seconder le progrès de la doctrine épicurienne. A quoi bon soutenir une lutte impossible? N'était-il pas plus simple et plus sage de quitter l'édifice vermoulu qui s'en allait pierre par pierre et que le premier souffle devait jeter sur le sol? Il est d'ailleurs commode et conforme à nos meilleurs instincts d'accorder notre doctrine avec notre conduite : la plupart des Romains devaient, par clairvoyance, par goût, par prudence, obéir aux conseils d'Épicure.

Cicéron ne s'y résigna point, et je ne sache rien qui le relève davantage. Une secrète sympathie nous attache à ces défenseurs des causes désespérées qui, plutôt que de sortir au dernier craquement, s'ensevelissent sous les ruines du temple. Crut-il sauver la constitution romaine ? Ce vague espoir qui soutient toujours les combattants, même dans la plus inégale des batailles, l'anima peut-être jusqu'au bout ; mais il avait trop vieilli dans la vie publique pour ne pas apprécier l'état des partis, la toute-puissance des soldats, la faiblesse de l'aristocratie, l'insuffisance de l'ordre équestre. Il allait répétant : la république est morte, nous n'avons plus qu'un fantôme de république. Il aima mieux combattre et mourir pour ce fantôme qu'assister les bras croisés à l'établissement de la plus monstrueuse tyrannie dont il soit fait mention dans les annales du monde occidental. C'est le plus éclatant commentaire de cette théorie stoïcienne qu'il s'était appropriée dans la *République* et dans le traité des Devoirs. La vie publique n'est pas un amusement à notre ambition : c'est l'accomplissement d'un devoir qu'il faut accepter aujourd'hui, demain, quelque ingrate que soit la tâche, quelque inévitable que soit le danger, que nos instincts ambitieux y trouvent ou non leur compte. Cicéron se crut jusqu'au bout responsable de la patrie et de la liberté. Sa mort éclaire sa doctrine et nous fait comprendre à quel prix on est homme d'État.

Le traité des Devoirs est contemporain des Philippiques et les complète. Ce vieillard, qui rentre dans la lice, poursuit Antoine de ses brûlantes invectives, pousse les consuls au combat, ranime un sénat glacé par la peur, élève aux nues la légion de Mars dans une immortelle oraison funèbre, ce n'est pas un ambitieux vulgaire en quête d'un nouveau consulat. Écoutons le philosophe : « L'homme d'État ne doit ni se troubler « dans le péril, ni perdre pied dans la lutte, mais « garder inflexiblement son sang-froid et sa raison. « Qu'il sache encore unir l'intelligence au cou- « rage. Il lui faut embrasser l'avenir, prévoir « l'une et l'autre issue du combat, régler sa con- « duite pour toutes les conjectures, et ne jamais « donner prise au reproche d'imprévoyance... Se « jeter follement dans la mêlée et combattre au « hasard, c'est l'acte d'une bête farouche : il faut « lutter quand les circonstances le commandent : « c'est alors qu'on doit préférer la mort au « déshonneur et à l'esclavage [1]. » Laissons maintenant parler l'orateur : chaque jour sème sur ses pas de nouveaux périls : « Ce qu'il faut souhaiter « d'abord, c'est de vaincre, en second lieu de tout « souffrir pour l'honneur et la liberté de la patrie : « il reste un parti, dirai-je, le troisième ? non, le « dernier de tous, c'est de subir l'opprobre par « amour de la vie [2]. » La précédente Philippique contient une allusion plus claire encore au sort qui l'attend : l'orateur y parle de sa mort prochaine comme d'un événement probable que réclamera le devoir à défaut de la nature [3]. C'est ainsi que la dernière œuvre philosophique de Cicéron s'offre

---

1. De Off. I, 23. — 2. Philipp. XIII, 21. — 3. Philipp. XII, 12.

à nous comme le commentaire de ses derniers actes politiques. Il justifie sa rentrée aux affaires, il y explique sa conduite dans la lutte suprême où le parti républicain va sombrer : quelle explication fut plus légitime et plus glorieuse ? Quel autre avait placé l'homme d'État sur un plus admirable piédestal et plus saintement purifié l'accès de la vie publique ?.

Il y a deux manières de se dévouer à la république : on peut la servir dans la guerre par le courage militaire, dans la paix par le courage civil. Il ne faut pas, en pareille matière, chercher l'opinion du moraliste dans le *pro Murena,* quand il établit entre l'infortuné jurisconsulte Sulpicius et son client un parallèle si désagréable pour le jurisconsulte : l'un se réveille au chant du coq, l'autre au bruit du clairon ; l'un se prépare pour l'audience, l'autre pour la bataille ; l'un sait éloigner les troupes ennemies, l'autre les eaux pluviales ; l'un recule les bornes de l'empire, l'autre maintient les bornes des champs. Mais n'oublions pas non plus ce passage du *pro Cluentio :* « Si l'on cherche dans nos plaidoyers
« nos véritables opinions sur toutes choses, on se
« trompe. Ces discours sont l'œuvre des circon-
« stances et du procès lui-même bien plus que de
« l'homme et de l'avocat [1]. » On voit que Cicéron

---

1. Pro Cluentio, 50.

prévient loyalement ses juges, et le public sait à quoi s'en tenir.

Il développe, dans le traité des Devoirs, personne ne l'ignore, la thèse qu'il avait combattue dans le procès de Murena. C'est par tous les moyens possibles qu'il cherche à établir la prééminence du courage civil. Les exemples abondent sous sa plume : c'est Solon et Lycurgue qu'il oppose à Thémistocle, à Pausanias et à Lysandre ; Scaurus, Catulus et Scipion Nasica qu'il oppose à Marius, à Pompée, à Scipion l'Africain : il finit par se citer lui-même après les autres, et conclut ensuite. Le courage civil est aussi clairement supérieur au courage militaire que l'âme est supérieure au corps. La vertu, sous quelque face qu'on l'envisage, n'est pas le produit d'une force matérielle, mais d'une force morale. Il suffit de transformer le corps en instrument docile de l'âme et de le plier à l'ordre absolu de la raison : voilà le rôle du corps; c'est à l'âme qu'il appartient de concevoir l'honnête et d'accomplir le devoir. Un bras robuste, une fougue naturelle qu'exaltait encore l'effusion du sang, telles étaient les premières qualités du soldat. On conçoit que le moraliste cherche quelque chose au delà de ce mérite vulgaire et s'attache de préférence au courage civil.

Mais ce parallèle est-il complet? Non, sans doute. Il serait injuste de ravaler à ce point le métier des armes, et Rome comptait à cette époque d'assez grands capitaines pour que Cicéron portât un peu plus loin sa pensée. La tâche du moraliste est trop aisée s'il va chercher un obscur soldat aux derniers rangs de l'armée pour l'opposer à son homme d'État : c'est le grand homme de guerre qu'il faut comparer au grand citoyen. C'est à ce point de vue que vient de se placer le plus populaire de nos historiens modernes. « La « guerre, a-t-il dit, est le premier des métiers « après l'art de conduire les hommes. » Que l'on y songe un instant : au-dessus de ce courage vulgaire que le son d'une musique militaire suffit pour allumer au cœur d'un enfant, que de qualités indispensables au véritable homme de guerre ! Assez doux pour se faire aimer, assez ferme pour se faire craindre, assez habitué à lire dans le cœur humain pour choisir à ses côtés les hommes les plus dignes de commander sous lui, capable de pourvoir à la subsistance de son armée dans les conjonctures les plus difficiles, assez habile pour ménager tous les peuples qu'il traverse, même les plus hostiles, assez versé dans les études géographiques pour connaître jusqu'au plus petit recoin, jusqu'au moindre accident de terrain, le théâtre des opérations militaires, tacticien consommé, capable de diriger en même temps de grandes masses séparées par de grandes distances sans jamais prescrire un mouvement inutile, assez bon politique pour comprendre les véritables ressources d'une ville ou d'un empire et, partant, l'opportunité d'une campagne ou d'un siège, assez pénétrant pour deviner toujours chez l'ennemi le point vulnérable, entreprenant avec sang-froid, audacieux avec prudence, infatigable d'esprit et de corps, tel est le véritable homme de guerre. Où peuvent mieux se déployer, aux yeux du moraliste impartial, les hautes qualités de l'intelligence humaine ?

Cependant, si l'art de conduire les hommes n'en exige pas de plus grandes, il n'en exige pas de moindres. C'est encore un champ de bataille que le forum, mais où l'homme d'État n'a plus la ressource d'un pouvoir illimité sur ses légions. Attaqué par de fougueux adversaires, secondé par d'indociles partisans, sa tâche est la plus complexe qui fut jamais. L'homme de guerre a devant lui des masses vivantes qui se gouvernent et se meuvent d'après certaines règles, quelle que soit la variété des opérations stratégiques : c'est l'homme lui-même, agissant dans la sphère de son libre arbitre et de sa raison, que doit diriger le politique, c'est-à-dire ce qu'il y a de plus varié, de plus infini, parfois de plus incompréhensible et de plus insaisissable dans l'univers. L'homme d'État doit connaître à fond le cœur humain, parce qu'il lui faut, à chaque instant, prévoir toutes les oscillations de l'opinion publique, comprendre les instincts, les goûts, jusqu'aux plus déraisonnables caprices du peuple qu'il prétend gouverner. Il doit encore embrasser du regard toute la législation de son pays, posséder assez complètement celle des autres nations pour modifier à leur exemple les lois de ses concitoyens, couper les branches pourries du vieil arbre sans en épuiser la sève par d'aventureuses réformes. Ce qu'il médite pour la grandeur de la république, il doit pouvoir le persuader à la république : qu'il soit donc orateur, c'est-à-dire capable de réfuter tous les sophismes et de relever les bonnes causes, d'enchaîner tout un peuple à sa pensée par sa parole. S'il n'est qu'orateur, tout est perdu ; mais il doit être à la fois capable de parler et d'agir, c'est-à-dire unir en soi les deux qualités les plus contraires. Laissons les moyens pour le but : l'infériorité de l'art militaire est évidente. L'homme de guerre n'a qu'un souci, c'est de gagner la bataille ; il n'a pas même le droit de discuter la légitimité de la guerre : il doit défendre en aveugle son autel et son foyer. Mais si la nation n'est autre chose que l'âme humaine transportée sur un plus grand théâtre, comme le disaient les platoniciens, qu'est-ce que l'homme d'État, sinon le directeur moral de cette grande âme, l'être délégué par Dieu pour la conduire dans la voie du bonheur et du bien? L'homme d'État doit veiller à la prospérité, mais plus encore à l'honneur de la république : il doit la préserver avec un amour filial de toute souillure et l'habituer au respect inviolable du devoir. Ce rôle exige sinon de plus grandes qualités intellectuelles, au moins de plus grandes qualités morales. J'ajoute que la république a toujours besoin d'être gouvernée, tandis qu'elle n'a pas toujours besoin d'être défendue. Un siècle peut s'écouler sans qu'elle ait recours à ses hommes de guerre ; mais il ne s'écoule pas une heure sans qu'elle ait recours à ses hommes d'État. Le rôle des premiers est accidentel et provisoire; le rôle des seconds permanent et nécessaire.

Il ne faut pas s'étonner que Cicéron, dans le traité des Devoirs, ait consacré tant de place à ce parallèle. La république périssait par les soldats. Née de la conquête, elle trouvait dans la conquête le principe de sa destruction. La classe moyenne ayant succombé dans les guerres puniques, l'armée se recrutait chaque jour davantage en dehors de l'Italie ; rien n'était moins romain que l'armée romaine. Un général vainqueur que le préjugé de la légalité n'effrayait pas était par conséquent maître du monde. Ce préjugé ne troubla que le vaincu de Pharsale : Marius, Sylla,

César le foulèrent aux pieds. Or, le despotisme militaire ne rencontra pas d'adversaire plus énergique et plus convaincu que Cicéron. Le *pro lege Manilia* contribua, sans nul doute, à grandir Pompée ; mais y avait-il un sérieux inconvénient pour la liberté romaine à grandir Pompée ? Jeune encore, Cicéron inquiète déjà Sylla, ce qui l'oblige à chercher en Grèce un climat plus doux et des leçons d'éloquence. C'est le despotisme militaire qu'il combat quand il veut faire de l'ordre équestre reconstitué l'armée du parti conservateur et républicain. C'est encore le despotisme militaire qu'il combat dans ses luttes successives contre Catilina, contre César, contre Antoine. Orateur, il nourrit au fond de l'âme cette instinctive horreur que les orateurs ont toujours gardée pour la domination des soldats, et prévoit que l'éloquence va sombrer dans le naufrage des lois : défenseur de la liberté romaine, il la sent expirer sous l'épée des légions. Mais sa colère et ses regrets ne doivent jamais mieux éclater que dans cette dernière année d'inutiles résistances, où la fortune vient définitivement consacrer ses douloureux pressentiments. Quand le moraliste s'attache avec tant d'ardeur à démontrer la supériorité du courage civil sur le courage militaire, c'est une dernière apologie de sa conduite et un dernier plaidoyer pour la république.

Cicéron, dans quatre chapitres du traité des Devoirs [1], développe avec un grand éclat de style ses idées sur le courage civil. L'homme d'État ne doit pas se laisser enfler par la prospérité ni abattre par l'adversité, telle est la première condition du courage civil. Cette impassabilité, tant préconisée par les stoïciens, est plus facile au philosophe qu'à l'homme politique : le premier vit en paix, le second est sans cesse en butte aux plus terribles coups de la fortune et, jusque dans l'enivrement de la grandeur, sent le sol trembler sous ses pas [2]. L'homme d'État ne doit pas aller follement au-devant du danger, mais le subir sans peur : c'est la seconde condition du courage civil. Cicéron traite de fou celui qui s'offre sans cesse au péril ou qui, dans le calme, appelle de ses vœux la tempête : que si la tempête éclate, il en faut conjurer l'effet avec un sang-froid inaltérable [3]. L'homme d'État véritablement doué du courage civil doit encore abdiquer le souci de la popularité. Fabius Maximus eut le courage de temporiser devant Annibal, malgré les murmures de l'armée romaine. Quelques orateurs ont le courage de dire au peuple leur pensée, dussent-ils déplaire au peuple ; mais qu'ils sont en petit nombre ces magnanimes orateurs que n'effarouche

---

1. I, 21-24. — 2. I, 21, 23, 24. — 3. Ib. 24.

pas le mécontentement populaire ! L'homme d'État doit abdiquer jusqu'au souci de sa gloire. Callicratidas commandait la flotte Lacédémonienne aux Arginuses : on lui recommandait sagement de reculer devant les vaisseaux d'Athènes : il refusa. Sparte, dit-il, peut remplacer une flotte ; si je recule, ma gloire est à jamais perdue. Un autre général de Sparte, Cléombrote, fit de même à Leuctres, et la bataille de Leuctres consomma la ruine de sa patrie. Mais le propre du courage civil, c'est de diriger le courage militaire. Faut-il fortifier par le concours d'une force armée le parti des honnêtes gens ? Faut-il placer des soldats aux portes de la curie, prévenir la guerre civile par un déploiement de forces, sauver par les armes la patrie menacée par les armes soit au dedans, soit au dehors, décréter, prolonger, retarder, arrêter la guerre ? C'est l'œuvre du courage civil. La tête organise et commande ; le bras exécute : le courage militaire n'est qu'un instrument aux mains du courage civil [1].

Platon, dans le troisième livre de sa *République*, avait donné des âmes de fer aux artisans, d'argent aux soldats, d'or aux magistrats : à vrai dire, il faudrait que les soldats prissent eux-mêmes la plume pour que le métier des armes eût une

1. I, 21, 24.

meilleure place. Mais le philosophe grec effleure à peine le sujet qu'approfondit le moraliste romain. Dans le parallèle entre l'homme de guerre et l'homme d'État, on reconnaissait du moins à l'homme de guerre la supériorité du courage, et c'est précisément par là que Cicéron veut établir son infériorité : *sunt domesticæ fortitudines*. Le courage civil est aussi ancien que la société même ; mais personne, avant Cicéron, n'en avait fait ainsi ressortir les traits caractéristiques et ne l'avait si fièrement opposé au courage militaire : c'est un titre de noblesse, perdu pour les hommes d'État, que l'auteur des Catilinaires et des Philippiques a retrouvé.

Le courage civil des stoïciens diffère de celui-là. Si l'on aperçoit dans la théorie de Cicéron quelque vestige du système stoïcien proprement dit, c'est quand il recommande à l'homme d'État de ne pas s'offrir inutilement au danger. « Je ne me mêle « pas des affaires de la république, disait « Chrysippe, parce que je ne veux ni déplaire au « peuple ni me déplaire à moi-même et à Dieu. » C'est là sans doute une hyperbole de l'impassibilité stoïque ; mais enfin, d'après la théorie classique du Portique, nous ne devons aborder les affaires de l'État que si rien ne nous en empêche. Tout porte à croire, il est vrai, que Panétius, stoïcien éclectique, écrivain politique autant que philosophe, entendait former des disciples plus actifs et plus prompts aux luttes politiques : c'était la conséquence assez logique de cette grande théorie stoïcienne que le bonheur suprême, le but suprême de la vie consistent dans l'action. Sous l'Empire, les stoïciens donnèrent au monde les plus grands exemples de courage ; mais leur courage, en définitive, se borne à une résistance passive : immobiles dans leur vertu, ces sages de la décadence n'opposent au despotisme des Césars que leur inflexible et hautaine austérité. Les circonstances, il est vrai, ne leur permirent que rarement une autre attitude. Mais le traité des Devoirs nous donne un enseignement direct et pratique : si nous cherchons des leçons de courage civil, c'est à Cicéron, non aux stoïciens de l'Empire, que nous les irons demander.

C'est lui-même, à n'en pas douter, qu'il choisit, en pareille matière, pour type et pour modèle. Il possédait, en effet, malgré quelques défaillances, ce courage civil dont il nous a laissé l'immortelle peinture. Si l'on divise sa vie politique en quatre périodes : le consulat ; depuis le consulat jusqu'à Pharsale ; de Pharsale aux ides de mars ; depuis les ides de mars, nous le trouvons presque toujours ferme et modéré, courageux sans ostentation, dévoué sans retour à la patrie. Au début d'un consulat difficile, il n'hésite pas à prendre parti contre Rullus et les lois agraires, même devant le peuple, au risque de compromettre à jamais sa popularité. Plus tard, il défend Rabirius devant les comices et, son discours l'atteste, impose énergiquement silence aux murmures du peuple frémissant à ses côtés. Il arrache enfin la république aux mains meurtrières de Catilina, sans hésiter un moment à jouer sa tête, et sait mener son œuvre jusqu'au bout en étouffant dans Rome, par un acte de vigueur, les derniers restes de la conjuration. Personnage consulaire, il s'efforce inutilement de maintenir l'ordre équestre au service de la vieille constitution républicaine, poursuit sa lutte contre les factions que Clodius mène en sous-ordre et ne craint pas de s'aliéner César en refusant soit un poste de lieutenant dans les Gaules, soit une place de commissaire pour le partage des terres domaniales en Campanie, supporte assez mal, il est vrai, les ennuis de l'exil et ne sait trop, à son retour, quelle place prendre entre les partis, mais recommence à lutter pour la liberté contre les agents subalternes de César et de la démocratie, dote la littérature latine de deux grands ouvrages politiques qui doivent jeter quelque lumière dans ces ténèbres confuses et rendre aux classes élevées l'intelligence de la constitution romaine; enfin, quand la guerre civile éclate, se rend au dernier asile du sénat et des lois, c'est-à-dire dans le camp de Pompée. Après Pharsale, il se tient à l'écart et s'occupe de philosophie, compose sur la tombe de Caton l'éloge du grand stoïcien, que César réfute lui-même, plaide la cause de quelques pompéiens en danger, mais en pompéien retiré des affaires. César mort, il se réveille, et donne au monde romain le plus grand des spectacles : les périls n'ont pas diminué son ardeur, l'âge n'a pas glacé son sang : il essaie encore une fois de sauver la république et rien ne l'arrête dans cette dernière mêlée : il est partout le premier sur la brèche, exposant sa poitrine à toutes les blessures ; sa parole est plus vive et plus brûlante qu'au lendemain des premières proscriptions, quand il défendait Roscius devant Sylla : victime de ce combat suprême, il meurt avec la république, qui ne pouvait pas lui survivre. Il avait conquis le droit d'enseigner dans le traité des Devoirs le courage civil aux Romains.

Le choix d'une profession [1] n'est pas une chose indifférente à la patrie. L'orateur doit servir son pays par son éloquence, le philosophe par son enseignement, le jurisconsulte par sa science des lois. Si l'orateur n'est pas né pour l'éloquence,

---

1. V. De Off. I, 32, 33.

le sage pour la philosophie, le jurisconsulte pour le droit, le pays doit y perdre. Délibérons avec nous-mêmes et pénétrons jusqu'aux derniers replis de notre âme pour y découvrir quelle aptitude nous a donnée la fortune. Délibération difficile et qui nous est imposée précisément à l'âge où nous sommes incapables de choisir en connaissance de cause [1].

L'exemple paternel détermine souvent notre choix. Il est généralement profitable à la patrie que nous suivions la profession de nos ancêtres. Nous y sommes portés par notre éducation : nous recueillons, dès le berceau, ces traditions précieuses que l'aïeul légua jadis au père et que le père transmet à l'enfant ; c'est un patrimoine qui passe naturellement entre nos mains. Nous n'avons pas même la peine de chercher notre place dans la société : la famille nous l'a préparée d'avance. Nous avons ensuite sous les yeux le meilleur des modèles : l'exemple que d'autres vont chercher bien loin se trouve toujours à notre portée ; nous le recontrons au foyer domestique, à toute heure, nous le recevons sans l'attendre et sans y songer. Enfin notre précepteur est à nos côtés : homme de guerre, il nous fait combattre et commander sous lui ; magistrat, il nous initie

---

[1]. De Off. I, 32.

dès l'enfance aux secrets de la politique ; orateur, il nous mène au forum et nous savons, en l'écoutant, comment on parle au peuple. Nous sommes par là même mieux disposés à suivre la profession paternelle et la république, en règle générale, y est directement intéressée. C'est ainsi que l'hérédité de certains corps politiques, et même de certains corps judiciaires, contribue, dans certains pays, en de certains temps, à la grandeur de l'État et à la bonne administration de la justice. Cependant il faut faire un choix dans les traditions de famille et, si nous prétendons ressembler à nos ancêtres, ne leur ressembler que par les beaux côtés [1]. Il serait encore absurde de forcer notre nature pour suivre une tradition : le fils d'un orateur peut être bègue, le fils d'un sculpteur manchot. Le grand général qui gouverna la France au commencement de ce siècle prévoyait que son fils ne lui ressemblerait pas et devrait être un monarque constitutionnel. C'est à nous, quelles que soient les prévisions paternelles, de comprendre que nous ne pouvons pas toujours égaler nos pères : il n'est pas donné à tous de bien plaider, de se faire écouter du peuple ou de mener une guerre avec talent ; mais, à côté du patrimoine intellectuel que nous ne pouvons tous recueillir,

---

1. De Off. I, 36.

il y a le patrimoine moral, qui reste à notre portée. Si nous ne pouvons faire davantage, empruntons du moins aux ancêtres la justice, la bonne foi, la bienfaisance, la modération, la tempérance [1], et la république devra se tenir pour satisfaite.

La mode, le goût public dictent encore notre choix [2]. C'est ainsi qu'en France on regarda longtemps le métier des armes comme seul compatible avec une naissance illustre. L'amour du bien-être matériel devient parfois si vif que la profession lucrative des traitants parvient encore à être une profession honorée. Montesquieu remarque « qu'un dégoût saisit alors tous les autres états [3] ». Ce n'est pas seulement à ces fatales époques, c'est toujours, c'est partout que nous devons, dans l'intérêt public et dans le nôtre, nous garder de tels entraînements. Ces gentilshommes français que le caprice de la mode poussait aux champs de bataille compromirent, au dix-huitième siècle, l'honneur du pays par leur profonde inexpérience, en même temps que leurs puînés, voués à l'état ecclésiastique par un autre usage encore plus bizarre, compromettaient par leur frivolité la dignité du sacerdoce. Le moraliste romain dé-

---

1. De Off. I, 33. — 2. I, 32. — 3. *Esprit des Lois*, XIII, 20.

sapprouve cette aveugle condescendance au goût de la multitude.

Quelques-uns, plus heureux, mieux doués ou mieux conseillés, suivent le droit chemin[1]. Ce droit chemin, quel est-il ? Il est impossible de poser un précepte invariablement applicable en pareille matière. La vie du forum est supérieure à celle des camps, mais non pas pour tous : il est bon de suivre la profession paternelle, parfois meilleur de s'en écarter. Interrogeons notre conscience et consultons nos aptitudes ; si nous avons le choix du fardeau, prenons celui que nous pouvons le mieux porter. Nous employons tout le soin possible à nous mettre au niveau des événements dans les moindres circonstances de la vie : cette fois, il s'agit de régler toute la vie [2]. Le parti pris, notre persévérance importe à la république autant qu'à nous-mêmes. L'État n'a que faire de ces gens capables de pratiquer tous les métiers, incapables d'exceller dans un seul. Aujourd'hui jurisconsultes et demain généraux, ils feront perdre des procès aux plaideurs et des batailles à la république.

Cependant, si nous reconnaissons notre erreur, il faut changer. Mieux vaut changer que persévérer dans un mauvais parti. La transition peut

---

1. De Off. I, 32. — 2. De Off. I, 33.

être facile, si les circonstances nous la ménagent : sinon nous devons nous la ménager à nous-mêmes, sans rien précipiter. Mais quand nous serons entrés dans une autre voie, faisons en sorte qu'on nous félicite de l'avoir prise [1].

Parmi nos devoirs politiques, il en est qu'on ne peut, à proprement parler, classer sous la dénomination de devoirs envers la république. Tout doit être minutieusement déterminé dans la vie du véritable citoyen : son attitude, ses gestes, son langage, ses plaisirs, etc. Exposé sans cesse à tous les regards, il manquerait aux spectateurs s'il ne disposait avec tout le soin possible les moindres plis de sa robe et ne réglait avec un art consommé les moindres intonations de sa voix. Rien ne marque mieux la tendance politique du traité soumis à notre analyse que cette série de préceptes détaillés, concernant exclusivement le citoyen. Cicéron parle de la dernière des quatre vertus qu'il appelle *temperantia, modestia, decorum*, et, lorsqu'il pouvait aisément donner des leçons de bienséance à tout le monde, il n'a d'yeux que pour l'homme d'État. C'est ainsi que, sous la plume du grand orateur, les soins les plus vulgaires de la vie deviennent des

---

1. De Off. 33.

actes politiques, jusqu'au choix d'un logement et d'un costume. Les plus simples rapports d'homme à homme se transforment en rapports de citoyen à citoyen. Où d'autres craindraient de choquer l'humanité par l'oubli de certaines règles, il craint par-dessus tout de choquer le peuple et le sénat.

Notre première tâche est de rester d'accord avec nous-mêmes. Rien de plus important que de mettre en harmonie notre caractère et notre conduite. Nous avons reçu les dons les plus divers en partage : les uns ont la force, les autres l'agilité, la grâce ou la majesté : nous ne nous ressemblons pas davantage au moral. L'orateur Crassus, Lelius furent enjoués; Scaurus, Scipion Émilien, le tribun Drusus étaient naturellement austères; Annibal, Fabius Maximus, Thémistocle, parmi les généraux, possédaient au plus haut degré l'esprit de ruse et de dissimulation, que Solon porta dans la vie civile; d'autres, au contraire, sont loyaux et simples, agissent et parlent à cœur ouvert. Crassus, Sylla, Lysandre se pliaient, pour atteindre leur but, à toutes les exigences des hommes ou de la fortune; Callicratidas ne se pliait à rien. Quelques hommes d'État, malgré leur grande position dans la république, furent naturellement affables, comme le second Nasica, les deux Catulus; au contraire, ce Nasica, qui sut étouffer la criminelle tentative de

Tiberius Gracchus, était hautain de manières et de langage. Ces grands citoyens et tous ceux qu'on ne saurait nommer se distinguent les uns des autres par des nuances innombrables [1].

La première règle de conduite, c'est de jouer franchement son personnage sans s'imposer un rôle d'emprunt. Que tout citoyen descende en lui-même et se rende un compte exact de ses aptitudes : qu'il ne se laisse pas vaincre en discernement par les comédiens : ceux-ci ne jouent pas dans les meilleures pièces, mais dans les pièces qui leur conviennent le mieux. S'ils ont un bel organe , ils paraissent dans Médus ou dans les Épigones ; ils choisissent Clytemnestre ou Mélanippe, s'ils excellent dans la pantomime ; Ésope jouait rarement Ajax ; Rupilius jouait constamment dans Antiope. Ce qu'un historien fait sur la scène, sachons le faire dans la vie [2]. C'est ainsi que nous soutiendrons jusqu'au bout notre rôle, sans hésitation, sans défaillance. Cette unité, cette parfaite harmonie de toute la conduite est la plus précieuse qualité de l'homme public : elle constitue la personnalité du citoyen. Le moraliste romain ne met en scène que ce grand stoïcien, son ami politique, victime volontaire de la guerre civile. Celui-là se sentit

---

1. De Off. I, 30. — 2. De Off. I, 31.

exposé, non pas à fléchir, mais à vivre sous un tyran : comme il n'avait jamais eu qu'une pensée, défendre et servir les lois, il était au moins réduit à l'inaction ; mais il préféra la mort au travestissement que lui commandait la fortune [1].

Cependant nos devoirs changent avec l'âge. Les rapports des jeunes gens avec leurs concitoyens ne sont pas les mêmes que ceux des vieillards. Il ne faut pas d'ailleurs s'attendre à trouver dans le traité des Devoirs ce lieu commun sur les instincts de la vieillesse et de la jeunesse qu'ont développé, depuis Aristote, tant de rhéteurs et de moralistes. Cicéron parle brièvement des obligations que la différence d'âge impose successivement aux jeunes gens et aux vieillards, et n'en parle guère qu'au point de vue politique.

C'est surtout la vieillesse, remarque M. Saint-Marc Girardin, citant un fragment des *Lois*, qui rend, aux yeux de Platon, les parents plus sacrés et plus chers [2]. Cette idée fut, en effet, adoptée par les Grecs : Xénophon [3] félicite Lycurgue de l'avoir appliquée en faisant élire les sénateurs parmi les vieillards et en les établissant juges du courage des jeunes gens. Montesquieu, cherchant les moyens de favoriser le principe de la démocratie [4], remar-

---

1. Cf. De Off. I, 31. — 2. Cours de littérature dramatique, II, 3. — 3. Dans son ouvrage sur les républiques de Sparte et d'Athènes — 4. *Esprit des Lois*, V, 7.

que que l'extrême subordination des jeunes gens aux vieillards contribue, plus que tout le reste, à maintenir les mœurs. Personne, d'ailleurs, n'a mieux que Cicéron recommandé cette subordination. C'est lui qui représente cette bienfaisante autorité comme la couronne de la vieillesse (*apex senectutis est auctoritas*) : cette couronne lui semble si belle qu'il la préfère à tous les plaisirs d'un autre âge [1]. Comme Xénophon, le Romain fait l'éloge de la constitution lacédémonienne. Le gouvernement des jeunes gens, ajoute-t-il, a le plus souvent perdu les empires, tandis que celui des vieillards les rétablit et les assure [2]. Il n'y a pas d'État possible si le respect manque aux jeunes gens.

Il est même à désirer que les vieillards assistent à leurs délassements : c'est le moyen d'en écarter tout excès. Or il importe à la république que les jeunes gens sachent modérer leurs passions, même dans l'emploi de leurs loisirs. Cicéron leur trace en deux mots un plan d'éducation : qu'ils se préservent de la débauche, qu'ils exercent leur esprit et leur corps pour devenir aptes soit aux travaux de la guerre, soit aux travaux de la paix [3].

Les vieillards doivent sacrifier insensiblement

---

1. De Senect. 17. — 2. Ib. 6. — 3. De Off. I, 34.

les exercices physiques aux travaux intellectuels. Le plus grand écueil de la vieillesse, c'est l'amour exagéré du repos [1]. Elle pourrait s'endormir si l'esprit s'affaissait avec le corps. Mais ni les Fabius, ni les Paul-Émile, ni les Fabricius, ni les Curius ne s'endormirent : jusqu'au bout ils soutinrent et dirigèrent l'État. Aveugle et courbé par l'âge, Appius Claudius empêcha cependant le sénat romain de faire la paix avec Pyrrhus. L'inaction du vieillard est en tout point semblable à celle du pilote qui s'assied tranquillement au gouvernail, tandis que les matelots grimpent aux mâts, s'élancent de cordage en cordage ou nettoient la sentine. Les vieillards ne font pas tout ce qu'on fait dans un autre âge : ils font de plus grandes choses. La force physique peut beaucoup : la force morale qui croît avec les années peut encore davantage [2]. Ainsi donc, que les vieillards prêtent l'appui de leur expérience et de leur sagesse à leurs amis, aux jeunes gens, surtout à l'État [3].

On a si bien compris dans les sociétés modernes l'utilité de cette doctrine que la plupart des législateurs, en composant l'un des deux grands conseils destinés, d'après nos théories de politique contemporaine, à délibérer sur les intérêts pu-

---

1. De Off. I, 34. — 2. De Senect. 3. — 4. De Off. I, 34.

blics, ont suivi l'exemple de la constitution lacédémonienne. Désireux de créer à côté du conseil électif, organe de l'opinion publique, un pouvoir modérateur capable de maintenir certaines traditions et d'opposer dans certains cas une sage résistance aux entraînements de l'opinion, ces législateurs ont demandé précisément à l'âge mûr ou à la vieillesse une garantie qu'ils ne pouvaient pas toujours chercher dans l'aristocratie de naissance ou dans l'aristocratie d'argent. C'est ainsi qu'en France, pour ne citer qu'un seul exemple, la constitution du 5 fructidor an III dispose que nul ne peut être élu membre du conseil des anciens s'il n'est âgé de quarante ans accomplis. Ce n'est pas qu'il faille aveuglément interdire aux jeunes gens l'accès des affaires publiques. Dans quelques pays libres, où de grandes familles, incessamment mêlées à ces affaires, se transmettent, comme une portion de patrimoine, toutes les traditions de gouvernement, quelques hommes sont mûrs avant l'âge pour la vie politique. Mais si nous laissons de côté quelques exceptions éclatantes, il faut bien reconnaître que les siècles ont consacré la théorie de Cicéron. Nous avons vu nous-mêmes, à notre époque si féconde en grands enseignements, des orateurs qui siégèrent dans nos premières assemblées révolutionnaires reparaître aux chambres de la Restauration. Que d'expérience conquise et que d'illusions perdues ! Mais, je le demande, après avoir tant appris sans rien oublier, n'étaient-ils pas plus propres à conseiller et à conduire la France ?

Enfin, pour soutenir jusqu'au bout leur personnage, les vieillards devront fuir le luxe et la débauche. L'inconduite des vieillards corrompt la jeunesse et discrédite la vieillesse [1].

Mais le citoyen qui se trouve toujours en spectacle doit régler avec soin son attitude, sa démarche, ses moindres gestes. Les cyniques et quelques stoïciens, à moitié cyniques, affectent de braver la pudeur publique en maintes circonstances dans leurs actes et dans leurs discours. C'est une manie qu'un personnage consulaire ne concevra jamais. Il faut nous garder à la fois d'une attitude grossière et d'une attitude efféminée [2]. Cicéron distingue avec soin deux genres de beauté : la beauté virile (*dignitas*) et la beauté féminine (*venustas*). Il importe au citoyen d'éviter jusqu'à l'apparence de cette molle beauté. Que rien, dans sa tenue, dans ses gestes, ne rappelle les grâces d'un autre sexe. Qu'il n'emprunte pas aux comédiens leurs mouvements efféminés et factices : tout en lui doit être simple et franc. Une parure recherchée n'est pas faite pour plaire aux électeurs ; il

---

1. De Off. I, 34.1. — 2. De Off. I, 35.

ne faut pas néanmoins tomber dans l'excès contraire et se négliger outre mesure. Sachons éviter à la fois la recherche et la négligence du costume [1]. Théophraste s'était déjà moqué du vaniteux personnage qui traînait, tout le jour, une belle robe sur la place publique. Cependant, de l'aveu du moraliste, le costume a ses avantages qu'il ne faut pas trop mépriser. On sait avec quelle amertume Pascal recommande aux magistrats la robe rouge et l'hermine.

Nous ne devons marcher ni trop lentement, ce qui nous fait ressembler à des chars de triomphe, ni trop vite, ce qui nous ôte l'haleine et décompose nos traits : le public pourrait tirer de cette grande agitation quelque conclusion fâcheuse. Mais, s'il importe de régler ainsi notre extérieur, il est bien plus indispensable de régler notre intérieur, et Cicéron, dans un beau mouvement oratoire, nous met d'abord en garde contre le désordre de l'âme. Nicole procède exactement de même, sans vouloir imiter Cicéron, dans son traité sur les moyens de conserver la paix avec les hommes [2]. Après avoir observé que les gens de mauvaise mine, les petits hommes, et généralement tous ceux qui ont des défauts extérieurs, sont plus obligés que les autres de parler modes-

---

1. De Off. II, 30. — 2. Partie I, chap. 10.

tement et d'éviter l'air d'ascendant et d'autorité, l'austère moraliste ajoute qu'avant de travailler sur l'extérieur il faut tâcher de réformer l'intérieur même. « Car c'est le cœur qui règle nos « paroles, selon le sage : *cor sapientis erudiet os* « *ejus*. Il faut donc tâcher d'acquérir cette sa- « gesse et cette humilité de cœur en gémissant « devant Dieu des mouvements d'orgueil que l'on « ressent et en lui demandant sans cesse la grâce « de les réprimer. »

L'homme d'État doit régler son logement comme sa démarche et son costume. Sa maison doit être commode, appropriée à son rang, assez vaste pour contenir beaucoup de clients et d'hôtes. Bacon traite le même sujet dans son quarante-troisième essai de morale ; mais il enferme toute sa pensée dans des préceptes d'architecture, et le plan de son magnifique palais reporte fatalement l'esprit à la grosse amende que lui infligea la cour des pairs. Cicéron ne devient pas architecte et reste moraliste. La construction d'une maison riche et vaste aplanit à un Octavius l'accès du consulat, mais une plus vaste maison ne préserva pas l'ancien préteur Scaurus d'un échec ignominieux. Que le citoyen rehausse par là sa position dans la république ; mais il ne doit pas l'y chercher tout entière : *non domo dominus, sed domino domus honestanda*. Par une allusion rapide aux spoliatours que César avait installés dans des maisons pompéiennes, il rappelle qu'on peut avoir à rougir d'une trop vaste demeure ; c'est quand on y reste isolé. La première règle, c'est de ne pas se jeter dans de folles dépenses ; le logement du citoyen doit être convenable, mais non pas somptueux ; en cela comme en tout, cherchons la mesure [1]. Cicéron pouvait mieux qu'un autre, en pareille matière, apprécier l'inconvénient de ne pas l'avoir cherchée : sa belle maison du mont Palatin lui suscita des envieux et le jeta, sa correspondance en fait foi, dans les plus grands embarras d'argent. Clodius y mit le feu quand son illustre ennemi fut parti pour l'exil, et, suivant un procédé cher aux plus furieux ennemis de la liberté, prétendit bâtir à la même place un temple de la liberté.

Cicéron donne encore au citoyen des préceptes de conversation. L'homme d'État, sans doute, doit être capable de parler aux juges, au peuple, au Sénat et, sur ce point, il suffit de renvoyer aux innombrables ouvrages des rhéteurs ; mais la science de la conversation ne lui est pas moins indispensable et peut être encore comptée parmi ses premiers devoirs politiques.

Dans la conversation, notre organe doit être

---

1. De Off. I, 39.

doux et clair. Ceux à qui la nature a refusé ces qualités précieuses peuvent les acquérir par l'étude. Les Catulus ont dû beaucoup à l'exquise perfection de leur organe et de leur langage. Les mots n'étaient, sur leurs lèvres, ni précipités, ni trop accentués : rien d'obscur ou de pédantesque dans leur diction ; leur voix n'était ni languissante ni trop musicale, mais égale et douce. Cicéron semble les proposer pour modèles.

Il est curieux de comparer à ces deux chapitres du traité des Devoirs [1] un fragment de Nicole, emprunté à l'ouvrage que nous citions tout à l'heure [2], où ce moraliste donne aussi des préceptes de conversation. Nicole parle pour tout le monde et Cicéron ne parle guère que pour les hommes politiques ; mais sur tous les autres points l'analogie est frappante, et pas un des conseils que le raffinement ingénieux de la charité chrétienne inspire au moderne n'est omis par le païen. Nicole recommande d'abord d'éviter l'*ascendant*, « c'est-à-dire une manière impérieuse de dire ses « sentiments, que peu de gens peuvent souffrir, « tant parce qu'elle représente l'image d'une « âme fière et hautaine, dont on a naturellement « de l'aversion, que parce qu'il semble que l'on « veuille dominer sur les esprits et s'en rendre

---

1. De Off. I, 37, 38. — 2. Des moyens de conserver la paix avec les hommes. Part, I, ch. 9.

« le maître ». Cicéron conseille à ses lecteurs de ne pas chercher à dominer dans la conversation ; là, comme partout ailleurs, chacun doit avoir son tour. Nicole blâme ceux qui parlent *d'un air décisif,* comme si ce qu'ils disent ne pouvait être raisonnablement contesté. Cicéron conseille d'imiter en cela les socratiques qui fuyaient toute raideur dogmatique dans l'expression de leur pensée ; il joignait ici l'exemple au précepte et l'on sait à quel point il *assaisonnait,* comme le demande Nicole, *tous ses discours par le sel du doute.* Le moraliste chrétien nous dissuade encore de témoigner trop de chaleur pour nos opinions ; cela fait croire, pense-t-il, qu'on est attaché à ses sentiments non seulement par persuasion, mais aussi par passion, et le seul soupçon qu'on a plutôt embrassé une opinion par passion que par lumière la rend suspecte. Cicéron dit qu'il faut bannir les mouvements déréglés du discours comme du for intérieur et surtout n'y laisser paraître ni colère ni passion ; quand même nous discutons avec nos ennemis, quelque odieux que nous soient leurs propos, nous devons rester calmes et nous préserver de cette excessive chaleur qui enlève tout crédit à nos paroles. Nicole demande à son disciple de ne pas s'emporter dans la dispute à des termes injurieux et méprisants. Cicéron reconnaît qu'on doit quelquefois blâmer son interlocuteur et, dans quelques cas très rares, donner des signes de colère sans se laisser troubler par la colère, mais qu'il faut le plus souvent, en pareille matière, user de sages tempéraments et paraître agir dans l'intérêt de ceux qu'on blâme. Enfin Nicole recommande d'éviter la sécheresse « qui ne consiste pas tant dans « la dureté des termes que dans le défaut de cer- « tains adoucissements ». Cicéron va plus loin et conseille de mettre un certain enjouement dans le discours (*insit in eo lepos*). Il défend de médire des absents, même de rire à leurs dépens, et devance ainsi les plus austères préceptes de la morale évangélique.

Nicole, il est vrai, se trouve en désaccord avec Cicéron sur un point fondamental. Si nous devons pratiquer tous ces préceptes, ce n'est pas, d'après Cicéron, dans l'unique dessein de conquérir l'amour des hommes ; mais c'est là, néanmoins, pour le moraliste, un des plus précieux résultats d'une telle conduite. Nicole, au contraire, proclame que la recherche de l'amour des hommes est injuste « parce qu'elle est fondée sur ce que « nous nous jugeons nous-mêmes aimables et « qu'il est faux que nous le soyons [1] ». C'est là, croyons-nous, une déplorable exagération de la

---

1. Partie II, ch. 5.

morale janséniste. S'il ne faut pas se préoccuper exclusivement de cet amour et chercher dans la sympathie du genre humain le mobile direct de notre conduite, pourquoi proscrire absolument un sentiment si pur, si légitime et si naturel? Le Christ, en nous commandant d'aimer nos frères, a-t-il pu nous défendre de souhaiter l'amour de nos frères? C'est là, si l'on y regarde de près, un des liens les plus forts de cette société qui, pour emprunter les expressions de Nicole, « est conforme à l'ordre de Dieu ». Lui-même cherche la raison fondamentale de ces préceptes dans la nécessité d'obéir à la loi naturelle qui oblige chaque partie à la conservation de son tout, c'est-à-dire chaque homme au maintien de la société. C'est, en définitive, la théorie même du Portique; mais les stoïciens n'ont pas cherché, comme les écrivains de Port-Royal, une distinction subtile et fausse en dehors du cœur humain. La morale de Cicéron serait, en pareille matière, la plus juste et la plus logique de toutes, s'il n'avait trop exclusivement concentré sa pensée sur la vie publique.

Tous les genres de délassement ne conviennent pas également au citoyen. D'abord, il en est du plaisir comme du sommeil; il ne faut s'y abandonner qu'après avoir terminé sa tâche. Puis il y a des plaisirs grossiers et des plaisirs délicats:

agissons envers nous-mêmes comme envers les enfants qu'on dirige dans leurs jeux ; qu'on retrouve jusque dans nos plaisirs quelque chose d'intelligent et d'épuré. Surveillons jusqu'à nos plaisanteries ; entre la plaisanterie effrontée, grossière, malséante, et la plaisanterie ingénieuse, élégante, polie, celle de Plaute, celle de Caton l'Ancien, celle des Socratiques, notre choix est fait d'avance. En cela comme en tout, choisissons les occasions et gardons la mesure [1]. Les Romains ne pouvaient guère se prêter à ce conseil ; mais Cicéron n'écrivait pas seulement pour les Romains ; il était réservé à la nation la plus spirituelle et la plus polie des temps modernes de comprendre et de pratiquer son dernier précepte.

Fidèle à ces leçons, le citoyen peut paraître en toute sécurité sur la scène politique. Pas un trait de son visage, pas un mouvement de son corps, pas un pli de ses vêtements ne choquera les spectateurs. Ces devoirs, purement extérieurs, ne sont pas, à vrai dire, les plus importants ; mais cette stricte observation des convenances, dans les plus minces détails de la vie, est la plus grande marque d'estime qu'il puisse donner à ses semblables. Le dédain de ces vulgaires détails, au contraire, indisposera contre lui ses amis,

---

1. De Off. I, 29.

ses clients, ses électeurs, et tous ceux qui sont forcés de le juger sur l'apparence, c'est-à-dire presque tout le monde. L'accès de la vie publique lui deviendra d'autant plus difficile et, comme il a des devoirs à remplir envers la république, il sera gêné, peut-être arrêté dans leur accomplissement. Cependant il ne doit rien négliger pour s'acquitter de cette grande tâche, et c'est par là qu'il faut surtout justifier les développements du moraliste; en observant ces devoirs secondaires, nous nous mettons à même d'en remplir d'autres.

Le citoyen doit-il une égale estime à tous les genres de professions? C'est une des plus délicates questions qui s'offrent à l'esprit du moraliste. On sait qu'elle fut passionnément agitée dans les premières années du dix-neuvième siècle : un utopiste célèbre assigna le premier rang à la *classe industrielle*, « la plus impor-
« tante de toutes, parce qu'elle peut se passer de
« toutes les autres et qu'aucune autre ne peut se
« passer d'elle [1] ». Mais cette doctrine est tombée d'elle-même aux huées de l'Europe civilisée. D'autres, qui s'intitulaient économistes, ont proclamé trop aisément la parfaite égalité des professions. Qu'ils envisagent comme des phénomènes de production [2] toutes les manifestations de l'activité

---

1. Saint-Simon, Catéchisme des industriels. Premier cahier, p. 2. — 2. C'est surtout le langage de J.-B. Say.

humaine, si bon leur semble : l'assimilation forcée de tous les producteurs n'en est pas moins un paradoxe. On peut produire plus ou moins, plus ou moins bien, plus ou moins utilement. Telle production demande une plus grande force physique, telle autre une plus grande force intellectuelle, telle autre une plus grande force morale. En dépit de certaines dénominations générales, la morale n'a pu perdre le droit de juger et de classer, à son point de vue, les professions humaines.

Peu de fragments du traité des Devoirs ont été plus discutés que le quarante-deuxième chapitre du premier livre. Précisons d'abord l'objet de ce chapitre. Comme le moraliste s'est occupé déjà de la science pure ou de la sagesse, des fonctions politiques et de l'art militaire, il concentre exclusivement sa pensée sur les métiers d'où l'on tire un profit pécuniaire (*ex quibus aliquid adquiritur*). Il distingue assez nettement, dans cet ordre d'idées, les laboureurs, les gens qui s'enrichissent par une profession intellectuelle, les négociants, les artisans, et ceux qui s'adonnent à certaines professions méprisées. Le citoyen, d'après Cicéron, ne leur doit pas une égale estime.

Le moraliste fait bien de reléguer au dernier plan certains métiers peu honorables, sur lesquels l'humanité n'a guère varié dans ses jugements depuis le siècle d'Auguste. L'économiste le plus entêté sur l'égalité des professions rougirait d'assimiler le proxénète qui spécule sur la corruption publique et le prêtre qui enseigne la religion ou le magistrat qui rend la justice. Cicéron comprend dans la dernière catégorie les usuriers (*fœneratores*) et les gens qui rançonnent les voyageurs (*portitores*). L'opinion publique n'a pas changé sur le compte des usuriers. Quant aux gens qui rançonnent les voyageurs, voituriers, portefaix, commis du péage, le peuple les enveloppait dans une égale aversion : il n'avait pas su trouver un meilleur moyen de témoigner sa haine aux publicains qu'en les appelant par analogie *portitores* : Cicéron, qui emploie ce mot au propre ou au figuré, le prend toujours en mauvaise part, et l'on connaît cette phrase tout empreinte d'orgueil romain, qu'Orelli rattache au quatrième livre de la *République : Nolo eumdem populum imperatorem et portitorem esse terrarum*. Mais ce qui paraît surtout inspirer la rigoureuse sentence du moraliste, c'est l'impopularité de ces deux professions (*primum improbantur ii quæstus qui in odia hominum incurrunt*). Populaires ou non, qu'importe? Il faut blâmer les usuriers, parce qu'ils louent trop cher leur argent ; les portefaix, quand ils louent trop cher leurs services ; les exacteurs, quand ils pillent les provinces. Mais s'il faut mesurer son estime à l'amour du peuple, qu'adviendra-t-il, dans certains moments de folie publique, des premiers personnages consulaires ?

Cicéron met sur le même rang ces métiers « auxiliaires de nos plaisirs » (*ministræ voluptatum*), dont le but unique est de satisfaire les plus grossiers instincts de notre nature, et comprend dans une nouvelle énumération les parfumeurs, les danseurs, les cuisiniers, les bouchers, les charcutiers, les pêcheurs de gros et de petit poisson. Les bouchers, les charcutiers et les pêcheurs sont moins les auxiliaires de nos plaisirs que de nos besoins et méritent peut-être un peu plus d'égards. Mais il faut songer, pour bien comprendre ce texte, aux monstrueux caprices de l'intempérance romaine. L'aristocratie tout entière était en proie à ce vice brutal qui, d'après la belle expression de Platon, suffit pour éteindre en nous l'esprit divin [1]. Cicéron devait nécessairement songer aux suites de ces honteux plaisirs et maudire leur action corruptrice sur la société de son temps. De là cet anathème contre toutes les professions qui secondent le développement du fléau. Quant aux danseurs, il faudrait, pour blâmer le moraliste, n'avoir pas frémi de dou-

---

1. Timée.

leur et de colère au spectacle des ridicules contorsions que tolère encore le mauvais goût de nos contemporains.

Cicéron ne traite pas beaucoup mieux les artisans. *Opifices omnes in sordida arte versantur.* Quel dédain dans cette phrase si brève ! A peine ces malheureux valent-ils l'honneur d'être nommés. Platon, dans sa *République* [1], leur avait déjà donné des âmes d'airain ; dans les *Lois* [2], il refusait de les admettre au nombre des citoyens. Aristote n'était pas moins inflexible au troisième livre de sa Politique : il écartait des fonctions publiques les artisans qui, s'avilissant dans les travaux manuels, ne peuvent s'élever jusqu'aux vertus civiques: ἡ δὲ βελτίστη πόλις οὐ ποιήσει βάναυσον πολίτην. Mais cette exclusion systématique est plus excusable dans un livre de politique que dans un livre de morale. On conçoit que les inconvénients de la démocratie pure préoccupent l'écrivain politique et qu'il cherche, sinon à supprimer, du moins à diminuer l'action des artisans sur les affaires publiques ; c'est dans une vue semblable qu'un orateur du parti démocratique exprimait hier encore le vœu « que l'électorat fût subor- « donné à la connaissance de la lecture et de « l'écriture, et que celui-là seul fût électeur qui

---

1. Livre III. — 2. Livre VIII.

« pût signer de son nom l'expression de sa
« volonté [1] ». Mais le moraliste doit secouer de
telles entraves. Il n'est pas bon de lancer ainsi, de
parti pris, un blâme hautain sur toute une classe
d'hommes qui peut être patiente, sobre, désintéressée, fidèle aux devoirs privés et sociaux, qui
peut vivre, en un mot, dans la pratique de toutes
les vertus. Mais il n'appartenait qu'au christianisme de renverser un préjugé vieux comme le
monde. Depuis que le divin enfant de Bethléem,
en maniant le rabot du charpentier Joseph, a
sanctifié le plus humble travail manuel, la philosophie humaine n'a plus osé dire : *Opifices omnes
in sordida arte versantur.*

Cicéron paraît vouloir opposer aux travaux
manuels certains métiers où l'intelligence humaine
trouve une occasion naturelle de se déployer, par
exemple, la médecine, l'architecture, l'enseignement. Qui ne conçoit cette préférence ? Toutes les
professions, quand leur objet ne heurte pas la
morale, peuvent être pareillement honorables,
parce qu'à un certain point de vue le sentiment
et la pratique du devoir égalisent tout ; mais si
l'homme, pour accomplir sa destinée, doit surtout
développer en soi la faculté de connaître et de

---

[1]. Discours de M. J. Favre à la séance du Corps législatif
du 11 février 1863.

croire, c'est-à-dire la partie divine de son être, il est un côté par où les professions qui favorisent le développement de l'intelligence l'emportent manifestement sur les autres.

Du reste, ces considérations purement philosophiques n'arrêtent pas le moraliste : tout ce chapitre est dominé par une pensée politique et les préoccupations habituelles de l'auteur reparaissent dans son appréciation du commerce et de l'agriculture.

Les philosophes anciens n'ont pas ménagé le commerce. Platon, plus imbu qu'aucun autre des préjugés aristocratiques, le traite fort mal dans le quatrième livre des *Lois :* il va jusqu'à l'envisager comme un élément de dissolution sociale : tout lui déplaît chez les habitants des villes maritimes, le mélange des races, la diversité des goûts, l'instabilité des mœurs ; la trop grande fertilité du sol devient un inconvénient à ses yeux, parce qu'elle amène un grand commerce d'exportation. La haine d'Aristote est un peu moins vive : quand il examine tour à tour les constitutions de Sparte et de Carthage, il va jusqu'à préférer la cité commerçante à la cité militaire [1] : il reconnaît bien tous les défauts des villes maritimes et singulièrement les dangers qu'entraîne

---

1. Second livre de la Politique.

l'affluence continuelle des étrangers ; mais la cité par excellence, pour le philosophe de Stagyre [1], est en définitive celle qui réunit tous les avantages des villes maritimes sans avoir leurs inconvénients. Cicéron reconnaît sans doute que les villes maritimes sont facilement accessibles à tous les peuples et peuvent aisément exporter les produits de leur sol ; il félicite Romulus d'avoir si bien choisi l'emplacement de sa capitale qu'elle a tous les bons côtés des villes maritimes et ceux-là seulement [2] ; mais il s'étend avec une bien plus grande complaisance sur les défauts des cités commerçantes. Les mœurs y sont instables et corrompues ; elles s'altèrent sans cesse au contact d'un nouveau langage et d'idées nouvelles : mœurs et marchandises, tout s'importe à la fois et rien ne subsiste des vieilles institutions. Les habitants ne peuvent demeurer tranquilles : l'espoir du gain les entraîne au bout du monde et, quand même leur corps reste en place, leur esprit voyage. Carthage et Corinthe sont tombées parce que la rage du négoce a tué chez leurs citoyens l'amour de l'agriculture et l'esprit militaire. Le commerce développe le luxe et le luxe développe toutes les mauvaises passions [3]. Le traité des Devoirs contient une distinction fameuse entre le

---

1. Quatrième livre de la Politique. — 2. De Rep. II, 5. — 3. De Rep. II, 4.

grand et le petit commerce qu'on a très vivement reprochée au moraliste [1], trop vivement peut-être. Il faut remarquer, en effet, que Cicéron n'exalte pas le premier aux dépens du second, mais se contente d'adoucir l'expression de son blâme. Je veux bien admettre que l'ancien ami de l'ordre équestre se soit encore laissé dominer par les souvenirs de sa jeunesse politique; il appuie du moins sa préférence sur une raison morale : dans le petit commerce, où l'on revend aujourd'hui ce qu'on achetait hier, on ne peut, croit-il, gagner d'argent sans mentir. Il serait plus exact de dire qu'on se laisse facilement aller au mensonge, car aucune loi morale n'empêche, en définitive, de chercher un bénéfice dans la vente au détail. Ce qui justifie surtout, à nos yeux, la distinction de Cicéron, c'est la différence que le grand et le petit commerce impriment à l'intelligence humaine. Le petit commerçant se consume trop souvent dans des minuties : lancé dans d'insignifiantes opérations, courbé sur des chiffres mesquins, son esprit s'y rapetisse. Au contraire, ces grands marchands qui transportent les produits du sol national aux extrémités du monde ou vont cher-

---

[1]. V. l'histoire des idées et des théories morales dans l'antiquité, par J. Denis, II, p. 52. Cette distinction est reproduite par M. Baudrillart (Rapports de la morale et de l'économie politique, p. 572).

cher par delà les mers les produits des plages lointaines sont obligés d'élever sans cesse leur pensée jusqu'aux intérêts généraux de l'humanité. Les grandes découvertes qui modifient l'état matériel de la civilisation, les événements politiques qui modifient la situation intérieure ou les rapports internationaux des peuples, les phénomènes économiques qui changent, en un clin d'œil, l'état de la fortune publique, ils doivent tout embrasser. Si la distinction de Cicéron n'est pas tout à fait fondée au point de vue purement moral, c'est par là qu'elle peut être acceptée.

Mais Cicéron veut surtout opposer l'agriculture au commerce, et c'est là, selon nous, le trait original de ce fragment célèbre. Cette fois le moraliste romain ne ressemble qu'à lui-même. Platon, dans sa *République*, n'avait pas séparé les laboureurs des artisans ; les uns comme les autres avaient reçu de lui des âmes d'airain [1] : il est vrai que l'agriculteur est favorablement envisagé dans le huitième livre des *Lois* : le philosophe grec le prend sous sa protection, en haine du commerce, et lui donne une place importante dans la législation de sa nouvelle cité. Mais Aristote, malgré son génie pratique, se complaît à rabaisser les laboureurs au quatrième et au cinquième livres de

---

1. Troisième livre de la République.

sa Politique. Il les assimile en tout point à ces artisans auxquels il a si durement refusé tous les droits civiques et réserve les travaux agricoles à des barbares ou à des esclaves. Aux esclaves le privilège de creuser et de féconder le sol national, aux esclaves le soin de nourrir le pays ! Des esclaves publics pour le domaine public, des esclaves privés pour le domaine privé ! Tant il est à craindre que ce travail manuel ne détourne les citoyens de la grammaire, de la gymnastique et de la musique !

Cicéron pensait autrement. Dès sa jeunesse, il avait trouvé d'admirables accents pour justifier le travail agricole. « Toi qui considères ce mé-
« tier des champs comme une honte, tu regarde-
« rais sans doute comme le dernier des hommes
« cet Atilius que les députés du peuple surprirent
« à la charrue. Ah ! nos ancêtres appréciaient
« autrement un tel homme et ses pareils. Aussi
« cet État, dont les commencements furent si
« humbles, nous l'ont-ils laissé grand et glorieux.
« Car ils cultivaient leurs champs avec ardeur
« sans jeter un regard cupide sur le champ d'au-
« trui. C'est ainsi qu'ils ont porté à leur comble
« la puissance de la république et la renommée
« du peuple romain [1]. » Entendons maintenant,

---

1. Pro Sexto Roscio, 18.

dans le chapitre même que nous étudions, le dernier écho de cette grande voix : « De toutes les « professions qui peuvent rapporter un profit pécuniaire, l'agriculture est la meilleure, la plus « douce, la plus digne de l'homme, la plus digne « d'un homme libre. » Il n'a jamais varié sur ce point et sa thèse nous a toujours paru la plus patriotique, la plus politique et la plus morale.

Mommsen, se fondant sur un vieux traité de commerce et de navigation conclu entre les Romains et les Carthaginois, a prétendu que Rome, à ses débuts, avait été une ville commerçante : ce n'est là qu'un des nombreux paradoxes enfantés par l'imagination des historiens modernes. Jamais peuple ne traita plus dédaigneusement le commerce que le peuple-roi. C'est seulement dans les matières commerciales que le droit italien du moyen-âge ne se rattache pas au droit romain, parce qu'il n'existait pas, à proprement parler, de droit commercial romain. Le fameux titre du Digeste *de Lege Rhodia de jactu* ne nous transmet, en définitive, que le dernier reflet de la législation rhodienne. Au contraire, la loi des Douze Tables est un code de paysans. L'organisation des droits réels, l'invention du droit hypothécaire, la théorie des actions et des interdits, tout atteste chez ce peuple la préoccupation passionnée de la propriété foncière et de l'agriculture. De même la religion primitive est presque exclusivement agricole : les divinités nationales ne sont pas les idoles d'importation grecque, mais le dieu Terme et tant d'autres dieux protecteurs des champs. Ces incomparables laboureurs devinrent à la fois les meilleurs soldats et les plus grands citoyens du monde antique. La décadence de Rome commence le jour où le travail agricole national disparaît avec la moyenne propriété.

Mais ce n'est pas un phénomène isolé, propre à la république romaine. Lord Macaulay, dans un de ses plus beaux essais, jetant un coup d'œil sur l'histoire des républiques grecques, rappelle que la race ionienne s'affaiblit la première, parce qu'elle s'absorba la première dans les entreprises commerciales : les Doriens de Sparte, qui ne surent jamais faire le commerce, gardèrent plus longtemps leurs institutions, et les sauvages Étoliens restèrent, au deuxième siècle, les seuls soldats de la Grèce. Machiavel a blâmé les Florentins de s'être adonnés trop exclusivement au négoce, et l'on sait, en effet, dans quel mortel engourdissement l'exagération de l'esprit mercantile, à la fin du moyen-âge, jeta non seulement Florence, mais encore presque toute l'Italie. D'autre part, tout ce qui peut contribuer à l'affaiblissement de l'agriculture doit faire trembler le législateur moderne. C'est chez nous qu'en dix années douze départements agricoles ont perdu cent soixante mille habitants, pendant que la population de la Seine croissait avec une effrayante rapidité [1]. Le mot de Sully n'a pas cessé d'être applicable à la France : compromettre les destinées de notre agriculture, c'est encore s'attaquer aux sources mêmes de notre vie. L'aristocratie britannique a merveilleusement compris ce grand problème politique et ce n'est pas le moindre exemple qu'elle ait donné à l'Europe que d'avoir encouragé, maintenu, développé la production agricole, quand la production industrielle semblait devoir absorber toute l'activité du génie national.

« Rien n'est plus digne de l'homme ; rien n'est « plus digne d'un homme libre. » Saint Augustin, dans la Cité de Dieu [2], recherche comment les premiers Romains, serviteurs des faux dieux, on pu mériter que le vrai Dieu les élevât à une si grande puissance et croit y voir la récompense de leurs vertus, même purement païennes. C'était

---

1. Depuis 1865, le mal a fait de nouveaux progrès. La population continue à décroître dans nos départements agricoles et les économistes déplorent l'émigration des « ruraux » vers les villes. Par une conséquence inévitable, la population totale du pays cesse d'augmenter. Dans l'année 1888, en pleine paix, l'excédent des naissances sur les décès n'a été que de 44.772; soit, 1,2 pour 1000 habitants : le moindre accident épidémique, ainsi que l'a remarqué M. Levasseur, le tournerait en déficit.
— 2. Livre 5, ch. 12.

avant tout la récompense et la conséquence d'un attachement sans bornes au travail agricole et au sol romain. C'est là qu'ils puisèrent tant de mâles vertus, leur frugalité, leur simplicité, leur infatigable activité, jusqu'à ce puissant esprit de famille qui se maintint si fortement pendant les premiers siècles. Les bruits corrupteurs des grandes villes expirent à leur enceinte et leurs innombrables séductions ne vont pas jusqu'aux paysans. Ils n'ont en face d'eux que les champs, leur famille et Dieu. Le travail agricole moralise les hommes parce qu'il les isole de tous les périls et les place dans la région la plus pure où puisse respirer la personne morale.

Le premier devoir du magistrat, c'est de se regarder comme le représentant de la cité. C'est à elle qu'il appartient tout entier : il la personnifie en quelque sorte dans tous ses actes et dans toutes ses paroles. Il doit veiller sur l'honneur public [1] comme la prêtresse romaine sur le feu sacré de sa déesse.

Le magistrat doit encore veiller à l'exécution des lois [2] : qu'elles lui plaisent ou non, peu importe ; il n'est pas chargé de faire un choix entre elles, mais de les appliquer sans murmure. A vrai dire, cette obligation n'est guère compatible

---

1. De Off. I, 34. — 2. Ib.

avec le système professé par le moraliste au second livre des *Lois*. Après avoir cherché jusque dans le sein de Dieu la source même de la loi véritable, dont la loi positive n'est que l'ombre grossière, il tire de cette grande théorie les plus dangereuses conséquences. Cicéron demande à son frère s'il se regarde comme lié par les lois de Saturninus et de Sextus Titius. Non, répond Quintus, pas même par celles de Livius Drusus, et le personnage consulaire approuve [1]. Qu'avait fait, par exemple, Saturninus, le plus détesté des trois tribuns ? La Cisalpine venait d'être conquise : il proposa la distribution des terres de la Cisalpine, demandant en outre que les vétérans de Marius reçussent cent jugères en Afrique, et que des colonies fussent envoyées en Sicile, en Macédoine, en Achaïe : des terres devaient être achetées dans ces trois provinces. Non, en dépit des traditions de l'aristocratie romaine, le magistrat romain, quels que soient son mépris pour Saturninus et son avis sur les lois agraires, n'est pas dispensé d'obéir à celle-là. Mais s'il juge, en son âme et conscience, qu'un tel plébiscite ou tout autre heurte directement le droit naturel, qu'il s'éloigne, qu'il parte, qu'il résigne ses fonctions, qu'il rentre dans la vie privée, ou plutôt, s'il se

---

1. De Legibus, II, 6.

sent assez fort, qu'il se jette comme un simple combattant dans l'arène politique pour arracher au bon sens populaire l'abrogation de l'iniquité consacrée par le vote populaire. Magistrat, il sera l'esclave de la loi, quelles que soient les imperfections de la loi.

S'il doit être attaché à la légalité, qui n'est que l'image terrestre de la justice, combien le sera-t-il davantage à la justice! Hérodote, en racontant l'histoire de Déjocès, dit que les rois lui paraissent avoir été créés pour faire goûter aux peuples les douceurs de la justice, et Cicéron s'approprie cette pensée. Comme les plus forts opprimaient les plus faibles, ceux-ci durent se jeter entre les bras d'un homme vertueux et sage, qui prît leur défense et sût rendre à chacun ce qui lui était dû. Les lois elles-mêmes n'ont pas d'autre raison d'être ; car le fondement du droit est l'égalité : supprimer l'égalité, c'est abolir le droit. On espéra pouvoir obtenir d'un seul homme, honnête et bon, cette parfaite équité : l'humanité, déçue dans cet espoir, inventa les lois positives qui parlent à tous un seul et même langage. Elle choisit encore, pour appliquer les lois, ceux qu'elle juge le plus attachés à l'idée de justice [1].

C'est surtout aux magistrats de l'ordre judi-

---

1. De Off. II, 12.

ciaire qu'il faut demander cet esprit de justice ; ils sont, à proprement parler, les dépositaires de la justice. Nos contemporains ne se trompent pas quand ils réservent presque exclusivement à l'ordre judiciaire ces mots de *magistrats* et de *magistrature*. Le juge, dit Cicéron, doit se préoccuper exclusivement de la vérité [1] : le juge rend des arrêts, et non des services [2]. C'est pourquoi les dernières phrases de l'Essai du chancelier Bacon *de Officio judicis* m'ont toujours jeté dans un profond étonnement. Le moraliste anglais conseille au juge de prendre l'avis du Prince, toutes les fois qu'un intérêt politique est engagé dans le débat. Quoi donc ! c'est précisément alors qu'il faut redouter l'influence du Prince. Quelque intègre qu'il soit lui-même, il est trop directement intéressé à la solution du procès. Les juges, ajoute Bacon, doivent être semblables à des lions, mais à des lions couchés au pied du trône. Non : ces lions de la justice doivent rester debout nuit et jour à l'entrée du temple, inaccessibles aux caresses des rois comme aux murmures du peuple. *Judicis est semper in causis verum sequi.*

Faut-il appliquer rigoureusement ce précepte aux avocats, dont la parole prépare la sentence du juge, et qu'on peut regarder, en définitive,

---

1. De Off. II, 14. — 2. De Off. III, 10.

comme des magistrats improvisés, chaque fois qu'ils défendent le droit méconnu? Les anciens, en pareille matière, professaient une tolérance excessive. Démosthène et tous les avocats Athéniens mentent avec une aisance admirable. Il y a, dans les deux discours sur la *Couronne*, d'énormes contradictions qu'on ne peut pas expliquer autrement; par exemple, Démosthène prétend qu'il n'a jamais été poursuivi en justice par Eschine, Eschine prétend l'avoir fait condamner plusieurs fois[1]. Fénelon n'a peut-être pas tort, quand il fait dire par l'orateur grec à Cicéron, dans ces régions de ténèbres où le mensonge a cessé d'être utile : « Le véritable usage de l'élo-
« quence est de mettre la vérité en son jour...;
« c'est l'usage qu'en a fait Platon, que nous n'a-
« vons imité ni l'un ni l'autre. » Toutefois, Cicéron n'eut pas autant à se reprocher; mais il avait, lui aussi, tour à tour traîné dans la boue

---

[1]. Nous ajoutions, dans la première édition : « Démosthène
« n'a pas pu dire également la vérité en défendant tour à tour
« Phormion contre Apollodore, Apollodore contre Phormion,
« en faisant l'éloge enthousiaste de Conon et en le représentant
« comme le dernier des hommes. » Mais si l'on trouve dans les discours de Démosthène un plaidoyer pour Phormion et plusieurs plaidoyers contre ce même Phormion, la critique moderne incline à penser que ces derniers sont d'Apollodore, non de Démosthène. Le grand orateur grec a fait un remarquable plaidoyer contre Conon, mais ce Conon était un simple bourgeois d'Athènes, qu'il ne faut pas confondre avec le célèbre général dont l'éloge a été fait souvent par Démosthène.

et défendu Vatinius. La situation du moraliste ne laissait pas que d'être difficile. Comme il avait la conscience de quelques contradictions oratoires, il ne pouvait pas trop énergiquement blâmer son propre système. C'est ici que Panétius lui sert admirablement. Qui le croira? Panétius, un petit-fils de Zénon, permettait à l'avocat de ne pas défendre le vrai, pourvu qu'il défendît le vraisemblable. Cicéron s'abrite derrière son guide. Il dit très habilement : « Voilà ce que je n'oserais pas « écrire, surtout dans un ouvrage philosophique, « si le plus autorisé des stoïciens (*gravissimus* « *Stoïcorum*) ne le pensait ainsi [1]. » C'est à Panétius qu'il faut nous en prendre.

Mais l'avocat n'intentera jamais d'accusation capitale contre un innocent [2]. Capitale ou non, qu'importe? Il eût mieux valu dire : l'avocat n'accusera jamais un innocent. Faire servir à la perte des honnêtes gens ce don précieux de la parole, que nous avons reçu de Dieu pour leur salut, c'est un crime. Au contraire, l'avocat peut défendre un coupable, pourvu que ce coupable ne soit pas un monstre. L'opinion le commande, l'usage l'autorise, l'humanité lui en fait la loi [3]. L'accusation lui sied moins que la défense. Cicéron ne la conseille que dans trois cas : pour ven-

---

1. De Off. II, 14. — 2. De Off. II, 14. — 3. Ib.

ger un outrage, pour soutenir des clients opprimés, pour défendre l'intérêt public. S'il ne s'agit que d'une vengeance privée, mieux vaut garder le silence, et je n'admets pas que les Lucullus, dans une pensée de simple ressentiment, aient dû porter contre l'ennemi de leur père une accusation de péculat[1]. Au contraire, on ne peut qu'approuver la conduite de Cicéron défendant les Siciliens contre Verrès.

Rome ne connaissait pas cette magistrature d'invention moderne qui poursuit et accuse dans le seul intérêt de la société. Les modernes ont trouvé l'unique moyen de relever, dans l'opinion, le rôle de l'accusation. La défense peut être personnelle et passionnée, mais non pas l'accusation sous peine d'exciter la haine publique. Montesquieu a dit de Xénophon « qu'il sentait le besoin de « notre juridiction consulaire ». Cicéron, dirai-je, sentait le besoin de cette magistrature spéciale, qu'on appelle en France *le ministère public*. « Celui qui se porte souvent accusateur doit agir « comme en vertu d'une charge publique : il est « impossible de blâmer l'accusation, quand elle « se fait au nom de l'État[2]. » Je ne puis m'empêcher de rappeler qu'un des meilleurs publicistes anglais, malgré l'admiration traditionnelle des

---

1. Ib. — 2. De Off. II, 14.

Anglais pour les qualités et les défauts de leurs institutions, vient d'exprimer une semblable pensée : « Il serait absolument indispensable, a dit « lord Brougham dans son dernier ouvrage, de « compléter notre organisation judiciaire par « l'institution du ministère public [1]. » Ainsi conçue, l'accusation se transforme et nulle défaveur ne saurait l'atteindre : c'est la justice elle-même demandant, par l'organe d'un ministre impassible, la sanction de la loi.

Le magistrat, qu'il administre ou qu'il juge, doit embrasser tout l'État dans sa sollicitude. Son plus grand tort est de sacrifier une classe de citoyens à l'autre. Qu'arrive-t-il ? Les uns sont les serviteurs de l'aristocratie, les autres de la plèbe : mais combien peu ne le sont que de l'État ! C'est à cette partialité qu'il faut attribuer tant de discordes fatales aux républiques d'Athènes et de Rome [2]. Il en sera malheureusement toujours ainsi. Nous sommes, dès notre enfance, enfermés dans des partis politiques, et comme nous trouvons toujours des raisons pour justifier nos plus grands préjugés, nous arrivons très vite à nous persuader que nos amis ont le monopole de l'honneur, du patriotisme et de

---

[1]. To make the addition of this important officer to our system appears a matter of absolute and of primary necessity. — [2]. De Off. I, 25.

toutes les vertus civiques : nous confondons de très bonne foi leur cause et la nôtre avec celle de l'État. Chose étrange! Dans ce même traité des Devoirs, où Cicéron recommande expressément l'impartialité politique, il traite avec une partialité passionnée tous les adversaires du parti aristocratique et républicain. Le meurtre de Tiberius Gracchus lui paraît encore admirable, et Scipion Nasica reste un héros à ses yeux. Il ne perd pas une occasion de maudire les fauteurs de lois agraires, sans examiner ce qu'elles pouvaient avoir de salutaire dans les premiers temps de la république et sans démêler les bonnes intentions des menées ambitieuses. C'est lui qui ne cessa, jusqu'au dernier moment, d'appliquer aux gens de son parti cette dénomination restée fameuse de *boni viri*, comme si l'on n'avait pas pu, dans ce temps-là, rester honnête homme et démocrate. J'excuse l'indignation que lui avaient inspirée les criminelles attaques de César contre la constitution romaine ; mais ce n'était pas le propre d'un adversaire bien impartial que d'assimiler, comme il ne cesse de le faire, l'habile et généreux vainqueur de Pharsale aux plus monstrueux tyrans de l'histoire et de la fable. Nous voyons toujours en lui le même personnage, homme d'État par instinct et par goût, philosophe par occasion.

Quand on dirige les affaires publiques, il faut

sacrifier son intérêt à l'intérêt commun; c'est un précepte si clair qu'il n'a pas besoin d'être démontré. Le gouvernement de la république ressemble à une tutelle : il n'est pas plus inventé pour l'avantage des gouvernants que celle-ci pour l'avantage des tuteurs [1]. Le magistrat sera donc désintéressé. Paul-Émile versa dans le trésor public les immenses richesses de la Macédoine et ne rapporta chez lui qu'une gloire impérissable. La ruine de Carthage n'accrut pas la fortune du second Africain : la ruine de Corinthe n'accrut pas celle de Mummius. « Ils aimèrent mieux, dit le moraliste, enrichir l'Italie que leur maison : l'Italie devint riche; à mes yeux leur maison plus riche encore. » Il cite le mot fameux du général samnite qui regrette de n'avoir pas été réservé pour le temps où les Romains auraient cessé d'être incorruptibles [2]. Il n'est pas douteux qu'au temps de César Pontius Herennius eût trouvé plus facilement l'accès de la conscience romaine. Cicéron, qui traite les magistrats cupides comme les derniers des hommes, n'avait qu'à choisir entre les types nombreux de son époque. Spéculer sur les fonctions publiques, ajoute-t-il, ce n'est pas seulement une honte, c'est une impiété [3] : mais quand cette impiété fut-elle mieux attestée, mieux dénon-

---

1. De Off. I, 25. — 2. De Off. II, 21. — 3. De Off. II, 22.

cée que par le grand orateur ? « Toutes les pro-
« vinces pleurent, tous les peuples libres gé-
« missent... Le peuple romain ne peut plus sou-
« tenir, je ne dirai pas l'assaut de leurs bras et
« de leurs armes, mais l'assaut de leurs larmes
« et de leurs plaintes... Juges, ces mœurs, les
« approuvez-vous ? Une telle conduite de vos
« magistrats, l'approuvez-vous ? Une pareille
« oppression de nos alliés, l'approuvez-vous ?
« S'il en est ainsi, pourquoi parler ? Pourquoi
« m'écoutez-vous ? Levez-vous et descendez de
« vos siéges [1]. »

Comment ne pas reporter les yeux sur cette admirable épître à Quintus où le moraliste expose à la foi ses théories administratives et l'histoire de son gouvernement en Cilicie ? D'après cet étrange gouverneur, l'unique pensée de celui qui commande doit être le bonheur de ceux qui obéissent, non pas seulement s'ils sont alliés ou citoyens, mais encore s'ils sont esclaves ; bien mieux, ne commandât-il qu'à des brutes [2]. Plusieurs villes avaient voté des fonds pour lui élever un monument : rien n'était plus convenable, plus légal, plus spontané ; cependant il a refusé [3]. De riches cités donnaient de grosses sommes pour ne pas loger des soldats pendant l'hiver ; par exemple

---

[1]. In Verrem act. II, III, 89. — [2]. Quinto fratri I, 1. — [3]. Ib.

les Cypriotes donnaient deux cents talents : Cicéron ne leur demande pas un sesterce. Ces bienfaits étonnent la province : il n'accepte pourtant qu'un seul témoignage de gratitude, les bénédictions de ses administrés : pas de statues, pas de temple ; et c'est le seul déplaisir qu'il veuille causer aux villes de son gouvernement 1. Quel autre avait mieux le droit d'être écouté, prêchant le désintéressement aux fonctionnaires de la république romaine ?

La douceur, la modération, la bienveillance sont encore essentielles au magistrat. C'est un point que Cicéron développe surtout au second livre de son traité, cherchant alors à démontrer tout l'avantage que le magistrat lui-même retire de ces vertus. Dans la partie consacrée à l'honnête, il ne fait que poser le précepte : il faut bien accueillir ceux-là même qui viennent nous solliciter effrontément ou nous déranger mal à propos. Cependant la douceur et clémence ont des bornes : il faut quelquefois sévir dans l'intérêt public : sans quoi l'État ne saurait subsister 2. Cicéron trace, en quelques mots, tout un programme aux magistrats chargés de la répression.

Dans l'application de la peine, il faut écarter toute question d'intérêt privé 3. La victime du délit n'a pas droit à la peine. La loi mosaïque,

1. Ib. — 2. De Off. I, 25. — 3. Ib.

les lois islandaises, les sagas scandinaves, le code des Frisons, l'ancienne loi des Japonais, la loi musulmane et bien d'autres supposent la théorie de la vengeance privée : mais ce système était incompatible avec les maximes de la morale stoïcienne. La vengeance ne connaît ni choix ni mesure : c'est un instinct et non un principe. Abandonnée à elle-même, elle devient un élément de désordre social ; elle entretient de profondes haines que le châtiment exaspère et n'assouvit pas : inscrite dans un code, elle atteste l'impuissance du législateur ou la grossièreté d'une civilisation qui se met elle-même au service des passions les plus détestables. En proclamant que la peine est instituée dans l'intérêt public, Cicéron pose un principe fondamental de philosophie pénale qui se transmettra, d'âge en âge, jusqu'aux criminalistes modernes.

Même en punissant au nom du public, le magistrat devra frapper sans colère [1]. La vengeance n'est pas plus permise à la société qu'à l'individu. Nous comprenons que le vieux droit germanique ou scandinave ait admis la théorie de la vengeance publique ; mais comment les criminalistes français du dix-huitième siècle n'ont-ils pas médité ce fragment de la philosophie cicéronienne ?

---

1. De Off. I, 25.

Quel bouleversement dans la législation pénale, si l'on suppose un moment que le principe fondamental des châtiments humains réside dans la *vindicte publique*, comme on disait alors! Le coupable, qu'un égarement de l'opinion aurait poussé au crime et qui serait soutenu jusqu'au bout par la faveur populaire, devrait, dans ce système, échapper à toute condamnation : l'homme de bien que poursuivrait la vengeance populaire devrait expier un crime imaginaire par un châtiment proportionné à la haine publique. La peine serait donc nécessairement arbitraire et n'aurait d'autre mesure que le degré même de la passion. Inscrivons donc en tête de nos codes: *Prohibenda maxime est ira in puniendo*. C'est par la justice, non par la passion (*non iracundia, sed æquitate*) que doivent être guidés le législateur et le juge.

Le magistrat proportionnera la peine au délit[1]. Une peine injuste, loin de compléter la loi par l'effet de la sanction, la viole à son tour et ajoute un nouveau désordre au désordre accompli ; mais l'exacte proportion du délit et du châtiment conserve à la loi pénale son caractère essentiel. Cependant Dieu seul peut mesurer avec précision le châtiment à la faute : l'homme est incapable d'établir dans ses codes cette proportion parfaite. Dans

---

1. De Off. I, 25.

cette conviction, le législateur et le juge, tel est l'enseignement de la philosophie pénale moderne, doivent plutôt s'exposer à pécher par excès d'indulgence que par excès de rigueur. C'est bien là, si l'on regarde de près, la théorie du moraliste romain : *ne major pœna quam culpa sit*. Ce qu'il redoute avant tout, c'est l'excès de rigueur.

La peine doit être égale pour tous [1]. Il était utile de proclamer ce principe ; car chez les Romains les coupables d'un rang inférieur, seuls, étaient soumis à toute la sévérité des lois. Le jurisconsulte Paul, dans ses Sentences, distingue les *honestiores* des *humiliores* : à ceux-ci les mines, la croix, l'amphithéâtre, la mort, mais à ceux-ci seulement : il y avait des assassins, des empoisonneurs et des incendiaires privilégiés. Pendant combien de siècles s'est perpétuée cette iniquité déplorable ! Cependant, s'il faut que la loi soit sanctionnée, la sanction doit être la même pour tous : la noblesse ou la fortune doit plutôt aggraver qu'atténuer la faute, parce qu'elle suppose chez le coupable une éducation plus complète et partant une connaissance plus claire des droits et des devoirs. Il était infiniment digne de Cicéron d'avoir aperçu si nettement, avant la promulgation du code évangélique, l'indissoluble union de la justice et de l'égalité.

1. De Off. I, 25.

Cicéron, nous n'en doutons pas, avait exposé plus complètement, dans un livre des *Lois*, aujourd'hui perdu, ses théories de philosophie pénale. Il avait d'ailleurs sous les yeux les *Lois* de Platon qui contiennent le plus important système de législation criminelle dont nous retrouvions la trace dans l'antiquité. Nous ne pouvons aujourd'hui comparer aux théories platoniciennes des Lois et du Gorgias que le fragment substantiel dont nous avons donné l'analyse.

C'est un précepte fondamental de la morale platonicienne que l'homme pèche malgré lui. L'essence de la volonté humaine est d'aspirer au bien : personne ne veut posséder le mal ou être mauvais : laissons les moyens pour envisager le but : ce but, à nos yeux, ne peut être que le bien. Si ce but est réellement mauvais, c'est que nous nous égarons sur la nature du bien : nous recherchons ce qui nous semble un bien, nous prétendons employer les moyens propres à produire un bien, mais nous faisons fausse route. Cette théorie, surtout développée au cinquième et au neuvième livres des *Lois*, dans le Timée et dans le Gorgias, ne fut pas acceptée par Aristote et fut énergiquement contredite par les stoïciens. Aristote reproche à Platon de confondre la science et la

---

1. Eth. Nic. V, 2. Magn. mor. I, 7.

vertu, quand celle-ci suppose deux contraires, le bien et le mal, et quand celle-là n'aspire qu'au bien. Les stoïciens proclament que l'homme est libre, c'est-à-dire responsable de tous ses actes, et Cicéron partage leur avis [1]. Dans ce système, les châtiments ont leur raison d'être : en est-il de même dans celui de Platon ? Non, sans doute : en bonne logique, il ne faudrait pas châtier les coupables, mais seulement les éclairer, et les plus grands scélérats ne pourraient être condamnés qu'à suivre des cours de philosophie. Cependant l'illustre philosophe, dans le Gorgias, conseille au coupable de se présenter lui-même pour recevoir les coups de fouet, payer l'amende ou subir la mort. Singulière façon d'agir avec les hommes que de les frapper dans leur corps ou dans leurs biens pour les guérir de leur ignorance !

Platon fait tour à tour reposer les châtiments sur la nécessité de l'expiation et sur la nécessité de l'amendement, ce qui jette quelque confusion sur l'ensemble de sa doctrine. La première théorie domine dans le Gorgias. Le pire de tous les maux, y est-il dit, c'est de commettre impunément l'injustice : aussi le coupable doit-il courir au-devant de la punition : le châtiment pourra seul effacer la souillure de l'injustice et purifier

---

[1] V. surtout le chap. cinquième du *de Fato*.

cette âme. Cependant le moraliste compare déjà les maux de l'esprit à ceux du corps et les peines aux remèdes. Mais la théorie de l'amendement n'est bien nettement exposée que dans les Lois : Platon déclare qu'il faut punir les coupables non à cause du mal commis, mais pour leur inspirer à l'avenir la haine du mal. La peine de mort ne devient légitime que si l'injustice est incurable. Il s'accorde du moins avec Cicéron sur ce point qu'il faut bannir de la législation criminelle toute idée de ressentiment public ou privé.

D'ailleurs le philosophe grec, comme le moraliste romain, proportionne la peine à la faute, parce qu'il faut un remède plus efficace à des maux plus grands. Le juge devra considérer, dans la répression du crime, non seulement l'acte matériel, mais encore les motifs et l'intention : la jeunesse, l'imprudence diminueront la responsabilité pénale, qui subsistera tout entière si le coupable a manifestement agi sous l'empire d'une mauvaise passion, telle que la jalousie, la lâcheté, l'attrait du plaisir. Platon, partant du même principe, blâme le législateur qui multiplie et raffine les supplices, comme si sa première tâche était d'égaler l'horreur du crime par l'horreur de la peine. Il y a cent ans, ces maximes de la philosophie platonicienne n'étaient pas encore à la portée de l'Europe.

Enfin les *Lois* proclament aussi l'égalité des peines, mais avec une restriction très philosophique : on est d'autant plus coupable qu'on est éclairé. Par exemple, l'esclave qui aura volé des objets sacrés sera frappé de verges, le citoyen condamné à mort. Il faudrait savoir mettre l'esclave un peu moins bas. Le législateur ne fera pas deux codes, l'un pour les riches et les savants, l'autre pour les ignorants et les pauvres ; mais il laissera d'avance à ses magistrats une certaine liberté d'appréciation : ceux-ci verront jusqu'à quel point la bonne éducation, les lumières, le rang du coupable aggravent sa faute. Quelle différence avec cette maxime de notre ancien droit coutumier : « En crimes, les villains sont plus « grièvement punis en leur corps que les « nobles [1] ! » On sait que, jusqu'à la dissolution de la monarchie polonaise, les nobles et les paysans furent jugés par des tribunaux distincts et suivant une procédure distincte ; c'est seulement en 1768 que la loi polonaise punit enfin de mort l'assassinat d'un paysan par un noble. Presque toute l'Europe suivait ces maximes. Où Platon voyait un élément d'aggravation, nos pères voyaient une cause d'excuse.

[1] Loysel.

CHAPITRE VII

DEVOIRS ENVERS LES ÉTRANGERS

SOMMAIRE. — Devoirs envers les alliés. Théories romaines, défigurées par Grotius. Cicéron, défenseur des alliés dans les Verrines, dans les traités de la République et des Lois, pendant son consulat, dans le traité des Devoirs. — Devoirs envers tous les étrangers. Préjugés de l'esprit hellénique. Idées grecques et idées romaines sur l'hospitalité. Doctrines de Cicéron. — Devoirs internationaux. Il n'existe pas deux morales, une pour les peuples, l'autre pour les individus. Des droits de la guerre. Des justes motifs de la guerre. De la procédure internationale. Droits des belligérants. De la foi due aux traités.

Nous sommes citoyens du monde : le stoïcisme ne se lasse pas de le répéter. Un lien plus étroit nous attache à nos compatriotes ; mais nous avons encore de grands devoirs, quoique d'un ordre un peu différent, à remplir envers les étrangers. Parmi ceux-ci, nous comptons d'abord les alliés, qui peuvent exiger de nous plus que les autres.

Les publicistes modernes se sont beaucoup préoccupés des droits qu'un traité d'*alliance inégale* conserve à la puissance inférieure. Grotius [1] s'efforce de prouver qu'elle reste, en droit, indépendante et souveraine, quand bien même le traité d'alliance donnerait à l'autre une prééminence perpétuelle. Il cite, à ce propos, avec un grand nombre d'autres textes, quelques lignes du traité des Devoirs. « Aussi Cicéron dit-il des Romains, « en parlant des temps où la vertu régnait parmi « eux, qu'ils étaient les protecteurs et non pas « les maîtres de leurs alliés. » Mais ce n'est là, pour Cicéron, qu'une figure de rhétorique, et le mot *patrocinium* [2] ne signifie pas dans cette phrase tout ce que Grotius veut lui faire dire. Quel que fût le texte des traités dont parle le docte Hollandais, qui donc avait jamais cru sérieusement à l'indépendance de Lacédémone ou de l'Étolie ? Ne défigurons pas les théories romaines. L'alliance, aux yeux de Cicéron, c'est une sorte de patronage public que le peuple éternel exerce sur d'autres peuples, semblable à ce patronage privé qui rattachait, dans la plèbe, certains groupes de clients aux principaux personnages de la république. Les jurisconsultes eux-mêmes, tout en prétendant conserver aux alliés une indépendance nominale, ne l'entendaient pas autrement [3].

1. Liv. I, ch. III, § 21. — 2. De Off. II, 8. — 3. L. 7, ff. De Captivis.

Mais, sans s'égarer en de vaines discussions sur la souveraineté théorique d'alliés réduits au rang d'esclaves, Cicéron les défendit comme orateur, comme homme d'État, comme publiciste politique et comme moraliste.

Grâce aux six plaidoyers de Cicéron, Verrès est immortel. Jamais les droits méconnus des alliés n'avaient trouvé de plus éloquent défenseur. En dévoilant ces monstrueux abus de la force, il n'avait pas seulement rendu service à la Sicile, mais à toutes les nations civilisées, menacées du même sort. Qu'on se rappelle cet admirable mouvement oratoire du discours sur les supplices, où Cicéron nous montre les alliés, à bout de forces, désespérés, les genoux dans la poussière, ne sachant plus où porter leurs lamentations : le sénat ne peut ordonner la mort de Verrès : le peuple renverra les suppliants aux lois qu'il a faites et aux tribunaux, gardiens des lois. Tel est, en effet, leur seul port, leur unique autel. Qu'y viennent-ils demander ? Leur argent, leur or, leurs vêtements, leurs esclaves, les ornements arrachés à leurs villes et à leurs temples ? Non sans doute ; ils craindraient, dans leur inexpérience, de froisser des idées reçues au sein de la société romaine. Depuis un bon nombre d'années, on souffre et l'on souffre en silence que les richesses de toutes les nations passent aux mains de quelques hommes. Personne ne s'en cache; nul ne cherche à dissimuler tant de rapines, et cela ferait croire, en vérité, que Rome y reste indifférente. Les généraux vainqueurs ont rapporté de la guerre les statues et les tableaux pris à l'ennemi : les magistrats de la république ont rapporté dans leurs demeures les dépouilles des alliés. Athènes, Pergame, Cyzique, Milet, Chio, Samos, l'Asie, l'Achaïe, la Grèce, la Sicile sont tout entières aujourd'hui dans quelques maisons de plaisance. Mais il n'importe : tout cela, les alliés l'acceptent; ils ne redemandent pas aujourd'hui leur argent. C'est alors que l'orateur fait comparaître devant ses juges les plus honorables habitants de la Sicile : Dexion, Sthenius, Eubulide que Verrès a chassés de leur patrie et dont il a tué les enfants, et cette vieille mère qui, embrassant les pieds de Cicéron, l'a imploré contre le bourreau de son fils. Voilà de quelles douleurs il s'est fait l'organe : ce qu'il demande, c'est que la prison, les chaînes, les coups, la hache, les tortures des alliés, le sang innocent, les cadavres mêmes des victimes, les larmes des parents et des proches, tout cela ne soit plus à l'avenir une source de profits pour les magistrats romains [1]. Ces accents, n'en doutons pas, retentirent jus-

---

[1] In Verrem II, V, 48 et 49.

qu'au fond des provinces, et, par la terreur qu'ils duront inspirer aux plus audacieux fonctionnaires de la république, épargnèrent quelques souffrances à l'humanité.

Dans ses deux grands ouvrages politiques, Cicéron prend encore le parti des alliés. C'est en couvrant ses alliés de sa protection, dit-il au troisième livre de la République [1], que le peuple romain devint le maître du monde. Il est encore plus précis au troisième livre des *Lois. Sociis parcunto : se et servos continento : domum cum laude redeunto* [2]. Malheureusement ce troisième livre est incomplet, et nous n'avons pas le commentaire des deux premières phrases : *sociis parcunto : se et servos continento*. La gloire, dit-il en commentant la dernière, est le seul bagage qu'on puisse rapporter d'un pays allié. Les alliés redoutaient par-dessus tout ces *légations libres*, c'est-à-dire sans aucun mandat précis, confiées aux sénateurs qui voulaient, sans bourse délier, recueillir un héritage ou conclure une grosse affaire en province. Il blâme ce honteux usage [3]. Aussi quand il dit à son cher Atticus, après avoir parlé des alliés : « Quittons la province, et reve-
« nons à Rome, » Atticus répond : « De grand
« cœur ; mais ceux qui sont en province ne diront

---

1. De Rep. III, 23. — 2. De Leg III, 3. — 3. De Legibus, III, 8.

pas comme nous. » Veulent-ils obéir à nos lois, réplique Cicéron ? Le séjour de la province ne sera pour eux qu'une longue et pénible tâche : ils n'auront rien de plus pressé que de rentrer à Rome [1].

Je ne reviens pas sur l'administration de la Cilicie : j'ai déjà cité l'épître à Quintus et montré comment l'adversaire de Verrès entendait son rôle de gouverneur ; mais il n'abandonna les alliés à aucun moment de sa vie politique. Pendant son consulat, il voulut précisément faire supprimer les légations libres et sut rallier le sénat à ce projet qui privait le sénat d'un de ses privilèges : l'intercession d'un tribun fit tout échouer. Cicéron, du moins, put faire réduire à un an la durée des légations libres [2].

Dans le traité des Devoirs, il plaide une dernière fois la cause des alliés. Isocrate, dans un fragment célèbre, accusait les Athéniens et les Spartiates d'avoir précipité leur décadence par leurs iniquités. Cicéron, dans des termes non moins énergiques, adresse le même reproche à ses compatriotes. Il rappelle le temps où les Romains gouvernaient le monde en bienfaiteurs et non pas en tyrans : le sénat était le port des rois et des peuples : les magistrats et les généraux ne

1. Ib. — 2. De Leg. III, 8.

concevaient pas de plus grande gloire que de servir loyalement les intérêts des alliés. Rome avait le protectorat plutôt que l'empire de l'univers. Ces grandes traditions, qui disparaissaient insensiblement, s'effacèrent après la dictature de Sylla. Rien ne pouvait sembler injuste envers les alliés, quand on avait traité les citoyens avec tant de barbarie. César vint ensuite, qui, non content de mettre à l'enchère les biens des citoyens, enveloppa toutes les provinces dans un même code de proscription. Spoliateur et persécuteur des Grecs, des Gaulois, des Égyptiens, des Africains, des Espagnols, il fit porter derrière son char de triomphe l'image de Marseille, cette fidèle alliée sans laquelle les généraux n'auraient jamais triomphé dans leurs guerres au-delà des Alpes. Je rappellerais bien d'autres forfaits dont les alliés ont été victimes, poursuit le moraliste, si le soleil avait éclairé un plus grand attentat. Sa conclusion est celle d'Isocrate. « Vous avez
« justement souffert, disait le rhéteur aux Athé-
« niens, tout ce que vous aviez fait souffrir aux
« autres. » J'ai déjà cité la phrase romaine : *Jure igitur plectimur*. Le moraliste avait aperçu, à la lueur de sa conscience, le châtiment que la Providence réservait aux fureurs de l'aristocratie romaine. Tout le sang que cette aristocratie avait pris aux alliés ou aux sujets de la république,

elle allait, dans une agonie de deux siècles, le rendre aux Empereurs.

Mais ce que le moraliste n'avait pas entrevu, c'est qu'une ère nouvelle allait dater pour les alliés de cette grande révolution politique. Les empereurs assouviront ordinairement leur colères sur l'Italie et laisseront en repos les provinces. Bien mieux, comme ils auront quelque intérêt à la bonne administration de ces provinces, ils surveilleront leurs gouverneurs et poseront eux-mêmes des limites à l'oppression. Le monde romain ne fut jamais plus heureux que sous Domitien, qui versa des flots de sang dans l'enceinte de Rome. L'aristocratie tout entière était complice des anciennes déprédations : le fisc est l'ennemi naturel des nouveaux prévaricateurs. Vedius Pollion, qui jetait parfois ses esclaves aux murènes, encourut un reproche menaçant d'Auguste et renonça sans doute à cette mauvaise habitude. C'est l'histoire des gouverneurs de provinces sous l'Empire.

Nous avons encore des devoirs envers les étrangers, quand même ils ne se rattacheraient à nous par aucun pacte d'alliance ou de subordination. « Ceux qui nous croient obligés envers les ci-« toyens et nous affranchissent de toute obliga-« tion envers les étrangers, dit le moraliste, « anéantissent la société elle-même, et tout en-

« semble les vertus sociales, la bienfaisance, la
« libéralité, la bonté, la justice [1]. Théophraste,
« dit-il encore, a bien fait de vanter l'hospitalité :
« ceux qui la pratiquent s'honorent et honorent
« l'État [2]. » Son langage est plus explicite et plus
précis au chapitre XI du troisième livre. « Rien
« ne justifie la conduite de ceux qui, à l'exemple
« de Pennus et de Papius, interdisent aux étran-
« gers le séjour de la cité. Qu'on réserve aux
« citoyens les droits des citoyens, rien de mieux,
« et j'approuve en ce point la loi Licinia Mucia ;
« mais qu'on expulse les pérégrins, c'est un acte
« contraire à l'humanité [3]. » Cependant le péré-
grin, s'il a quelques droits, a nécessairement des
devoirs ; qu'il s'occupe exclusivement de ses affaires, et n'aille pas s'immiscer dans celles d'autrui, surtout dans celles de la république [4].

Ces préceptes ont été consacrés par les moralistes chrétiens du quatrième siècle, plus tard par
les premiers publicistes modernes. Saint Ambroise, dans le *de Officiis ministrorum*, copie
Cicéron : « *Sed et illi, qui peregrinos urbe pro-
« hibent, nequaquam probandi* [5]. » Grotius, après
avoir autorisé les pérégrins à *rester quelque
temps* dans le pays, « pour rétablir leur santé ou
« pour quelque autre raison légitime, » leur re-

---

1. De Off. III, 6. — 2. De Off. II, 18. — 3. De Off. III, 11. —
4. De Off. I, 34. — 5. De Off. ministr. III, 7.

connaît le droit de s'y installer à *demeure fixe* ¹. Mais il cite avec éloge Hérodote, qui reproche aux Minyens d'avoir demandé une partie du gouvernement dans le pays où on leur donna retraite ². C'est, dans un langage un peu moins concis, la théorie même de Cicéron qui, tout en reconnaissant aux étrangers des droits importants, leur refuse les droits politiques. Quoi de plus sage? La phrase du *pro Balbo* n'a pas cessé d'être une vérité dans les temps modernes : « *O « jura præclara atque divinitus instituta ne quis « nostrum plus quam unius civitatis esse pos- « sit* ³ *!* »

Les étrangers n'avaient pas toujours été si bien traités, surtout par l'antiquité grecque. Il n'y a pas d'écrivain grec, avant les cyniques et les stoïciens, qui ne scinde l'humanité en deux catégories: les Hellènes, race supérieure, intelligente, privilégiée, et les barbares. Les Grecs sont nés pour la liberté, les barbares pour l'esclavage, dit Euripide ⁴ ; et ailleurs : « Chez les barbares, tout « le monde est esclave, à l'exception d'un « homme ⁵. » Quelle peinture de la société barbare il nous a laissée dans l'Andromaque ⁶ : « Le « père couche avec la fille, le fils avec la mère, le

---

1. Liv. II, ch. 2, §§ 15 et 16. — 2. Ib. — 3. Pro Balbo, 13. — 4. Iphigénie à Aulis, v. 1379 s. — 5. Hélène, v. 283 s. — 6. v. 173 s.

« frère avec la sœur ; les plus chers amis s'entr'é-
« gorgent ; la loi ne défend aucun de ces crimes ! »
Démosthène n'est pas moins injuste. Tantôt il
avance que le parjure est un titre d'honneur chez
les barbares [1] ; tantôt il déclare que Philippe, né
en Macédoine, est l'esclave naturel des Grecs [2].
Isocrate va plus loin : la même supériorité qu'il
reconnaît aux hommes sur les animaux, il la
donne aux Hellènes sur les barbares [3]. Ces sentiments étaient si profondément enracinés chez
les Grecs que Tite-Live les leur prête encore à la
veille de la conquête romaine [4]: « Les Grecs sont
« et seront toujours en guerre avec les étrangers :
« en effet, ils ne sont pas séparés des étrangers par
« des causes passagères, mais par la loi même
« de la nature, qui est immuable. » Au contraire,
Pythagore, d'après Jamblique, croyait que l'éducation peut élever le barbare au-dessus du Grec :
Jamblique et Porphyre affirment que des barbares étaient admis au sein de cette petite société
pythagoricienne, composée de quelques initiés.
S'il en est ainsi, Pythagore aurait singulièrement
devancé ses deux plus illustres successeurs, Aristote et Platon, surtout Aristote : on connaît cette
phrase de la Politique : ταὐτὸ φύσει βάρβαρον καὶ

---

1. De Classib., § 39. — 2. Philipp. III. — 3. De Permut.,
§ 293. — 4. XXXI, 29.

δοῦλον¹, et l'on sait que le Stagyrite conseillait à son élève de traiter les barbares « comme des « brutes ou des plantes ² ».

Platon n'a pas secoué tous les préjugés de l'esprit hellénique. Il admet, dans la *République*, une inimitié naturelle entre les Grecs et les barbares ³. Même dans les *Lois*, il assimile souvent les étrangers et les esclaves ⁴. Cependant la doctrine de Cicéron sur les étrangers procède en beaucoup de points de la doctrine platonicienne. Lycurgue avait défendu les voyages à ses compatriotes et interdit aux étrangers l'accès de Sparte : Platon blâme, au douzième livre des *Lois*, cet excès de rigueur : « Refuser aux étran-
« gers l'entrée de notre cité et à nos citoyens la
« permission de voyager chez les autres peuples,
« c'est une chose qui ne peut se faire absolu-
« ment, et qui, de plus, paraîtrait inhumaine et
« barbare aux hommes : ils nous reprocheraient
« l'usage odieux de chasser de chez nous les
« étrangers et d'avoir des mœurs rudes et sau-
« vages. » Cependant, au huitième livre, il avait posé ce principe que les étrangers ne pourraient pas habiter plus de vingt ans sa république idéale, à moins qu'ils ne lui eussent rendu quelque ser-

---

1. I, 1. — 2. Plutarch. De Alex. virt. — 3. Τὸ ἑλληνικὸν γένος αὐτὸ αὑτῷ οἰκεῖον εἶναι καὶ ξυγγενές, τῷ δὲ βαρβαρικῷ ὀθνεῖόν τε καὶ ἀλλότριον. — 4. V. les livres VI, VII et IX.

vice exceptionnnel. Cicéron ne s'embarrasse pas de ces restrictions. Enfin Platon ne permet aux citoyens de voyager qu'à partir de leur quarantième année : encore doivent-ils avoir une mission de l'État ; que s'ils se corrompent dans le voyage, ils n'auront plus de commerce avec les jeunes gens ni avec les vieillards : bien plus, s'ils veulent, à leur retour, changer les lois, qu'ils soient mis à mort [1]. Le génie romain n'aurait pu s'accommoder un moment de pareilles exagérations.

Mais ce qui rachète jusqu'à un certain point tant de mépris et d'aversion, c'est la pratique constante de l'hospitalité, qui nous est attestée par les plus vieux monuments de la littérature hellénique. Aux yeux d'Hérodote, ce devoir ne peut pas être impunément transgressé : citons seulement, entre autres passages, ce fragment du premier livre, où il nous dépeint les remords des habitants de Chio qui avaient acquis une petite province en violant les lois de l'hospitalité : ces insulaires n'osent plus offrir la moindre production de ce territoire dans les sacrifices, ni consacrer à une divinité les gâteaux pétris du blé qui en provient, ni répandre sur la tête d'une victime l'orge qu'ils y recueillent. Platon, dans le douzième livre des *Lois*, distingue quatre sortes

---

1. De Leg. XII.

d'étrangers : d'abord ceux qui viennent pour faire le commerce ; les magistrats jugeront impartialement leurs différends et n'auront avec eux que les rapports strictement nécessaires ; ensuite les curieux, pour lesquels il y aura des hôtels situés près des temples ; les prêtres veilleront à ce qu'ils ne manquent de rien : puis les ambassadeurs, qui seront accueillis et nourris aux frais de l'État ; enfin les voyageurs, qui viennent pour étudier les mœurs du pays; ceux-ci, s'ils sont animés de bonnes intentions, seront traités avec les plus grands honneurs. Déjà, dans le cinquième livre, le législateur philosophe punissait plus sévèrement les fautes commises envers un hôte que les fautes commises envers un citoyen, « parce que l'étranger n'a ni parents ni amis ». Un peu plus loin [1], il accordait à l'étranger en voyage, pressé par le besoin de se rafraîchir, le droit de cueillir, avec un domestique de sa suite, autant de figues et de raisins qu'il voudrait sans les payer. En pareille matière, il était difficile que le traité des Devoirs présentât quelques progrès : Cicéron n'a fait qu'abréger son divin précurseur.

Le traité des Devoirs ne heurtait plus d'ailleurs, sur ce point, les idées romaines. Le mot *hostis*,

---

1. Livre VIII.

qui signifiait autrefois étranger ou ennemi, avait perdu le premier de ces deux sens. Marius avait conféré le droit de cité à deux cohortes de Camertins qui s'étaient bien battues contre les Cimbres ; Pompée et Crassus, pendant la guerre sociale, à des légions entières d'Italiens[1] ; César venait d'accorder la cité romaine à la Gaule transpadane, à plusieurs villes espagnoles, à toute la légion de l'Alouette composée de Gaulois. Mécène allait conseiller à Auguste [2] d'étendre cette faveur à tous les sujets de l'Empire : il est vrai qu'Auguste recommandait à son successeur de ne pas prodiguer ces concessions ; mais l'œuvre de César allait être reprise par Claude, développée par les Antonins, complétée par Caracalla. Dès l'époque où Cicéron composa son dernier ouvrage, l'esprit nouveau qui frémissait dans tous les écrits des philosophes avait remplacé l'esprit exclusif de la vieille Rome.

Le traité des Devoirs n'innove pas davantage en matière d'hospitalité. Cicéron, qui s'inspire ici de Théophraste, n'avait, pour bien louer l'hospitalité, qu'à rester romain. Coriolan, à qui l'on offre la dîme du butin fait sur les Volsques, ne demande, aux applaudissements de l'armée, que la délivrance d'un prisonnier, son hôte [3].

---

1. Pro Balbo, 22. — 2. Dion Cassius, LII, 19. — 3. Plut. Coriolan, 10.

Plaute nous représente, dans le *Pœnulus*, un Carthaginois arrivant à Rome : son hôte est mort; mais le fils de cet hôte, qui ne l'a jamais vu, le reçoit comme un ami. L'expression même de Cicéron dans un de ses plaidoyers, *paternus amicus atque hospes*, atteste que la mort ne brise pas ce lien. Les Romains (et rien n'était plus conforme à leur génie) ne croyaient même pas qu'on pût rompre de telles relations sans accomplir certaines formalités [1]. Religieux autant que formalistes, ils regardaient comme une impiété la transgression d'une loi si sainte; Cicéron parle des dieux hospitaliers dans les Verrines [2], et déclare, dans sa correspondance [3], qu'il veut traiter en galant homme le roi de Comagène, pour ne pas se brouiller avec Jupiter hospitalier. Mais le texte le plus précieux en pareille matière est un fragment des Nuits attiques [4], où le grammairien de l'ère impériale fait converser d'illustres Romains sur le rang qu'il convient d'assigner aux devoirs. Dans une opinion, les devoirs envers les proches, les pupilles, les clients, précèdent nos devoirs envers les hôtes, ceux-ci les devoirs dérivés de l'alliance ou de la cognation; dans l'autre opinion, les devoirs d'hospitalité l'emportent sur les devoirs issus de la clientèle. Enfin les Romains

---

1. In Verrem II, II, 36. — 2. In Verrem II, IV, 22. — 3. Ad Quintum II, 12. — 4. V. 13.

pratiquaient l'hospitalité publique à côté de l'hospitalité privée : un sénatus-consulte conférait soit à un individu [1], soit à tous les habitants d'une cité [2], le titre d'hôtes du peuple romain. Cicéron songeait peut-être à ce genre d'hospitalité quand il voyait une source de gloire pour la république dans la pratique de ce grand devoir. En résumé, ses préceptes sur toute cette matière sont sages, mais un peu laconiques, et n'ont rien qui doive étonner si l'on envisage les doctrines des écrivains grecs et les idées de la société romaine.

Le traité des Devoirs s'étend davantage sur les rapports de peuple à peuple et mérite, à ce point de vue, la plus sérieuse attention.

Le comte Cavour s'exprimait naguère en ces termes au parlement italien [3] : « Je ne prétends point « qu'il faille appliquer aux rapports interna- « tionaux les règles strictes de moralité qui « doivent présider aux relations individuel- « les ; cependant il y a des préceptes de morale « que les nations elles-mêmes ne sauraient violer « impunément. » En existe-t-il donc qu'elles puissent impunément enfreindre ? La distinction que l'homme d'État prétend établir entre les individus et les peuples est-elle fondée ? Cicéron ne l'eût pas admise. S'il ne s'attache pas précisé-

1. T. Liv. V. 28. — 2. T. Liv. V. 50. — 3. V. la *Revue des Deux-Mondes*, t. 41e, p. 421.

ment, comme les platoniciens, à ne voir dans l'État que l'âme humaine agrandie, il proclame incessamment l'étroite relation de la politique et de la morale. *Quod in singulis id est in populis*, dit-il au troisième livre de la *République*[1], et la conclusion qu'on peut tirer de ce grand ouvrage c'est qu'aux yeux de Cicéron la morale est la politique des individus, la politique est la morale des peuples. On pourrait, sans grand inconvénient, transporter dans le traité des vrais biens toute l'argumentation de la *République* contre les théories d'Épicure. A ses yeux, les individus ne peuvent jamais sacrifier leur devoir à leur intérêt apparent : les nations ne le peuvent pas davantage[2]. Dans le traité des Devoirs, il commence par affirmer l'identité de l'intérêt individuel et de l'honnête, et finit par proclamer l'identité de l'intérêt individuel avec l'intérêt général[3]. Enfin c'est au moment même où il trace un plan de conduite individuelle qu'il entame une dissertation sur les rapports internationaux, tant se confondent, dans sa pensée, les devoirs des individus et les devoirs des peuples !

Les Romains admettaient sans difficulté l'existence d'un droit international naturel, distinct du droit international positif : « Nous ne tenons aux

---

1. De Republ. III, 18. — 2. V. tout le troisième livre de la République. — 3. De Off. III, 6.

« Falisques, fait dire Tite-Live à l'un de ses per-
« sonnages, par aucun de ces liens qu'établissent
« les conventions des hommes ; mais ceux que la
« nature crée subsistent et subsisteront toujours
« entre nous. La guerre, comme la paix, a ses
« lois... [1]. » On ne comprend pas très-bien pourquoi Grotius, au premier chapitre de son grand
ouvrage, définit le *droit des gens* « ce qui a
« acquis force d'obliger par un effet de la volonté
« de tous les peuples ou du moins de plusieurs ».
Barbeyrac s'emporte contre cette définition :
« J'avoue, dit-il, qu'il y a des lois communes à
« tous les peuples ; mais le consentement des
« peuples n'est pas le fondement de l'obligation
« où l'on est d'observer ces lois ; » il ajoute :
« Ce droit des gens, positif et distinct du *droit
« naturel*, est une pure chimère. » Non, sans
doute : il y a des traités et des usages qui constituent le droit des gens positif ; mais les vices de
cette législation internationale frappent la raison
du publiciste : il aperçoit au-dessus de ces
règles imparfaites un droit plus parfait et plus
pur, et tâche d'y conformer les conventions
humaines.

Cicéron proclame la supériorité de la paix sur
la guerre. Rome, en définitive, avait acquis le

---

[1]. T. Liv. V, 27.

droit de se reposer : enrichie des dépouilles du monde, elle pouvait fermer le temple de Janus et rien n'empêchait plus ses grands écrivains de vanter, à l'exemple des philosophes grecs, les avantages de la paix. Platon, Ritter le remarque très bien, ne donne, pour ainsi dire, au guerrier, dans la *République* [1], que la mission de combattre les ennemis intérieurs de l'État ou plutôt de prévenir leurs attaques, et de maintenir la volonté du bien général parmi les citoyens. Il s'explique encore plus nettement dans les *Lois*, soit qu'il blâme le grand roi de porter le fer et le feu dans les états voisins pour agrandir sa puissance [2], soit qu'il proclame en termes précis la supériorité de la paix sur la guerre et commande de régler tout ce qui concerne la guerre en vue de la paix [3]. Aristote, de son côté, blâme les législations de Lacédémone et de la Crète, où l'esprit militaire est trop fortement empreint [4], et démontre avec une grande force d'argumentation pourquoi la paix est préférable à la guerre : les peuples guerriers, « comme le fer, perdent leur trempe dans « la paix »; puis, quand le législateur ne songe qu'à la guerre et à la domination, chaque citoyen, de son côté, ne songe qu'à usurper le pouvoir

---

1. Livres II et III. — 2. Livre V. — 3. Livre I. — 4. Polit VII.

absolu [1]. Xénophon va plus loin : ce généreux esprit s'aventure jusqu'à souhaiter la paix universelle (ἀνὰ πᾶσαν γῆν καὶ θάλατταν) [2]. On connaît enfin le mot de Cratès, qui résume la doctrine des cyniques : « Appliquez-vous à la philosophie « jusqu'à ce que vous regardiez les généraux « d'armée comme des conducteurs d'ânes. » Fidèle à la tradition socratique, Cicéron déclare qu'il faut avant tout veiller au maintien de la paix sans arrière-pensée [3]. Comme Platon, il recommande de n'entreprendre la guerre qu'en vue de la paix [4].

Une guerre entreprise sans cause, dit-il au troisième livre de la République, est une guerre injuste [5]. Il ajoute : *Nullum bellum justum habetur nisi denuntiatum, nisi indictum, nisi de repetitis rebus*. Le traité des Devoirs reproduit exactement la même pensée dans les mêmes termes [6]. Il importe de remarquer que ces mots « bellum justum » ne peuvent guère être traduits en français, parce qu'ils ne signifient pas seulement guerre légitime ou guerre régulière, mais qu'ils ont l'un et l'autre sens. Ainsi le moraliste embrasse dans la même proposition deux objets

---

1. Polit. VII. — 2. De Vectigal. — 3. De Off. I, 11. — 4. De Off. I. 23. — 5. De Rep. III, 23. — 6. *Ex quo intelligi potest nullum bellum esse justum nisi quod aut repetitis rebus geratur, aut denuntiatum ante sit et indictum.*

parfaitement distincts : les causes et les préliminaires de la guerre. Attachons-nous d'abord aux causes de la guerre.

Grotius [1] distingue sagement entre les *causes justificatives* et les *motifs* de la guerre. Dans l'expédition d'Alexandre contre Darius, ajoute le publiciste, la raison justificative était la punition des injures reçues par la Grèce, le motif était la vanité, l'ambition, l'avarice du conquérant. Il ne suffit pas, aux yeux de Cicéron, qu'il y ait de bonnes raisons justificatives, comme on pourrait l'induire de ce fragment du premier livre : « Quand même on combat pour l'empire ou « pour la gloire, il faut que la guerre ait une « cause [2]. » Quelle cause ? Le moraliste renvoie précisément au précédent chapitre où il expose les *motifs* de la guerre. Ainsi donc, on peut envisager l'agrandissement du territoire national comme un résultat de la guerre, mais c'est un autre mobile qui doit nous mettre les armes à la main. Cette distinction n'a pas toujours été comprise, même par les moralistes chrétiens. « Un peuple désireux de s'agrandir, dit Bacon, « doit toujours trouver à sa guise, dans ses lois « et dans ses usages, une juste cause *ou tout au* « *moins un prétexte* pour prendre les armes.

---

1. II, 22. — 2. De Off. I, 12.

« L'idée de la justice est si naturellement gravée
« dans l'esprit des hommes qu'ils n'entreprennent
« pas de guerre sans un motif sérieux *ou tout au
« moins sans un motif spécieux*. Les Romains,
« ajoute-t-il, quelque avides qu'ils fussent de con-
« quêtes, n'ont jamais fait la guerre pour une pa-
« reille cause (*ob hanc causam ut fines profer-
« rentur*) [1]. » C'est ici qu'éclate dans tout son
jour la confusion du moraliste.

C'était, on le sait, la prétention des Romains
que de n'avoir jamais entrepris la guerre sans
une juste cause. Tite-Live accepte avec une admirable naïveté cette inconcevable prétention [2].
Machiavel, qui ne partage pas les illusions patriotiques de Tite-Live, félicite bravement les Romains
d'avoir si bien pratiqué la mauvaise foi, parce
qu' « elle est toujours nécessaire à quiconque
« veut d'un état médiocre s'élever au plus grand
« pouvoir [3] ». Nous ne doutons pas un instant
que Bacon adoptât l'opinion de Machiavel et la
confusion qu'il introduit en pareille matière est
manifestement préméditée. Mais il est clair qu'un
pareil aveu serait déplacé dans la bouche de Cicéron. Cependant il n'absout pas complètement le
peuple-roi. Dans le traité des *vrais biens*, il re-

---

1. Baconi serm. fid. XXIX. — 2. V. notamment l. XLV, c.
22.— 3. Discours sur Tite-Live.

proche à Crassus d'avoir porté, sans motif, la guerre au delà de l'Euphrate. Au passage même que nous commentons [1] dans le traité des Devoirs, il blâme, un peu mollement peut-être, cette destruction de Corinthe que Florus traite d'odieux forfait [2] ; mais il y revient au troisième livre [3], et, pour donner l'exemple d'une grande injustice dictée par un semblant d'intérêt, cite encore la destruction de Corinthe. Il n'est pas étonnant que l'illustre personnage consulaire applique avec quelque indulgence sa théorie à ses compatriotes ; mais il est étonnant qu'il la leur applique, et les préjugés romains n'avaient pas encore subi de plus rude échec.

Quels sont, d'après Cicéron, les justes motifs de la guerre ? *Nullum bellum justum est nisi de repetitis rebus,* disent à la fois la *République* et le traité des Devoirs. Est-ce là tout, et la guerre devient-elle illégitime quand elle cesse d'être une revendication ? Non, sans doute, et Platon s'exprime bien mieux dans le *premier Alcibiade* quand il donne le droit de faire la guerre non seulement aux peuples dépouillés, mais encore aux peuples insultés ou trompés [4]. Tite-Live lui-même est plus explicite dans un discours qu'il prête à Camille [5].

---

1. De Off. I, 11. — 2. II, 16. *Facinus indignum.* — 3. De Off. III, 11. — 4. Ἐξαπατώμενοι τι, ἢ βιαζόμενοι, ἢ ἀποστερούμενοι. — 5. V. 49. *Omnia quæ defendi repetique et ulcisci fas sit.*

Baldus distingua plus tard, avec d'autres auteurs, trois causes légitimes de guerre, savoir : « la dé-
« fense, le recouvrement de ce qui nous appartient
« et la punition. » Cette énumération ne satisfait pas
encore Grotius : « A moins, dit-il, que le mot de
« *recouvrer* ne se prenne ici dans une significa-
« tion plus étendue que celle qu'il a ordinaire-
« ment, cette division ne renferme point la pour-
« suite de ce qui nous est dû [1]. » Mais le traité
des Devoirs, au même chapitre, contient une
formule un peu plus large: *Suscipienda quidem
bella sunt ob eam causam ut sine injuria in pace
vivatur* [2]. Cicéron eût donc pu dire avec Grotius
que la première cause d'une guerre juste est une
injure encore à venir, et pourtant il ne s'agit plus
là d'une revendication. Les deux formules se contredisent et la seconde est seule acceptable, malgré l'excessive généralité de ses termes.

Mais il ne suffit pas qu'une guerre soit légitime
pour devenir une *juste guerre* aux yeux d'un
publiciste romain. *Nullum bellum justum est nisi
aut denuntiatum ante sit aut indictum.* On sait
avec quel soin les Romains faisaient intervenir,
au début de toutes les guerres, le collège des
prêtres féciaux, et Tite-Live nous a transmis sur
ce point les plus minutieux détails. Ces mots *droit*

1. II, 1. — 2. De Off. I, 11.

fécial et *droit international* étaient devenus presque synonymes. Aux yeux de Cicéron, le droit fécial est la meilleure garantie d'équité qui puisse exister dans les rapports de peuple à peuple[1]. Il y avait, sans nul doute, un grand progrès à environner de formalités religieuses, dans des temps barbares, le commencement et la fin de ces luttes sanglantes. Mais on aurait pu demander aux Romains un peu moins de formalités et un peu plus de justice. Plutarque, dans la vie de Camille, appelle les féciaux « conservateurs de la paix » (φύλακας εἰρήνης); les féciaux, il faut l'avouer, n'exerçaient pas la moindre influence sur la rupture ou sur le maintien de la paix. Ils avaient sur la conclusion de ces grands procès internationaux la même action que nos huissiers peuvent avoir sur la conclusion des procès civils. L'usage était bon à garder, et Cicéron fait bien de le consacrer dans les *Lois* [2]. Mais Tite-Live et bien d'autres, même parmi les modernes, en ont exagéré la portée. L'esprit formaliste des Romains s'était complu tout d'abord dans les cérémonies du droit fécial : ils s'habituèrent à croire qu'ils avaient le droit pour eux quand ils avaient pour eux la procédure, et c'est ainsi que les mots « *justum bellum* » sont devenus intraduisibles

---

1. Ib. — 2. II, 9.

dans la langue des peuples chrétiens. Qu'on se rappelle, entre mille exemples, le traité signé par le consul Postumius aux Fourches Caudines et plus tard désavoué par le sénat : Niebuhr qualifie avec quelque raison la conduite de l'aristocratie romaine, en cette circonstance, de *farce abominable ;* mais les préjugés romains exerçaient en pareille matière une si grande influence sur les esprits les plus droits que Cicéron l'approuve sans hésitation [1].

Il existe donc aux yeux du moraliste deux sortes d'ennemis et partant deux sortes de guerres. Quand les féciaux ont rempli certaines formalités, une lutte régulière s'engage entre des adversaires réguliers (*bellum justum, justus hostis*). Les autres ennemis ne peuvent pas invoquer à leur profit le droit de la guerre : tels sont, par exemple, les pirates. *Nam pirata non est perduellium numero definitus, sed communis hostis omnium* [2]. Cicéron soutient même qu'on n'est pas lié par les traités conclus avec de pareils ennemis, ce qui semble outré, puisque la conclusion d'un traité consacre la régularité d'une guerre. Mais il est bon de remarquer que les plus récents ouvrages de droit international reproduisent la distinction du moraliste, sans en tirer

---

1. De Off. III, 30. — 2. De Off. III, 29.

toutefois la même conséquence : « Des guerres « entreprises contre des hordes ou des bandes « sauvages qui ne respectent aucune loi humaine, « dit Heffter [1], sont exceptées des règles commu- « nes. » Le même auteur, en rappelant les mesures extraordinaires des belligérants à l'égard des neutres, par exemple la défense de communiquer avec l'ennemi et avec le territoire ennemi, déclare que ces mesures cessent d'être illégitimes quand on est en guerre avec un ennemi du genre humain ou de tous les États (*communis hostis omnium*) et singulièrement avec un souverain qui voudrait fonder une monarchie universelle ou bien quand on défend son indépendance contre un ennemi plus puissant.

Nous retrouvons indiquée dans cette dernière proposition du publiciste allemand une autre distinction très nettement établie par Cicéron dans le traité des Devoirs. Celle-ci ne repose plus sur les formalités du droit fécial, mais reste également vraie dans tous les temps et dans tous les lieux. Les nations combattent tantôt pour la prééminence et tantôt pour l'indépendance. Dans les guerres contre les Latins, les Sabins et les Samnites, il ne s'agissait que de la prépondérance romaine; dans la guerre contre les Cimbres, il

---

[1]. Traité de droit internat., éd. Bergson, p. 230.

s'agissait de savoir si Rome serait ou ne serait pas [1]. Nous ne sommes pas tenus aux mêmes ménagements envers la seconde classe d'ennemis [2]. Cette théorie est sage, mais ne saurait être appliquée sans un grand discernement : les peuples auront un trop grand intérêt à s'imaginer, dans bien des cas, qu'ils combattent pour leur indépendance.

D'ailleurs, la guerre n'existe qu'entre les peuples et non pas entre les individus. Ainsi l'entendait le droit fécial : nul ne devait combattre s'il n'avait prêté le serment militaire; et le formalisme du droit fécial cachait, cette fois, une profonde pensée. Caton l'Ancien apprend que son fils Marcus, pendant la guerre de Macédoine, vient de recevoir un congé du général : il lui recommande de ne plus en venir aux mains avec l'ennemi, parce qu'il a perdu le droit de se battre, et Cicéron, qui cite l'avis du vieux Caton, paraît l'adopter sans réserve [3]. Le croira-t-on? Cette théorie gêne Grotius qui cherche à en dénaturer le sens. Dans le dix-huitième chapitre de son troisième livre, il ne fait, à proprement parler, que commenter ce fragment des *Devoirs* et prétend ne voir dans « la règle de Caton » qu'une mesure spéciale à « la discipline militaire des

---

1. De Off. I, 12. — 2. Ib. — 3. De Off. I, 11.

« Romains ». « Mais, ajoute-t-il, à considérer
« le droit de nature et la véritable justice, il sem-
« ble que, dans une guerre juste, chacun peut
« légitimement faire tout ce qu'il croit devoir
« être avantageux au parti innocent. » Déjà Barbeyrac critiquait une théorie si grossière et la
science moderne du droit international a définitivement sacrifié l'opinion de Grotius à celle de
Cicéron. Quelle n'eût pas été la joie du moraliste
romain s'il avait entendu, dans la première année
de ce siècle, un de nos plus illustres jurisconsultes
paraphrasant ainsi sa pensée ! « C'est le rapport
« des choses et non des personnes qui constitue
« la guerre ; elle est une relation d'État à État et
« non d'individu à individu. Entre deux ou plu-
« sieurs nations belligérantes, les particuliers
« dont ces nations se composent ne sont ennemis
« que par accident ; ils ne le sont point comme
« hommes, ils ne le sont même pas comme ci-
« toyens, ils le sont uniquement comme soldats[1]. »
Par l'intelligente et large interprétation du vieux
droit international, Cicéron devançait sur ce point
le mouvement des idées contemporaines.

Cependant la guerre s'engage : quels vont être
les droits des belligérants ? Polybe les autorise à

---

[1]. Portalis, Discours d'inauguration du conseil des prises, prononcé le 14 floréal an VIII.

détruire « les fortifications, les ports, les villes, « les hommes, les vaisseaux, les fruits et *autres choses de ce genre* [1] ». Tite-Live [2] ne permet que « l'incendie des récoltes, la ruine des habitations, « l'enlèvement des hommes et des bestiaux ». Voilà sur quelles luttes on appelait solennellement les prières des féciaux et la bénédiction des dieux immortels ! Le traité des Devoirs est en progrès sur ces théories monstrueuses. S'il n'envisage pas encore, à l'exemple de nos diplomates contemporains, « le droit des gens moderne « comme fondé sur le principe que les nations « doivent se faire dans la paix le plus de bien, et « dans la guerre le moins de mal possible [3], » il conseille d'éviter les violences inutiles et les actes de cruauté. Les ennemis qui se seront comportés avec modération devront être bien traités après la victoire [4], comme l'ont été par les Romains les Èques, les Volsques, les Sabins, les Herniques [5]. Au second livre, Cicéron félicite encore les premiers Romains d'avoir terminé leurs guerres par la douceur ou en n'usant de rigueur que par nécessité [6]. Mais il paraît regarder une guerre d'extermination comme légitime contre

---

1. V, 11, 3. — 2. XXXI, 30. — 3. Le prince de Talleyrand à l'empereur Napoléon I*er*, *Moniteur du 5 décembre 1806*. — 4. De Off. I, 11. — 5. Ib. — 6. De Off. II, 8. Traduction de Grotius au chapitre XI de son troisième livre.

des ennemis qui se sont eux-mêmes conduits avec violence. « Si pendant le cours de la guerre, dit « Grotius, il faut s'abstenir de tout dégât fait sans « nécessité, à plus forte raison cela a-t-il lieu lors- « qu'on a remporté une pleine et entière victoire. « Cicéron désapprouve la destruction de Co- « rinthe [1]. » Oui, sans doute ; mais il paraît approuver celle de Carthage et de Numance, et cette opinion ne saurait être acceptée.

Ce n'est pas que le droit de représailles soit exclu, même aujourd'hui, des coutumes internationales. Heffter [2] déclare encore que le premier mode de représailles est le talion ou l'application de mesures semblables reprochées à l'ennemi, pourvu qu'elles puissent se concilier avec les lois de l'humanité. Il cite l'exemple d'un gouvernement qui refuserait d'accorder la réparation des mauvais traitements exercés sur le représentant d'une autre puissance : celle-ci pourrait user de représailles afin d'obtenir une satisfaction de l'insulte et une garantie pour l'avenir. Mais quoi ! si l'on avait torturé, battu de verges, mis en croix notre ambassadeur, aurions-nous la faculté d'infliger le même supplice à l'ambassadeur d'un autre peuple ? Non, sans doute ; l'antique usage des représailles doit être limité chaque jour

---

1. Grotius, III, 12. — 2. Op. cit. p. 216.

davantage par le progrès du droit international et de la civilisation. Accordons au publiciste allemand que les conventions violées par une des parties belligérantes cessent d'être obligatoires pour l'autre [1] : accordons-lui même, quoique la proposition mérite examen, que l'ennemi, s'il fait usage d'armes illicites, puisse être atteint par la loi du talion [2] : mais peut-on admettre, à notre époque, que le vainqueur ait, dans un seul cas, le droit de tuer les blessés de l'ennemi [3] ? Cette opinion, professée en plein dix-neuvième siècle, est plus étonnante que celle de Cicéron sur la destruction de Carthage et de Numance. Le moraliste romain n'approuve qu'indirectement ces actes de rigueur et paraît apprécier un événement historique plutôt que développer une thèse philosophique. Il ne pose même pas ce principe qu'il est permis, à la guerre, de rendre le mal pour le mal, et le laisse à peine deviner. Chez Heffter, tout est scientifiquement déduit ; mais il est douteux que la science du droit international ait fait un pas.

Dans les *Troyennes* de Sénèque, le dialogue suivant s'engage entre Agamemnon et Pyrrhus [4].

Pyrrhus. Il n'y a pas de loi qui ordonne d'épar-

---

1. Heffter, op. cit., p. 244. — 2. Ib. p. 245. — 3. Ib., p. 246. — 4. v. 333 et 334.

gner les prisonniers de guerre. AGAMEMNON. Ce qu'aucune loi ne défend est défendu par l'honneur. La nature, dit encore Sénèque dans le traité de la *Clémence* [1], commande d'épargner les captifs. Le traité des Devoirs consacre cette opinion stoïcienne : Cicéron ne cite à l'appui de sa thèse que sept ou huit vers d'Ennius et la juge suffisamment démontrée. Chose étrange! Grotius est encore en retard sur le traité des Devoirs. Au chapitre IV de son troisième livre, intitulé : *Du droit de tuer les ennemis dans une guerre en forme*, il déclare avec un sang-froid admirable que « les prisonniers mêmes ne sont point à cou-« vert d'un pareil droit ». Il s'appuie, pour démontrer cette proposition, sur un mauvais vers d'Horace et sur une étymologie ridicule du mot *servus*. Bien mieux, il enchérit sur les anciens :
« Et on est toujours à temps, ajoute-t-il, de tuer
« ces sortes d'esclaves ou de prisonniers de guerre,
« à en juger par le droit des gens. » Luther avait ébranlé sur ses gonds l'Église universelle, Lélio Socin avait prêché le plus audacieux unitarisme en Italie et en Allemagne; Galilée allait publier ses quatre dialogues sur le système du monde, et les publicistes n'avaient pas encore secoué la poussière de pareils préjugés, battus en brèche,

---

1. I, 18.

quinze siècles plus tôt, par la philosophie stoïcienne.

Grotius, dans le même chapitre, déclare qu'on peut tuer ceux qui demandent humblement quartier, même ceux qui veulent se rendre, même ceux qui se sont rendus à discrétion et *qui ont été reçus sur ce pied-là*. Il ajoute que le droit des gens justifie cette rigueur. Quel droit des gens ? Même en prenant ce mot dans son acception la plus étroite, les peuples civilisés ont-ils pu jamais laisser un pareil usage s'établir entre eux ? Grotius cite à ce propos la conduite des Romains envers Pométie qui s'était rendue à discrétion, et Tite-Live, Tite-Live lui-même déclare que la conduite de ses compatriotes fut honteuse en cette circonstance [1]. Grotius, dans un chapitre suivant, est bien forcé de reconnaître que les Grecs et les Romains en usaient ordinairement d'une autre manière [2]. Ce prétendu droit des gens n'a donc jamais existé que dans l'imagination de quelques publicistes, égarés par l'esprit de routine. L'usage romain, sur ce point, est très nettement indiqué par un passage de César [3] : on devait agréer la soumission d'un ennemi pourvu qu'elle fût faite avant que les machines de guerre eussent battu ses murailles. Cicéron va plus loin : quand même

---

1. II, 17. Il se sert de l'adverbe *fœde*. — 2. III. 11. — 3. De bello gallico, II, 32.

elles auraient battu ses murailles, dit-il, il faut le recevoir à composition [1]. Le traité des Devoirs ne contient pas même la trace de la déplorable distinction que Grotius, en pareille matière, introduit entre le *droit des gens* et les *lois de l'équité*. Cicéron, après avoir donné ce conseil, rappelle que, dans les premiers temps de la république, les hommes de guerre n'ont pas suivi d'autres maximes. Après avoir agréé la soumission des peuples vaincus, ils les ont pris sous leur protection : c'est ainsi que Scipion devint le patron de l'Afrique, Paul-Émile de la Macédoine, Marcellus de la Sicile.

Les traités doivent être religieusement observés. Ce n'est pas seulement un principe de droit fécial, c'est encore une maxime de morale universelle. Mais il faut s'attacher à l'esprit plutôt qu'à la lettre des traités : *quid senseris, non quid dixeris, cogitandum* [3]. Grotius cite au début d'un de ses plus importants chapitres cette phrase du traité soumis à notre analyse et la commente avec son érudition ordinaire. Le peuple-roi n'avait que trop souvent méconnu cette règle. Cicéron rappelle la conduite de ce prisonnier romain qui promet au fils d'Amilcar de revenir au camp carthaginois, s'il n'obtenait pas l'échange des cap-

---

1. De Off. I, 11. — 2. De Off. I, 11. — 3. De Off. I, 13.

tifs et qui, ayant remis un instant les pieds dans le camp, crut pouvoir impunément rester à Rome. C'est là, d'après le moraliste, une déplorable manière d'interpréter les conventions, qui redouble l'odieux du parjure [1].

Mais nous avons déjà parlé d'un paradoxe étrange que l'auteur développe au vingt-neuvième chapitre du troisième livre. Les traités ne nous obligent qu'envers des ennemis réguliers ou, pour emprunter les expressions de Grotius, envers *ceux avec qui l'on fait une guerre dans les formes* [2]. Le moraliste en donne une singulière raison, c'est que nous ne sommes pas *obligés*, quand nous n'acquiesçons pas mentalement à la parole tombée de nos lèvres. La prémisse n'est pas plus juste que la conséquence. Si l'on admet une seule fois la théorie des restrictions mentales, on peut l'admettre sans cesse et la religion du serment peut être incessamment violée. Grotius, qu'il faut toujours citer en pareille matière, combat très bien cette théorie. Les actes internes ne peuvent se faire connaître par eux-mêmes : comment en juger si ce n'est par la parole ? et que deviennent la bonne foi, la religion du serment, si l'on croit pouvoir employer la parole pour

---

1. De Off. III, 32. Grotius (II, 16) cite encore cette phrase. — 2. III, 19.

dissimuler sa pensée ? Le fameux vers d'Euripide, que Cicéron traduit, est le code de la fourberie, du mensonge et du parjure. L'appliquer aux rapports de peuple à peuple, c'est supprimer d'un seul coup les devoirs internationaux.

Enfin, quel que soit l'ennemi, le traité reste un traité. Si nous ne devions pas l'observer, nous ne devions pas le conclure. L'indignité d'une partie contractante n'altère pas la valeur du contrat. Grotius assimile avec raison [1] ceux qui ne croient pas manquer à leur serment en le violant envers des pirates et ceux qui ne croient pas commettre un adultère en séduisant la femme d'un tyran. Cette dernière thèse, on le sait, était soutenue par des gens sérieux, Michel d'Éphèse, dans son commentaire sur la morale d'Aristote, et Sénèque le rhéteur, dans ses Controverses. Quel paralogisme bizarre ! Pour apprécier la valeur de ma conduite, c'est en moi-même, en moi seul qu'il faut descendre : je ne suis responsable que de moi-même et je n'ai pas à me soucier d'autrui. Mon parjure envers un ennemi non régulier reste un parjure. Lucullus tenait sa parole envers un chef de fugitifs [2], et Cicéron, parlant au nom de la morale, l'en eût dégagé ! Mais Lucullus savait traiter avec un chef de fugitifs et croyait

---

1. III, 19. — 2. Diodore de Sicile, XXXVI.

néanmoins engager sa foi : l'intervention du fécial était inutile, parce qu'il y a quelque chose au-dessus des conventions humaines, même au-dessus du droit fécial.

CHAPITRE VIII

DEVOIRS ENVERS DIEU

Sommaire. — C'est à tort que Cicéron sacrifie la morale religieuse à la morale sociale. — Le traité des Devoirs ne contient à peu près rien sur la morale religieuse. — Supériorité du platonisme. — Coup-d'œil sur la théodicée du Portique : inconséquences des stoïciens. — Comment s'explique cette dernière lacune du traité des Devoirs. Scepticisme religieux de Cicéron.

Les philosophes théologiens sont naturellement enclins à n'apercevoir que des devoirs envers Dieu dans toute la morale. D'après quelques-uns d'entre eux, la volonté arbitraire de Dieu fonde l'obligation et la justice : par une conséquence directe, la morale individuelle et la morale sociale ne sont plus que des subdivisions de la morale religieuse. C'est ainsi que, dans la Politique tirée de l'Écriture sainte, Bossuet rattache nos devoirs envers nos semblables à nos devoirs envers Dieu. Chose étrange ! Le Christ a dit :
« Le premier de tous les commandements est ce-
« lui-ci : Tu aimeras le Seigneur ton Dieu... Et

« le second, qui lui est semblable, est celui-ci : Tu « aimeras ton prochain comme toi-même ; » et Bossuet, qui cite ce fragment de l'Évangile selon saint Marc, prétend le compléter en établissant un rapport de cause à effet entre ces devoirs : « Nous devons donc nous aimer les uns les autres « parce que nous devons tous aimer ensemble le « même Dieu [1]. » Mais ce rapport n'existe que dans la pensée du commentateur. Dieu, étant le bien suprême, veut sans doute que nous agissions en toute circonstance selon la loi de la justice. Nous ne pouvons remplir aucun de nos devoirs sans nous conformer à ses vues : nous ne pouvons en violer un seul sans l'offenser. Mais, loin d'être l'expression de sa simple volonté [2], le bien dérive de son indéfectible justice, qui ne fait que déterminer sa volonté. L'idée du bien se rattache philosophiquement à sa justice et non pas à sa puissance. L'homme n'a pas même besoin de cette dernière notion sur l'essence de la justice pour pratiquer une partie de ses devoirs. En secourant son frère, il peut avoir avoir la conscience de son obéissance à la loi morale, non de son obéissance à la loi divine. Une des plus grandes religions de l'Orient, le bouddhisme, qui supprime à peu près Dieu, ne laisse pas que d'enseigner une

---

1. Polit. tirée de l'Ecrit. Sainte, livre I, art. 1, 2ᵉ prop. —
2. *Simplex voluntas* (St Thomas).

morale très austère, et ses disciples professent la charité, le pardon des injures, la mortification de la chair, la pauvreté, la chasteté. Cependant le propre des religions est de fortifier en nous la pensée du devoir en le consacrant par l'autorité d'un Dieu : par là même, elles l'imposent plus sûrement à la conscience, et la philosophie aurait tort de méconnaître un si grand bienfait. Mais, lorsqu'il s'agit d'établir une division scientifique des devoirs, il nous faut procéder autrement. L'origine de la justice est en Dieu, premier principe du bien, mais Dieu n'est pas pour cela le terme unique de nos devoirs. Il ne faut plus absorber la morale sociale dans la morale religieuse que la morale individuelle dans la morale sociale. Nos devoirs envers nous-mêmes sont aussi des devoirs envers nos semblables, parce que le perfectionnement de l'individu ne saurait être indifférent à l'espèce; mais ils nous lient directement envers nous-mêmes : nos devoirs envers l'humamanité sont aussi des devoirs envers Dieu, parce que Dieu ne peut être indifférent à l'accomplissement d'un devoir ; mais ils nous lient directement envers nos semblables. Sanctifiés par la volonté de l'être juste, ils appartiennent encore à la morale sociale.

D'autres moralistes tombent dans l'excès contraire. L'esprit humain est ainsi fait qu'il s'enivre de ses propres habitudes et, taillant toutes choses à sa mesure, finit par enfermer l'univers dans l'objet ordinaire de sa pensée. Il n'est pas étonnant que des théologiens, sans cesse tournés vers le ciel, confondent la morale sociale dans la morale religieuse, quand on voit des hommes d'État sacrifier la morale religieuse à la morale sociale. C'est peut-être le plus grand défaut du traité soumis à notre analyse.

Bossuet a dit que, si l'intelligence était pour le vrai et l'amour pour le bien, le premier vrai avait droit d'occuper toute notre intelligence et le souverain bien de posséder tout notre amour [1] : il traçait par là même, avec sa fermeté ordinaire, le programme de nos devoirs envers Dieu. Cicéron semble avoir entrevu le premier de ces deux devoirs : *Princepsque omnium virtutum illa sapientia, quam σοφίαν Græci vocant (prudentiam enim, quam Græci φρόνησιν, aliam quamdam intelligimus, quæ est rerum expetendarum fugiendarumque scientia, in qua continetur deorum et hominum communitas, et societas inter ipsos* [2]. Il reconnaît ici, comme dans les *Lois*, une certaine société de l'homme avec Dieu et place au premier rang la science qui nous instruit de ces rapports. Il ajoute, au quarante-cinquième cha-

---

1. De la connaissance de Dieu et de soi-même, chap. IV, § 7. — 2. I, 43.

pitre, que nos premiers devoirs sont envers les dieux; mais la proposition passe à peu près inaperçue, tant elle est sèchement énoncée, tant elle contraste avec le reste de l'ouvrage : c'est une concession peu sérieuse et presque impertinente à de respectables opinions que le grand orateur n'a pas voulu froisser. Voilà tout ce que contient, sur un pareil sujet, le premier livre des *Devoirs*, où Cicéron prétend analyser les principes fondamentaux de l'honnête. La société de l'homme avec l'homme enfante des devoirs sans nombre et le moraliste se consume à les décrire ; il a tout dit sur les rapports obligatoires qu'enfante la société de l'homme avec Dieu.

Cependant ces deux mots *pietas* et *sanctitas* se rencontrent une fois dans l'ouvrage. Il ne s'agit plus d'analyser les éléments de l'honnête ; Cicéron traite de l'utile et déclare que les êtres doués de raison sont les plus utiles à l'homme :
« Or les dieux et les hommes sont doués de rai-
« son; la piété, la sainteté nous rendront les dieux
« propices (*placatos*); après les dieux, c'est de
« nos semblables que nous devons le plus atten-
« dre [1]. » Ainsi la piété devient un acte de bonne administration qui sert à nous concilier de puissants bienfaiteurs. Cependant, Cicéron lui-même

1. II, 3.

faisait dire par l'académicien Cotta que la piété, c'était la justice envers les dieux [1]. Cotta, sans doute, ajoutait : Je ne comprends pas la justice envers un être qui n'a pas de rapports avec l'homme ; mais Cicéron vient de reconnaître lui-même la société de l'homme avec Dieu ! Quel oubli de cette justice, où le moraliste voit resplendir le plus pur éclat de la vertu [2]! Il faut être juste, dit-il, même envers les plus humbles, même envers les esclaves, et c'est à peine si j'entrevois dans ce livre, où il s'agit de l'honnête, qu'il faille être juste envers Dieu.

Le second et le troisième livre de l'ouvrage paraissent ici se contredire : « Jupiter, dit le « troisième livre, ne se fâche pas et ne nuit à « personne. La colère des dieux est une pure in-« vention [3]. » Cependant le second livre conseillait d'apaiser les dieux par la sainteté (*Deos efficere placatos*) : si les dieux ne se fâchent pas, à quoi bon les apaiser ? Mais l'auteur ajoutait dans le même chapitre : *Deos nocere non putant.* C'était, en effet, l'opinion généralement admise à cette époque, même par ceux qui croyaient le plus sincèrement à la Providence[4] : il ne faut donc pas trop s'attacher au sens du verbe *placare* pour interpréter le participe *placatos. Nihil viditam mile*,

---

[1]. De Nat. Deor, I, 41. —[2]. I, 7. — [3]. III, 29. —[4]. Tusc. I, 5, 6, 16.

nihil tam placatum quam meus frater erat in sororem tuam [1], écrivait encore le moraliste : ce mot n'a pas d'autre sens dans plusieurs fragments de la langue cicéronienne. Ainsi donc le traité des Devoirs admet en passant un Dieu qui ne se soucie pas de nos crimes, mais qui récompense nos vertus ; c'est assez pour faire éclater l'inconséquence du moraliste, qui se tait sur nos devoirs envers Dieu.

Les stoïciens admettaient l'existence de Dieu, mais pour le bannir à peu près de leur morale. Le plus grand vice de cette morale, c'était d'isoler l'homme, après avoir divinisé l'origine de la loi, du principe surnaturel auquel il faut toujours le rattacher [2]. Cependant cette haute idée du sage qui se suffit à lui-même leur inspira d'admirables pensées. Jamais la dignité de l'homme n'avait été mieux comprise : « Ne nous laissons pas séduire,
« dit le troisième livre des *Devoirs*, par l'espoir
« de cacher nos fautes. Il suffit d'avoir fait quel-
« ques pas dans la sagesse pour savoir que
« l'homme, quand il pourrait se dérober aux
« regards des dieux et des mortels, ne doit jamais
« se laisser aller à l'avarice, à l'injustice, à l'in-
« tempérance, à la passion [3]. » Pourquoi m'im-

---

1. Att. V, 1. — 2. V. le discours sur la morale des stoïciens lu à l'Académie des inscriptions, le 16 août 1850, par M. Ravaisson. — 3. III, 8.

moler pour la patrie ? Parce que la patrie me regarde et que le Dieu rémunérateur me contemple ? Non, parce que c'est mon devoir et je ne consulte que moi-même.

Cependant Cicéron, dans un texte du troisième livre, accuse d'impiété [1] ceux qui foulent aux pieds la bienfaisance, la libéralité, la bonté, la justice. C'est ainsi que nous avons raisonné nous-mêmes, en revendiquant pour l'Être juste le droit d'exiger en son propre nom l'accomplissement de tous nos devoirs. Mais cette phrase est jetée au hasard dans le troisième livre et ne se rattache pas au système général du traité. Ce n'est, après tout, qu'une nouvelle inconséquence ; si les dieux s'intéressent à toutes les applications de la loi morale, c'est qu'il existe envers eux des devoirs directs et le moraliste a moins encore le droit de les oublier.

Il était digne d'un si grand esprit d'enseigner aux sectateurs découragés du polythéisme officiel que l'homme doit à son Dieu le culte intérieur et le culte extérieur. Le traité des Devoirs serait le plus beau livre de morale que nous eût légué l'antiquité païenne, si nous y lisions qu'il faut aimer Dieu, d'abord à cause de ses perfections, ensuite à cause de ses bienfaits ; que la prière est le pre-

---

1. III, 9.

mier remède de l'âme dont elle élève et sanctifie les aspirations, que le serment est un acte religieux, supérieur à toutes les promesses [1] ; qu'il faut manifester notre amour et notre respect par des signes publics, que cet hommage public est le plus digne de notre père en même temps qu'il a sa racine dans les profondeurs de l'âme. Que trouvons-nous au lieu de ces maximes ? Les fragments que nous venons de citer, un conseil d'économie aux constructeurs de temples [2] et de longs raisonnements pour abaisser le serment au niveau d'une simple promesse [3]. Le serment, Cicéron le reconnaît pour la forme, est un acte religieux (*affirmatio religiosa*). Nous devons tenir nos serments, non par crainte des dieux, qui ne sont pas à craindre, mais par amour de la justice et de la bonne foi : puis il rappelle qu'on a placé côte à côte, dans le Capitole, la statue de Jupiter et celle de la bonne foi. La philosophie contemporaine a mieux apprécié la nature de cet acte :
« Personne, dit M. Jules Simon, ne voudrait man-
« quer à une parole d'honneur; un serment est
« bien autrement sacré. Il y a l'infini entre une
« parole d'honneur et un serment. »

Ces lacunes nous frappent bien davantage si nous reportons notre pensée vers la Grèce. Le

---

[1]. Cf. J. Simon, *le Devoir*, 6ᵉ éd., p. 424. — [2]. De Off. II, 17. — [3]. De Off. III, 28-31.

Théétète contient une phrase célèbre qu'on ne peut traduire et qu'il faut citer : « Διὸ καὶ πειρᾶσθαι χρὴ « ἐνθένδε ἐκεῖσε φεύγειν ὅτι τάχιστα. Φυγὴ δὲ ὁμοίωσις θεῷ « κατὰ τὸ δυνατόν· ὁμοίωσις δὲ δίκαιον καὶ ὅσιον μετὰ « φρονήσεως γενέσθαι. » Où Cicéron ne voit que la justice, Platon voit la justice et la sainteté. Le Gorgias n'est pas moins clair. « Le juste remplit « ses devoirs envers les hommes ; le saint ses « devoirs envers les dieux [1]. » Enfin le Protagoras innove jusqu'à placer les quatre vertus constitutives de l'honnête et la sainteté sur la même ligne. Mais les *Lois* et le Timée sont plus explicites. Après avoir proclamé l'existence d'un être qui est le principe et le terme de tous les autres, Platon recommande au sage de tourner vers cet être toute sa pensée : le sage doit l'honorer non seulement par une vie pure, mais encore par des prières, des offrandes et des cérémonies religieuses. L'homme vertueux, seul, doit communiquer ainsi avec Dieu, car les offrandes du méchant sont une hypocrisie sacrilège. Que lui demanderons-nous donc ? la sagesse plutôt que les biens extérieurs. Pénétrés de ces saintes croyances, nous agirons conformément à la nature en faisant intervenir la religion dans les

---

[1]. Καὶ μὲν περὶ ἀνθρώπους τὰ προσήκοντα πράττων, δίκαι' ἂν πράττει, περὶ δὲ θεοὺς ὅσια.

principaux actes de la vie humaine, la naissance, le mariage et la mort. On voit que Platon n'eût pas félicité le fondateur du christianisme d'avoir inventé « la religion pure, sans pratiques, sans « temple, sans prêtres [1] ». Nul n'a mieux compris ni plus complètement exposé les dogmes fondamentaux de la religion naturelle.

Mais Cicéron subit, dans le traité des Devoirs, l'influence du Portique. Il ne faut pas, bien entendu, comparer son œuvre à celle des derniers stoïciens. On sait qu'un souffle nouveau va pénétrer le monde : fatigué des religions, il se laissera subjuguer par l'esprit religieux. Le stoïcisme lui-même n'échappera pas à cette transformation. Les écrits d'Épictète et de Marc-Aurèle en gardent la trace ineffaçable. Si les hommes, dit Épictète, se rappelaient que Dieu est leur père commun, leur cœur serait inaccessible à l'injustice : chacune de nos mauvaises actions profane Dieu. Ce même Épictète prie, à la façon des chrétiens, le Père céleste de le traiter à sa guise : il n'a, quant à lui, d'autre volonté que celle de Dieu. Bien plus, il admet, contre l'opinion formelle de ses devanciers, que Dieu peut donner les biens de l'âme à ses adorateurs, et concourir à notre perfectionnement moral. Marc-Aurèle examine aussi

---

[1]. Renan, *Vie de Jésus*, p. 284.

cette redoutable question de la prière et conseille aux hommes de demander à Dieu la sagesse. Il va jusqu'à regarder tout accès d'injustice, d'intolérance, d'intempérance, de tristesse et de crainte comme un mouvement de révolte contre Dieu [1]. Mais cette humilité, cette résignation, disons mieux, cette piété n'appartiennent pas au premier âge du stoïcisme.

Cependant les stoïciens de la république admettaient un culte intérieur et extérieur. Ils défendaient à la fois la religion naturelle et le polythéisme qu'attaquaient à la fois les épicuriens. Leurs adversaires de toutes les sectes les accusaient bien de quelques contradictions. On reprochait à Zénon de considérer Dieu tout ensemble comme un animal raisonnable, comme un air très pur et comme le principe de vie répandu dans l'univers, à Cléanthe de le confondre avec le monde lui-même, puis d'en faire l'âme du monde, après quoi de le transformer en feu très subtil, et de finir par diviniser les astres. Chrysippe se contredisait encore davantage et tous se contredisaient entre eux [2]. Il n'est pas douteux que la physique des stoïciens contint beaucoup d'absurdités. Cependant on peut dire avec Ritter

---

[1]. Ce point a été longuement développé dans l'ouvrage de M. Denis, couronné par l'Académie des sciences morales, II, p. 218 s. — [2]. De Nat. Deor. I, 14, 15.

qu'ils envisageaient Dieu sous deux faces, comme être physique et comme être moral. Leur conception métaphysique de l'Être suprême était grossière, parce qu'ils n'avaient pas la notion d'une substance spirituelle : ils le formaient donc d'une substance matérielle, mais animée, très subtile et très pure, air et flamme tout ensemble, l'éther, qu'ils regardaient comme un principe de vie et comme l'âme de l'univers ; le monde, quand on le décompose en une quantité d'êtres distincts, forme un ordre périssable qui se transforme incessamment au sein de Dieu ; envisagé sous un aspect général, il est coéternel et identique à Dieu. Quant aux dieux du paganisme, ils les admettaient sans difficulté, c'est-à-dire en divinisant les puissances naturelles [1]. Il est d'ailleurs certain qu'ils ne s'accordaient pas entre eux sur ces points obscurs, et leur théodicée laisse place, même de nos jours, aux interprétations les plus diverses. Par un phénomène presque unique dans l'histoire de la philosophie, l'extravagance de leur conception métaphysique n'avait pas altéré la beauté de leur conception morale. Ce Dieu bizarre, c'est en même temps la raison éternelle qui gouverne le monde [2], c'est la bienfaisante providence qui veille

---

1. Expression de M. Vacherot, dans son *Histoire de l'école d'Alexandrie*, t. I, p. 78 s. Cf. De N. D., II, 26 s. — 2. De N. Deor. II, 30.

sur l'individu comme sur l'ensemble de la création [1], c'est le principe de la loi naturelle qui commande le bien et défend le mal [2].

Quels sont donc les rapports des hommes avec ce Dieu puissant et bon ? Le stoïcien Balbus expose précisément sur ce point, dans le *de Naturâ Deorum*, la doctrine du Portique, et nous ne saurions choisir un meilleur guide pour bien connaître les idées de la secte au temps de Cicéron. L'aspect de la création nous révèle la perfection du créateur et nous oblige à l'admirer. Les stoïciens s'efforçaient d'exciter ce sentiment dans notre âme par une minutieuse description des œuvres divines [3]. L'admiration les conduisait au respect [4], et rien ne leur semblait plus blâmable que d'ergoter contre Dieu [5]. Le sage ne doit sa vertu qu'à lui-même : il ne peut donc ni la demander à Dieu ni en remercier Dieu [6] : c'est encore, quelques années plus tard, le thème de Sénèque, aux yeux duquel le sage a sur Dieu toute la supériorité morale de la volonté sur la nature [7]. Il demandera moins encore ces prétendus biens qu'estime le vulgaire : par exemple, de-

---

1. Ib. 65. — 2 Ib. I, 14. — 3. V. le second livre du *de Natura Deorum* à partir du 30e chapitre. — 4. De Nat. Deor. I, 42. — 5. De Nat. Deor. II, 67. — 6. De Nat. Deor. III, 36. Cotta regarde manifestement cette opinion comme un point incontesté chez les académiciens et chez les stoïciens. — 7. V. Ravaisson, discours cité plus haut.

mander à Dieu de ne pas survivre à ses enfants, c'est un acte de superstition [1]. Cependant nous devons au créateur la vie et, sinon la sagesse, au moins le pouvoir d'y atteindre, et Balbus paraît approuver qu'on ait, en reconnaissance d'un tel bienfait, élevé des temples à l'Intelligence, à la Vertu, à la bonne Foi [2]. Le stoïcisme, fidèle à la doctrine de Zénon, gardait sans doute de secrètes préférences pour une religion sans images, sans temples et sans prêtres ; le meilleur, le plus pur, le plus saint, le plus religieux des cultes, dit Balbus, c'est l'hommage d'une parole et d'une pensée toujours honnêtes, chastes et sans souillure [3]. Mais le Portique, tout en anéantissant le vieux polythéisme par ses explications, le défendait trop sincèrement pour en répudier les usages : Balbus se félicite donc de l'état et des progrès du culte soit à Rome, soit dans les autres parties du monde [4]. Il prétend seulement en dégager quelques superstitions accessoires et quelques fables trop discréditées [5].

Il semble donc que Panétius eût pu, sans encourir le reproche d'inconséquence et sans mentir aux traditions du Portique, consacrer quelques chapitres de son ouvrage à nos devoirs envers les dieux. Mais comment Cicéron, qui

[1]. De Nat. Deor. II, 28. — [2]. De N. D. II, 31. — [3]. De Nat. Deor. II, 28. — [4]. D. N. Deorum II, 2. — [5]. De N. D. II, 28.

revendique si soigneusement son indépendance, n'a-t-il pas comblé cette lacune ? Quand il prend lui-même la parole dans le *de Divinatione*, c'est pour reproduire la distinction stoïcienne entre les superstitions et la religion : la beauté, l'ordre parfait de l'univers lui paraissent aussi commander le respect et l'admiration d'un Être supérieur; le sage doit rompre avec la superstition, mais conserver soigneusement le culte et les cérémonies antiques [1]. Enfin tout le monde admire, dans le second livre des *Lois*, cet éloquent préambule sur le Dieu rémunérateur et vengeur, cette loi sacrée où l'esprit philosophique adoucit et purifie le vieil esprit romain, ces préceptes minutieux, la chasteté de l'âme commandée aux fidèles, le culte extérieur et l'usage des temples justifiés, la coutume de diviniser les vices abolie, la débauche bannie de la religion par la suppression des fêtes nocturnes, l'or, l'argent, l'ivoire proscrits dans les temples, le luxe interdit dans les tombeaux, l'institution des augures et la science des oracles défendues contre la plupart des sectes philosophiques. Cicéron, qui renvoie à son Lelius dans le traité des Devoirs en parlant de l'amitié, ne renvoie pas même, en se taisant sur les dieux, au second livre des *Lois*.

---

1. De Divin. II, 72.

Bacon, dans un texte que nous avons déjà cité, semble restreindre le sens du mot *officium* à nos devoirs envers l'humanité [1] : le titre même de l'ouvrage en exclurait les développements que nous y cherchons. Mais cette explication n'a rien de plausible : Cicéron lui-même, dans le *de Natura Deorum*, emploie le mot *officium* pour désigner nos devoirs envers les dieux [2].

Il devait encore sacrifier la morale religieuse à la morale sociale. Peu lui importe, à vrai dire, que l'encens fume aux pieds de Jupiter et que le feu sacré brûle sur l'autel de Vesta ; ni son fils ni ses lecteurs, il le sait d'avance, n'iront grossir la foule des croyants ; mais il lutte jusqu'au bout pour le maintien des vertus civiques. César, Antoine, ces contempteurs des devoirs publics, se dressent toujours à ses côtés. Il brûle de leur opposer un citoyen juste et sage, courageux et modéré, moins ami de la gloire que de la vertu, sachant immoler ses goûts, son intérêt, son repos, sa vie même à la patrie ou à l'humanité, comme il opposait, dans son grand ouvrage politique, la Rome des Scipions à la Rome des triumvirs. Il songe aux hommes avant de songer aux dieux.

Rien n'était d'ailleurs plus conforme à la clas-

---

1. Cf. De Augmentis scientiarum, lib. VII, c. 2, § 7. — 2. 42.

sification des études philosophiques adoptée par les contemporains de Cicéron. La philosophie se décomposait en trois sciences: la logique, la physique, la morale, et chacune d'elles était entièrement distincte de l'autre. Les écoles socratiques et singulièrement les péripatéticiens voyaient dans les recherches logiques sur les principes généraux des causes et des phénomènes ce qu'il y a de plus sûr et de plus élevé dans l'ordre de nos connaissances. Les stoïciens enlevèrent à la logique l'étude du premier principe et consacrèrent à la recherche du divin la physique, qui fut d'abord à leurs yeux la première science philosophique. Ils changèrent d'avis sur ce dernier point, mais sans modifier leur classification qu'ils maintinrent avec leur rigueur habituelle, parlant des dieux en physique, mais nulle part ailleurs, et les envisageant à la fois dans leur essence et dans leurs attributs. Cicéron, fidèle à ces leçons, s'occupa plutôt de morale religieuse dans son grand ouvrage de métaphysique [1] que dans son traité sur les Devoirs. Les stoïciens, pour avoir exposé dans leur physique les rapports de Dieu avec l'homme, n'étaient pourtant pas dispensés d'exposer dans leur morale les rapports obligatoires de l'homme avec Dieu.

1. V. tout le De Natura Deorum.

Mais telle était la pente naturelle et fatale du stoïcisme et Sénèque nous explique ici Panétius. Qu'a-t-elle à faire de Dieu, cette morale qui nous crie de nous renfermer en nous-mêmes et dans les biens qui proviennent de nous ; que le prix inestimable de la sagesse, c'est que l'homme la doit à lui-même et non pas à Dieu ; bien plus, qu'il est supérieur à Dieu, parce qu'il ne tient pas la sagesse de sa nature, mais de sa volonté ? L'homme combat, mais sans autre spectateur, sans autre auxiliaire que sa volonté même, et le bien suprême est dans le triomphe de cette volonté raisonnable, indépendante de tout pouvoir supérieur. L'épicurisme n'isole pas plus complètement l'homme, et ces deux sectes rivales vont s'accorder sur ce seul point. Épicure conseille au sage de prendre un type idéal entre tous les mortels et de se figurer qu'il vit sous son regard : Sénèque trouve l'idée merveilleuse et lui donne droit de cité dans la philosophie stoïcienne [1] ; il compte beaucoup sur ce témoin fictif pour l'amélioration de son disciple et n'a pas une pensée pour ce témoin réel, souverainement équitable et sage, qui plane au sommet du monde intelligible. Quelle n'est pas la supériorité de cette

---

1. Ep. II. Epicurus præcipit... nec immerito. Magna pars peccatorum tollitur si peccaturis testis adsit. (Texte cité par M. Jules Simon.)

philosophie moderne adoucie par l'esprit du christianisme qui nous conseille de ne pas passer un seul jour sans nous mettre en la présence de Dieu et de lui demander avec ardeur la force de faire le bien ¹ !

Pour échapper à ces orgueilleuses défaillances, il fallait à l'émule de Panétius un penchant moins vif au scepticisme religieux. Le dogmatisme des *Lois* est un dogmatisme purement politique : Cicéron pense qu'il est utile à l'État d'avoir un culte. Il y a, même au sein du polythéisme, des vérités qu'il ne faut, sous aucun prétexte, ébranler dans l'esprit du peuple et ce qui dirige avant tout le sage législateur, c'est l'utilité des croyances religieuses ². Pour que nul ne s'y trompe, il a grand soin de le dire au début et à la fin du second livre. Il explique l'organisation du culte en déclarant que le peuple doit toujours être soumis à l'influence de l'aristocratie. Quand il aborde la question des oracles, c'est avec l'apparence d'un profond respect : il admet à peine que la science de l'avenir ait fini par échapper aux augures, lui qui, dans un traité spécial, tourne en ridicule tous les devins de la terre et raille ses contemporains de croire encore au passé des oracles ! La profession de foi qui termine le second livre de ce cu-

---

1. V. Jules Simon, *la Religion naturelle*, 4ᵉ partie. — 2 De leg. II, 7. Utiles esse autem opiniones has quis neget ?

rieux ouvrage ¹ n'a pas grande importance :
après tant de sarcasmes contre une partie fondamentale du culte, il était indispensable, même à
de plus sceptiques, de prendre quelques précautions oratoires et de séparer avec éclat la super-
tition de la religion. Ce qui me frappe surtout,
c'est la composition du traité sur la nature des
dieux. Cicéron, sans être aussi complètement in-
crédule que Cotta, n'est pas un croyant comme
Balbus : il est clair que, s'il avait voulu donner
gain de cause au dogmatisme religieux, il eût opposé quelque disciple d'Épicure au stoïcien, tandis que Cotta parle au nom de l'Académie. L'académicien commence et finit : il a la réplique et le
stoïcien ne l'a pas : il argumente d'une façon plus
vive et plus serrée que son contradicteur : il ruine
enfin le polythéisme de fond en comble en pro-
fessant le plus grand respect pour le culte établi.
Balbus est bien peu cicéronien dans quelques
passages de son long discours, et Cicéron n'en a
que plus de mérite à se ranger inopinément de
son côté ² ; mais le stoïcisme se serait peut-être
passé volontiers d'un pareil renfort. Cicéron, dans
le traité des Devoirs, ne mérite pas au même
titre qu'un autre stoïcien le reproche d'inconséquence et l'on comprend pourquoi Panétius n'a
pas été complété.

1. De Divin. II, 72. — 2. De Nat. D. III, 40.

Nous venons d'indiquer la plus grande lacune de l'ouvrage. Quel changement dans le cœur de l'homme s'il connaît ses devoirs envers Dieu ! Quelle impuissance, s'il attache obstinément ses regards à la terre ! Quelle inconséquence s'il proclame Dieu, d'accord avec toutes les grandes philosophies du monde, et refuse de reconnaître en lui son père, son témoin, son juge ! Le bouddhisme, dont nous parlions tout à l'heure, n'oublia rien dans la morale, excepté lui : les peuples de l'extrême Orient attestent aujourd'hui par la profondeur de leur dépravation qu'on ne peut impunément bannir Dieu de la morale. On vient cependant d'écrire que la science économique était près d'être toute la religion des hommes [1] : c'est à la fois rabaisser et injurier l'humanité.

1. Cette phrase était écrite le 1ᵉʳ août 1863 par mon ancien confrère M. Havet. M. Havet fut un honnête homme qu'égara parfois son aversion pour le christianisme.

CHAPITRE IX

LA THÉORIE DES QUATRE VERTUS

Sommaire. — Histoire de la théorie des quatre vertus. Les pythagoriciens, Démocrite, Socrate. La théorie des quatre vertus paraît reposer sur un fondement psychologique dans le système de Platon. Aristote la repousse. Elle est reprise par la nouvelle Académie, par Epicure, par les stoïciens. Elle est adoptée par saint Augustin, par saint François de Sales, par Bossuet et par le catéchisme. — Vice fondamental de cette théorie. Le traité cicéronien *de Virtutibus*. — Division cicéronienne des vertus morales d'après le *de Natura deorum*, les Partitions oratoires et le traité des Devoirs. — Analyse des quatre vertus dans le système de Cicéron. — Contradictions, lacunes et défauts nombreux de cette classification. — On pourrait en proposer une autre, mais il vaut mieux s'en tenir à celle des devoirs.

Il est temps d'abandonner notre classification pour étudier celle du moraliste. On sait, en effet, que tout le plan de l'ouvrage repose sur la division de l'honnête en quatre vertus : la prudence, la justice, la force et la tempérance. Cette théorie mérite un sérieux examen.

Ni Panétius ni Cicéron ne l'avaient inventée ; son origine remonte au berceau de la sagesse antique, et Pythagore l'avait sans doute professée puisque ses disciples Criton d'Égée, Polus de Lucanie et Télès écrivirent, le premier sur la prudence, le second sur la justice, le troisième sur la tempérance [1]. Nous ne connaissons Démocrite que par le grand ouvrage de Diogène Laerce et par le *Florilegium* de Stobée ; mais nous savons qu'il recommandait au sage la tempérance, c'est-à-dire la modération dans les désirs ; la force, qui se confond à peu près avec cette première vertu, car elle consiste moins à vaincre les ennemis qu'à vaincre les passions ; la justice, c'est-à-dire le respect du droit chez autrui, et la prudence, qui consiste à gouverner la vie par la raison. Cependant cette théorie serait probablement enfouie dans la nuit des siècles, si le véritable fondateur de la philosophie morale ne l'eût marquée du sceau de son génie.

C'est surtout dans les *Mémorables* de Xénophon qu'il faut chercher la pure tradition socratique, le clair et correct Xénophon ne se souciant pas trop de substituer sa doctrine à celle du maître. La prudence, aux yeux de Socrate, c'est la science parfaite, et singulièrement la science du bien et du mal, partant la régulatrice de la vie. Socrate est bien l'auteur de cette théorie, reprise et développée par Platon, qui con-

---

1. V. le *Florilegium* de Stobée.

fond le mal avec l'ignorance et la science avec le bien. La science est du moins un élément de notre perfection morale, qu'elle s'applique aux autres ou à nous-mêmes. Pour bien vivre, il est utile de connaître les penchants, les facultés, les passions de nos semblables ; il n'est pas moins utile de connaître les nôtres, et cette connaissance approfondie de nous-mêmes est la plus importante application de la prudence [1]. Mais la science précède la vertu comme la conception précède l'acte. Socrate, complétant la prudence par les trois vertus actives, reconnaît par là même que la science n'est pas toute la vertu.

La distinction du juste et de l'injuste est antérieure aux lois écrites. Socrate est le prédicateur de la loi naturelle, qui peut contredire la loi positive, mais plus souvent la consacre. L'homme juste obéit à la loi, même à la loi positive [2]. Il pratique la reconnaissance non seulement envers ses amis, mais encore envers ses ennemis : l'ingratitude est la pire des injustices et l'oubli de la piété filiale est la pire des ingratitudes [3]. Enfin la justice est inséparable de la force et de la tempérance, parce qu'il faut avoir le cœur tranquille et ferme pour accomplir exactement la loi. Comme

---

1. Mémor. *passim*. — 2. V. le 4ᵉ livre des Mémorables. — 3. On connaît le bel entretien de Socrate avec son fils Lamproclès sur la piété filiale.—4, § I, p. 62.

chez les premiers philosophes, la force n'est pas encore bien distincte de la tempérance : la première nous rend supérieurs à toutes les fatigues, à toutes les craintes, à toutes les douleurs ; la seconde nous affranchit des mêmes maux et plus généralement de toutes les passions. Si le hardi capitaine, l'ami d'Agésilas, n'a pas trop parlé par la bouche de Socrate, ce sont en même temps des vertus guerrières et des vertus philosophiques. L'homme tempérant et fort doit à la fois supporter toutes les privations d'une campagne et refouler au fond de son âme l'ambition, l'avarice ou la colère. M. Denis, dans un ouvrage couronné par l'Académie [1] que nous avons cité plusieurs fois, fait ressortir avec beaucoup de finesse ce caractère politique et grec de la morale socratique.

Platon, comme Socrate, adopte la division traditionnelle ; mais il devient malaisé de fixer les limites des quatre vertus. Il les envisage quelquefois à un point de vue très général et semble les résumer toutes en une seule. Tantôt la justice est représentée comme la vertu par excellence, par exemple au premier et au neuvième livre des *Lois* ; tantôt c'est la prudence, comme dans le Phèdre, ou la tempérance, comme dans le Gorgias, ou la force, comme dans le Protagoras.

On comprend bien que les quatre vertus soient indissolublement liées entre elles, mais non pas qu'elles s'absorbent ainsi l'une dans l'autre, selon la fantaisie de l'écrivain. Dans le Protagoras, on voit apparaître une cinquième vertu, c'est la piété (ὁσιότης); au troisième livre de la *République*, il est question d'une certaine magnanimité qui semble distincte du courage. Ce qui paraît étonnant, c'est que de pareils écarts ne se répètent guère et que Platon reste aussi fidèle à l'ancienne théorie.

Schleiermacher, dans son introduction à la *République*, remarque que cette division n'est pas scientifique et pense que Platon l'a suivie par esprit de routine. La plupart des critiques allemands jugent cette explication de Schleiermacher aussi insuffisante que peu respectueuse et prétendent rattacher cette partie de la morale à une théorie fondamentale de la psychologie platonicienne. On sait que Platon décomposait notre être en trois parties : l'âme raisonnable, l'âme sensitive et le cœur ou l'âme irascible ; une vertu particulière se rattache à chacune d'elles : la prudence à la raison, le courage à l'âme irascible et la tempérance aux appétits : la justice n'est pas une vertu spéciale à quelqu'une de nos facultés; elle préside à leur développement naturel : elle naît de la parfaite harmonie des trois autres vertus. Ce système, à vrai dire, n'a jamais revêtu, chez Platon, la forme rigoureusement scientifique que les critiques allemands lui ont donnée ; mais on peut, en effet, le dégager du nuage où flotte parfois la pensée de l'incomparable artiste. En reliant ainsi la morale à la psychologie, Platon la lança dans sa voie naturelle et lui donna l'élan vers la vérité.

Mais comme la fantaisie, chez Platon, se mêle sans cesse à la science, nous le trouverons souvent infidèle à son propre système. C'est ainsi que, d'après le Gorgias, la justice consiste à observer nos devoirs envers les hommes, comme la piété consiste à nous acquitter de nos devoirs envers les dieux. Dans le même dialogue, il revient au sens philosophique du mot δικαιοσύνη, qu'il détermine avec une précision scientifique au quatrième livre de la *République*[1]. La justice n'est plus la règle de nos rapports avec l'humanité ; mais elle assigne à chacune de nos facultés son rang et sa fin, forme de leur assemblage un tout bien ordonné, soumet le cœur et les appétits à l'âme raisonnable et maintient l'accord entre les autres vertus, qui ne peuvent subsister sans elle. L'injustice entraîne à sa suite une discordance

---

1. Cf. le premier livre de la République, le Timée, le Banquet et les Lois.

complète et partant un affaiblissement général de nos facultés [1].

La prudence est la vertu de l'âme raisonnable : elle consiste à connaître le bien [2]. L'homme, pour bien agir, doit savoir où il tend : la prudence lui est donc indispensable. La science est la plus grande force de la vie humaine [3] et se rattache étroitement à la vertu. Chez le sage, la prudence prend un essor inconnu au vulgaire et s'élève des images terrestres de l'Être et du Bien jusqu'à la contemplation de l'Être absolu et du Bien suprême [4]. Mais ce n'est là qu'une vertu spéculative : le courage et la tempérance vont la mettre en action. Par le courage, l'âme irascible est au service de la raison : Ritter le rapetisse en n'y voyant que la science de conserver une juste et ferme opinion sur ce qui est ou n'est pas à craindre : ce n'est encore, à proprement parler, que l'affaire d'une vertu contemplative : le courage est un vrai combattant qui terrasse à la fois les vaines espérances et les vaines terreurs, la douleur et le plaisir [5]. La tempérance est définie très exactement dans le *Phèdre*; son rôle est de réduire les appétits à leur juste mesure : elle ne

---

1. V. le premier livre de la République. — 2. V. le septième livre de la République. — 3. Protagoras. — 4. Nous ne pouvons, on le comprend, qu'effleurer ces points importants de la morale platonicienne. — 5. V. le Phèdre et le quatrième livre de la République.

sacrifie pas, comme le croit le vulgaire, certaines voluptés à la crainte de la maladie ou de la douleur : son objet immédiat est d'assurer à l'âme la pleine possession du bien [1]. La tempérance détache l'homme de la matière, et l'instruit à mourir à lui-même. C'est enfin, comme le courage, une vertu d'habitude, qui ne se développe que sous la discipline et le frein de la raison [2]. Ces deux vertus ont encore entre elles, comme chez les premiers philosophes, une grande affinité. Ce qui fait la supériorité du système platonicien, c'est qu'il paraît établir pour la première fois sur un fondement logique la théorie des quatre vertus.

Aristote, repoussant la psychologie platonicienne, devait rompre avec un système qui ne s'appuyait plus que sur la tradition. Quoiqu'on en retrouve le vestige dans deux fragments de ses ouvrages [3], il le bat en brèche dès qu'il veut parler un langage scientifique. Au second et au quatrième livre de la morale à Nicomaque, il rejette formellement la division de son maître et s'efforce aussi de relier à sa psychologie sa classification des vertus morales. Chaque vertu n'est qu'un moyen terme entre deux passions extrêmes. Si l'homme reste en deçà ou au delà du point précis où chaque faculté de notre âme atteint son

---

1. Phèdre. — 2. Douzième livre des Lois, septième livre de la République. — 3. Polit. VII, 1. Rhet. I, 5.

développement complet, il ne peut être vertueux. Aristote n'enferme donc pas la vertu morale dans sept principales subdivisions, comme paraît l'indiquer Ritter : sans doute, il donne une place importante au courage, qui tient le milieu entre l'audace et la lâcheté, à la modération, qui tient le milieu entre l'inertie et l'amour du plaisir, à la libéralité, qui tient le milieu entre la prodigalité et l'avarice, à la munificence, qui tient le milieu entre la sotte ostentation et la mesquinerie, à l'ambition modérée, à la magnanimité, qui tient le milieu entre l'orgueil et l'humilité, à la douceur (πραότης), qui tient le milieu entre l'apathie et l'irascibilité. Mais, si l'on y regarde de près, il faut ajouter à cette liste un bon nombre de vertus, par exemple l'affabilité, la véracité, l'enjouement délicat [1], le bon ton (εὐτραπέλια) [2], la distinction de manières (σεμνότης) [3], et d'autres qualités encore moins importantes qui ne mériteraient pas, dans nos idées modernes, le rang que leur assigne Aristote. Grotius remarque très bien que, « pour
« reconnaître la fausseté de ce principe de la
« médiocrité, posé ainsi généralement, il faut
« considérer ce qu'Aristote dit au sujet de la jus-
« tice [4] ». En effet, il est impossible d'appliquer à

---

1. Eth. ad Nicomach. IV, 12, 13, 14. — 2. Grande morale, I, 31. — 3. Grande morale, I, 29. — 4. Discours préliminaire. De la certitude du droit en général, 44.

la justice la fameuse définition de la morale à Nicomaque (ἐστιν ἡ ἀρετὴ ἕξις προαιρετικὴ ἐν μεσότητι οὖσα, etc). Cependant il s'occupe de la justice, mais à part, dans le cinquième livre de la morale à Nicomaque, où il l'envisage comme une habitude intentionnelle d'agir conformément aux lois, et dans la rhétorique [1], où il la définit « vertu qui « garantit à chacun le sien ». Il distingue d'ailleurs entre la justice naturelle et la justice positive, même dans la morale à Nicomaque, où il proclame que l'équité corrige la loi [2], mais surtout dans la grande morale [3].

Aristote abandonne encore la tradition socratique en distinguant des vertus morales les vertus intellectuelles, c'est-à-dire la sagesse et la prudence. On ne peut agir qu'en connaissance de cause et par conséquent les vertus intellectuelles influent sur la vie morale [4], mais ne la constituent pas, et Socrate a commis une grande erreur quand il a fait dépendre la vertu de la science [5]. La sagesse est la vertu théorique par excellence; elle aspire à la contemplation du vrai : c'est par elle que nous pénétrons la nature même de la science et de l'intelligence qui l'embrasse [6] : la prudence déduit des lois générales

---

1, I, 9. — 2. V, 14. — 3. I, 33. — 4. Eth. ad Nicom. VI, 1. — 5. Grande morale, I, 1.— 6. V. le sixième livre de la morale à Nicomaque.

que la sagesse a révélées ses prescriptions particulières : elle est à la sagesse ce que le régisseur est au maître [1]. Elle se subdivise elle-même en trois vertus secondaires : la pénétration (ἀγχινοία), le discernement (σύνεσις), la résolution forte et sage (δεινότης).

Aristote innove en morale comme dans tout le reste. Mais, s'il a très habilement critiqué ses devanciers, il a lui-même donné prise à la critique, surtout par sa célèbre et malheureuse théorie du juste milieu. Cicéron, qui la condamne à deux reprises dans les Tusculanes [2], semble l'absoudre dans le traité des Devoirs [3], sans doute pour ne pas dégoûter son fils du péripatéticien Cratippe, car tout le premier livre des *Devoirs* est en contradiction formelle avec le système d'Aristote.

La nouvelle Académie conserva la division platonicienne [4], mais sans la rattacher à la psychologie de Platon. Dans l'école de Carnéade, les mots prennent à la fois un sens plus précis et plus vulgaire. La prudence est la science du bien et du mal; la justice rend à chacun ce qui lui est dû; la tempérance consiste à fuir les voluptés corporelles; la force à supporter les douleurs, les fatigues et les périls. Épicure lui-même adapte à son système la vieille classification. La pru-

---

1. Grande morale, I, 34. — 2. III, 10, IV, 17. — 3. I, 25. — 4. De N. D. III, 15.

dence nous enseigne le danger de certaines voluptés et nous conduit à faire un choix entre les plaisirs; la justice nous apprend à respecter les droits d'autrui pour faire respecter les nôtres; la tempérance, à fuir certains excès de plaisir pour atteindre un plaisir plus sûr; la force, à endurer quelques maux pour conquérir de grands biens[1]. Les stoïciens emploient les mêmes expressions dans un sens tout différent : la prudence est la connaissance du bien et du mal ainsi que de l'indifférent, la tempérance consiste à régler les appétits sensibles, la force à supporter fermement ce qui ne peut être évité; la justice détermine nos rapports avec les hommes et avec les dieux. Panétius, qui se laissa très peu gêner par la tradition classique de son école, élargit encore ou rétrécit à sa guise le domaine de chaque vertu.

Quelle ne fut pas l'étrange fortune de cette théorie philosophique ! Elle conquit bien vite son droit de cité dans la morale chrétienne. Saint Augustin, tout en combattant ce paradoxe, que la suprême félicité consiste dans la possession des quatre vertus, adopte sans réserve cette classification[2]. Bien mieux, il proclame, à l'exemple de Platon, l'indissoluble liaison des quatre vertus entre elles et soutient, dans une épître à saint

1. V. le dixième livre du grand ouvrage de Diogène Laerce, §§ 129, 130. — 2. De Civit. Dei, XIX, 4.

Jérôme, que Catilina ne put être réellement courageux, parce qu'il n'était ni prudent, ni tempérant, ni juste. La division socratique se perpétue sous cet illustre patronage. « La justice n'est pas
« justice, dit François de Sales [1], si elle n'est prudente, forte et tempérante ; ny la prudence n'est
« pas prudence, si elle n'est tempérante, juste et
« forte ; ny la force n'est pas force, si elle n'est
« juste, prudente et tempérante ; ny la tempérance n'est pas tempérance, si elle n'est prudente, forte et juste : et en somme une vertu
« n'est pas vertu parfaicte, si elle n'est accompagnée de toutes les autres. » Bossuet, avec son incomparable justesse de langage, reproduit la même division : « Les principales vertus sont la
« prudence, qui nous apprend ce qui est bon ou
« mauvais ; la justice, qui nous inspire une
« volonté invincible de rendre à chacun ce qui
« lui appartient et de donner à chacun selon son
« mérite ; par où sont réglés les devoirs de la
« libéralité, de la civilité et de la bonté ; la force,
« qui nous fait vaincre les difficultés qui accompagnent les grandes entreprises ; et la tempérance, qui nous enseigne à être modérés en
« tout, principalement en ce qui regarde les plaisirs des sens [2]. » Enfin ces humbles manuels de

1. Traité de l'Amour de Dieu, XI. 8. — 2. Traité de la connaissance de Dieu et de soi-même, I, § 19.

la foi catholique qu'on met aux mains de nos enfants leur apprennent aujourd'hui, dès leurs premiers balbutiements, l'antique classification des sages. — D. *Quelles sont les principales vertus morales ?* — R. Les principales vertus morales sont au nombre de quatre : on les nomme vertus cardinales, parce que c'est à elles que toutes les autres vertus se rapportent. — D. *Quelles sont les quatre vertus cardinales ?* — R. La prudence, la justice, la force et la tempérance [1].

La théorie des quatre vertus antérieure à Socrate, adoptée par la plupart des socratiques, vulgarisée par Cicéron, conservée par les moralistes chrétiens, a-t-elle mérité cette popularité constante et singulière ?

La première règle dans les sciences physiques et dans les sciences morales, c'est de ne rien admettre par hypothèse. Toute théorie doit reposer sur des données précises, incontestables, fournies par les sens, la conscience ou la raison. Toute division doit avoir son origine philosophique, sa raison d'être, et par conséquent embrasser dans un ordre logique les principales catégories de phénomènes qu'elle prétend classer. Telle est, par exemple, notre division des devoirs. Avant de l'adopter, nous avons cherché quels êtres intel-

---

1. Catéchisme à l'usage du diocèse de Marseille, publié, en 1857, par M. de Mazenod.

ligents et libres se trouvaient en rapport avec l'homme et nous avons reconnu qu'il vivait avec lui-même, au sein de l'espèce humaine et sous les regards de Dieu. Nous n'avons pas rencontré dans le monde intelligible ou dans le monde des sens une autre créature qui pût réclamer des droits sur l'homme. Notre division des devoirs est parfaitement scientifique, parce que nous l'empruntons aux rapports nécessaires qui dérivent de la nature des choses : elle se relie elle-même à la classification logique de nos idées quand on les rattache au monde interne, au monde des sens ou au monde intelligible.

Il est difficile de trouver un fondement scientifique à la théorie des quatre vertus, excepté chez Platon. Décomposer l'âme en trois parties, assigner à chacune d'elles une vertu spéciale, et placer au-dessus d'elles une vertu générale chargée d'établir la hiérarchie de nos facultés, c'était transformer la théorie des premiers philosophes en la rattachant à la psychologie. Malheureusement, la psychologie platonicienne ne reposait elle-même que sur une brillante hypothèse : la théorie platonicienne des quatre vertus fut nécessairement délaissée. Aristote comprit que la classification traditionnelle était purement arbitraire, la remplaça par une division plus large, décomposant la vertu en vertu de connaissance (διανοητική) et vertu morale (ἠθική) [1] ; mais il n'a jamais prétendu donner une subdivision complète et scientifique des vertus morales. Cette tâche eût été bien difficile si l'homme est vertueux chaque fois qu'il se place exactement entre deux excès contraires ; il est à peu près impossible de classer ces situations intermédiaires qui varient à l'infini selon les circonstances. Les stoïciens, qui excellaient dans la dialectique et ne craignaient pas d'innover en morale, auraient dû, ce semble, rejeter ou transformer logiquement la théorie des quatre vertus. Panétius et Cicéron l'offrent pourtant au lecteur avec une assurance parfaite, comme un principe supérieur à toute discussion. La morale a de ces principes que la méthode expérimentale ne nous révèle pas et qui s'imposent avec une force invincible à l'intelligence ; mais la classification de Panétius n'a pas ce caractère d'évidence universelle et nous aurions le droit de savoir pourquoi le traité des Devoirs l'a suivie.

Pour bien juger la théorie cicéronienne, examinons l'œuvre de Cicéron. Nous n'avons plus, on le sait, pour nous guider dans ces recherches, le traité spécial sur les quatre vertus, dont l'existence nous est révélée par un fragment de saint Jérôme [2]. D'après quelques savants, il aurait com-

---

1. V. le sixième livre de la morale à Nicomaque. — 2. In Zachariæ prophetæ comm., I, 2.

posé cet ouvrage après le traité des Devoirs, pour imiter Aristote, qui avait fait suivre son Éthique d'un traité sur les vertus : autrement il est difficile de s'expliquer pourquoi Cicéron, dans le premier livre des *Devoirs*, n'a pas une seule fois renvoyé le lecteur à cette œuvre spéciale. Cependant si l'on songe à quelle date l'orateur romain termina le *de Officiis*, il paraît difficile qu'il ait eu le temps d'écrire un nouvel ouvrage avant sa mort. Nobbe [1] nous paraît plus sage, lorsqu'il refuse de donner une date à l'ouvrage. Il ne nous en reste, au surplus, qu'un fragment de trois mots, conservé par le grammairien Charisius et nous ne pouvons qu'en regretter la perte. Cicéron donne une classification des vertus morales dans le *de Natura Deorum* [2], dans les partitions oratoires [3] et dans le traité des Devoirs. On peut n'attacher qu'une médiocre importance au premier de ces fragments. Il n'y expose pas dogmatiquement son avis sur la question, mais fait parler l'académicien Cotta : Cotta, d'ailleurs, s'occupe à démontrer que les dieux ne sauraient être vertueux et ne fait qu'effleurer par hasard la théorie des quatre vertus. Au contraire, dans les partitions oratoires, Cicéron donne à son fils une

---

[1]. On sait quels intéressants travaux ce savant, en 1827 et en 1830, a fait paraître sur les fragments de Cicéron. — [2]. III, 15. — [3]. 22.

leçon de rhétorique et lui apprend en deux chapitres d'où l'éloge et le blâme doivent être tirés dans le discours. C'est ainsi qu'il arrive à tracer un tableau des vertus morales.

L'auteur des partitions oratoires commence par distinguer, d'après Aristote, la vertu théorique et la vertu pratique : la première est purement intellectuelle et se nomme tour à tour prudence, habileté, sagesse (*prudentia, calliditas, sapientia*) [1] : les autres forment le faisceau des vertus morales. Cette grande division péripatéticienne n'est pas aussi nettement énoncée dans le traité des Devoirs, mais plusieurs chapitres du premier livre la supposent : par exemple, les trois derniers, le cinquième et le sixième ; enfin, dans un autre chapitre [2], le moraliste, comme dans les partitions oratoires, isole la vertu intellectuelle et l'oppose aux autres vertus. Mais quelles sont ces autres vertus ? Cicéron qui, deux ans plus tard, devait reprendre et développer avec un soin minutieux, au premier livre des *Devoirs*, la théorie des quatre vertus, ne place à côté de la prudence que la tempérance et la justice : la force n'est qu'une subdivision de la tempérance. Bien mieux, il paraît abandonner, au second livre des *Devoirs*, la classification sur laquelle il a tout étayé dans le

---

[1]. Oratoriæ partit. 22. — [2]. De Off. I, 7.

premier. La vertu ne consiste plus que dans la connaissance du vrai, le gouvernement des passions et l'habitude de rendre à chacun ce qui lui est dû [1]. La force est encore absorbée dans la tempérance. Singulière division des vertus, qu'un moraliste étend ou restreint à sa guise dans le même ouvrage sans croire un instant qu'il a modifié sa théorie des vertus ! C'est le propre des mauvaises classifications qu'on puisse ainsi les tronquer sans en avoir l'air et sans rien changer au fond des choses.

La première des quatre vertus consiste dans une certaine adresse et dans la connaissance du vrai (*versatur in perspicientia veri solertiaque*) [2]. Voilà, ce semble, deux choses bien distinctes et dont l'assemblage ne peut guère constituer une seule vertu. Cependant le moraliste développe un peu plus loin la même proposition : « Toute notre « pensée, tout le mouvement de notre esprit doi- « vent se concentrer sur deux choses : délibérer « sur le meilleur parti à prendre pour bien vivre « et vivre heureusement, étudier et posséder la « vérité [3]. » Il est bon de remarquer qu'il ne peut pas se contenter d'un seul mot pour exprimer une idée aussi complexe. « C'est là, dit-il, le rôle « de la sagesse et de la prudence [4]. » Ces deux

1. De Off. II, 5. — 2. De Off. I, 5. — 3. Ib. 6. — 4. De Off. I, 5.

mots expriment-ils donc la même pensée? On lisait déjà dans le traité des *vrais biens* que la prudence est l'art de vivre, comme la médecine est l'art de guérir[1]; mais Cicéron, dans le même livre des *Devoirs*[2], prend soin de trancher tous nos doutes : « La prudence, que les Grecs appellent φρόνησις, diffère essentiellement de la sagesse, que les Grecs appellent σοφία. » Il faut donc reconnaître qu'il y a, dans cette première vertu, deux vertus étrangères l'une à l'autre, et la division du moraliste pèche d'abord par là. Les stoïciens envisageaient plus ordinairement cet *art de vivre* comme une branche de la tempérance et l'appelaient εὐταξία. Cicéron traduit εὐταξία, dans ses développements sur la quatrième vertu, par *modestia*, et définit cette *modestie* « la science des occasions »; mais il s'arrête aussitôt. « C'est là, dit-il, une définition de la prudence et j'ai traité plus haut de la prudence[3]. » Il valait bien mieux, en tout cas, rejeter, comme les stoïciens, cette science des occasions parmi les vertus actives. Il faut absolument forcer le sens des mots pour la transformer en vertu théorique (διανοητική). Rien de plus pratique que l'habitude d'exploiter les circonstances; rien de plus compatible avec le dédain vulgaire de toute science et de toute vérité.

1. De Fin. V, 6. — 2. I, 43. — 3. De Off. I, 40.

Mais il est bon de remarquer que Cicéron s'attache surtout au côté théorique de cette vertu. Quand il veut la caractériser, il déclare qu'elle consiste soit dans la recherche et dans la découverte [1], soit dans la possession [2] du vrai.

Ce langage est fait pour surprendre un moraliste moderne. La vertu suppose la responsabilité morale ; or, nous sommes bien responsables de nos efforts, mais non de leur résultat. Il dépend de nous de consacrer nos forces, notre vie, notre âme entière à la recherche du vrai ; mais nous ne déméritons pas pour avoir échoué dans cette tentative. Ainsi restreinte, la pensée du moraliste est tout à fait juste : nous devons perfectionner l'être intellectuel, c'est-à-dire développer en nous, dans la mesure de nos forces, la faculté de connaître. Mais de l'homme mieux doué par Dieu qui, sans grand effort, touche près du but, et de l'humble mortel qui, malgré mille efforts, en reste éloigné, quel est le plus vertueux ? Le second, aux yeux du moraliste moderne ; aux yeux des anciens et de Cicéron, le premier. Nous mesurons la sagesse à l'intention vertueuse : ils la mesuraient au succès.

Quoi qu'ils fissent, la tradition platonicienne pesait sur eux. S'ils ne confondaient pas entière-

---

1. De Off., I, 5. — 2. Ib. 6.

ment la science et la vertu, la science n'en restait pas moins une vertu. Aristote lui-même, qui revendique si fermement pour l'homme la responsabilité de ses mauvaises actions, n'aperçoit de perfection morale que dans l'union de la connaissance et de la vertu pratique [1]. Ce système, après tout, repose sur une idée juste : on agit d'autant mieux qu'on agit en connaissance de cause. Mais Cicéron se soucie à peine de montrer cet admirable enchaînement des vertus intellectuelles et des vertus morales. S'il indique en passant que la possession de la vérité peut jeter un jour nouveau sur la vie morale [2], il se préoccupe bien plus, en définitive, du but que de l'athlète. Il fait abstraction de l'agent intelligent et libre pour envisager la *prudence* en elle-même, comme si chaque vertu n'était pas simplement un phénomène de notre existence morale. Il faut posséder la vertu intellectuelle, ajoute-t-il, parce que l'ignorance et l'erreur sont un mal et une honte (*malum et turpe*). Nous ignorons s'il faut attribuer à Panétius cette réminiscence platonicienne; mais c'est dans la bouche d'un stoïcien, même d'un stoïcien d'emprunt, un véritable contre-sens. Dans la morale du Portique, la vertu dépend de nous : le mal consiste à fermer les

---

1. Sixième livre de la morale à Nicomaque. — 2. V. les derniers mots du sixième chapitre du premier livre.

yeux, mieux encore, à ne pas tout faire pour les ouvrir à la lumière ; après cela, que nous l'apercevions ou non, qu'importe? C'est une vertu que de chercher et d'aimer le vrai, parce que nous devons développer en nous l'être intellectuel et par là même éclairer en nous l'être moral ; mais la vertu consiste à chercher, non pas à trouver, dans l'effort et non dans le résultat. Il n'en serait autrement que si la science était assujettie à la volonté ; or la science ne dépend pas de l'homme.

Cicéron définit ainsi la seconde vertu morale : « Elle maintient la communion de la race humaine, elle rend à chacun le sien, elle conserve la foi des engagements [1]. » Il ajoute : « Des trois vertus actives, la plus compréhensive est celle qui maintient la communion de la race humaine ; elle se décompose en deux vertus : la justice et la bienfaisance, qu'on appelle encore bienveillance ou libéralité [2]. » Mais cette définition n'est pas complète, quand on la compare à celle des partitions oratoires : « La vertu qui règle nos rapports avec les autres êtres, c'est la justice : elle se nomme religion, piété filiale, bonne foi, douceur, amitié, selon qu'elle change d'objet [3]. » Le professeur de rhétorique prend le grand mot *communio* dans son sens le plus

1. De Off. I, 5. — 2. De Off. I, 7. — 3. Orat. partit. 22.

large ; le moraliste le restreint, dans ses définitions, à nos rapports avec la race humaine. La justice reste une vertu purement sociale jusqu'au dernier chapitre du premier livre, où Cicéron s'avise de reconnaître en trois mots des rapports obligatoires avec les dieux. C'est une impardonnable inadvertance que de mentionner accidentellement de tels rapports dans un résumé des devoirs issus de la justice, et de les oublier soit dans la définition, soit dans l'analyse de cette vertu.

Les manuels de la foi catholique rattachent encore à la justice la *vertu de religion*[1]. Tel est, en effet, le sens rigoureux de la maxime *suum cuique*, que la religion peut être envisagée comme une branche de la justice, parce que l'Être suprême a droit au culte et à l'hommage de sa créature. Mais on doit convenir qu'il faut, pour en arriver là, forcer le sens ordinaire des mots, et l'oubli de Cicéron s'explique assez naturellement.

Même en restreignant la justice à nos rapports envers l'humanité, nous devrions nous garder de la définir, à l'exemple des jurisconsultes, l'intention ferme et continue de rendre à chacun le sien. La conception du moraliste est plus large et franchit les bornes où notre égoïsme étroit renferme

---

1. V. le catéchisme cité plus haut.

la justice. La vertu sociale, telle que le traité des Devoirs la conçoit, ressemble moins à la justice qu'à la charité. Qu'on en juge.

Cicéron définit la vertu sociale et la subdivise aussitôt en deux vertus : la justice proprement dite et la bienfaisance. Le propre de la justice, c'est, en premier lieu, de ne pas nuire à nos semblables, si ce n'est pour nous défendre ; en second lieu, de respecter leur droit. Le droit de propriété, par exemple, doit être respecté, quand son origine est légitime. Mais nous ne devons pas nous complaire dans la jouissance exclusive de nos droits : nous sommes obligés de maintenir et de développer la communion naturelle de la race humaine par un mutuel échange de services. On pèche par action, quand on commet l'injustice ; mais on pèche aussi par inaction, quand on ne l'empêche pas. Quelles sont donc les sources de l'injustice ? La crainte ou plutôt le sentiment de notre conservation, l'ambition et, plus souvent encore, l'amour des richesses, qui prend lui-même sa source dans l'ambition, dans la nécessité de satisfaire aux besoins de la vie et dans l'amour des plaisirs. D'autre part, pourquoi nous abstenons-nous d'empêcher le mal ? Tantôt par mollesse instinctive, tantôt par crainte des inimitiés, des fatigues et des dépenses, tantôt par l'excès d'autres occupations : mais l'homme se doit à l'homme et n'a pas le droit de se dérober à la vie pratique pour se confiner dans des spéculations orgueilleuses. Enfin le droit rigoureux n'est souvent que l'extrême injustice. Il ne faut pas tenir toutes les promesses : il ne faut pas observer à la lettre toutes les lois. Nous avons des devoirs même envers ceux de qui nous avons reçu quelque injure, même envers les ennemis pendant la guerre, même envers les plus humbles, même envers les esclaves [1].

La bienfaisance couronne l'œuvre de la justice proprement dite. Il faut la soumettre à trois grandes règles. D'abord l'homme ne doit pas nuire à ceux qu'il veut servir ; il ne doit même nuire à personne pour enrichir ou servir ses amis : en second lieu, nous ne devons pas dépasser nos ressources ; autrement la bienfaisance dégénère en ostentation : nous n'avons pas même le droit de ruiner nos héritiers : enfin, nous devons mesurer le bienfait au mérite, c'est-à-dire avoir égard aux mœurs de celui que nous voulons servir, et singulièrement chercher en lui la modération unie à la justice, tenir compte de son affection pour nous, des services qu'il nous a déjà rendus. Notre reconnaissance doit croître avec la grandeur du bienfait : entre deux hommes qui nous ont rendu

---

1. De Off. I, 7-13.

les mêmes services, il faut secourir celui qui a le plus grand besoin des nôtres. Mais rien n'échappe à l'empire de cette vertu : par-delà nos parents, nos amis, par-delà nos amis, nos concitoyens, au-dessus de nos concitoyens, la patrie elle-même, au-delà de la patrie, l'humanité [1]. Enfin la bienfaisance peut toujours être envisagée sous deux faces, selon qu'on offre ses services ou son argent ; mais dans un cas nous ne donnons que notre bourse, dans l'autre nous nous donnons nous-mêmes [2].

Si le moraliste romain n'a pas pénétré jusqu'aux mystérieuses profondeurs de la charité chrétienne, nul ne l'a mieux pressentie. La vertu qu'on aperçoit au fond de ce lumineux tableau n'est pas encore toute la charité ; mais elle dépasse la justice et ressemble à la charité. « Chrétiens, « dit le grand sermonnaire, il n'y a point d'in- « térêt propre, hors celui du salut, dont le renon- « cement actuel en mille occasions ne soit un pré- « cepte rigoureux de la charité que nous devons « à notre prochain. » Nous devons, disait déjà Cicéron, souffrir jusqu'à la mort plutôt que de violer le droit d'autrui [3]. Renoncer à sa propre vie, poursuit le chrétien, c'est ce qui paraîtra d'abord plus incroyable ; et cependant il y a une

1. De Off. I, 14-18. — 2. De Off. II, 15. — 3. De Off. III, 5.

étroite obligation de le faire pour la charité. Cicéron demandait qui peut hésiter à sacrifier sa vie pour ses concitoyens [1]. Le sermonnaire ajoute qu'il faut au besoin renoncer à l'honneur et à sa réputation : « Je dis à cet honneur du siècle qui, « tout chimérique et tout vain qu'il est, ne laisse « pas de nous être plus précieux que la vie. » Cicéron blâmait Callicratidas d'avoir préféré son honneur au salut des siens [2]. On sait enfin que le premier livre des *Devoirs* reproduit et commente la célèbre maxime « *Summum jus, summa injuria* ». Bourdaloue la commente à son tour : « Ne « m'est-il pas permis de poursuivre mon droit en « justice ? oui, mes chers auditeurs, quand cette « justice peut s'accorder avec la charité. Car, du « moment que la charité se trouve blessée par cette « justice, ce que vous appelez justice devient pour « vous la plus grande des injustices... Mais enfin « cela m'est dû dans la rigueur. Je le veux, mon « cher frère ; et que concluez-vous de là ? Est-ce « une maxime, je ne dis pas chrétienne, mais honnête, que d'exiger dans la rigueur tout ce qui « vous est dû ? En rigueur même de justice, n'est-« elle pas souvent une injustice ? Si l'on y procédait toujours ainsi, quelle charité y aurait-il parmi « les hommes, quelle union, quelle société [3] ? »

1. Ib. I, 17. — 2. De Off. I, 24. — 3. Bourdaloue, Sermon sur la charité.

C'est de la même voix que l'orateur romain prescrit le dévouement de l'homme à l'humanité : la justice est avant tout, à ses yeux, la gardienne de cette *union*, de cette *société* qu'il veut à tout prix maintenir et resserrer entre les hommes : s'il préfère la justice à la science, c'est que le fondement de cette justice est la charité (*caritas hominum*), c'est-à-dire le plus digne objet de nos préférences (*qua nihil homini esse debet antiquius*). Il emploie lui-même, peut-être le premier, pour caractériser la vertu sociale, ce mot sublime et doux (*caritas hominum*), qui doit retentir un jour, comme un bruit céleste et consolateur, jusqu'aux extrémités de la terre.

Pour bien caractériser, d'après Cicéron, la troisième vertu morale, les mots *force* et *courage* sont également impropres : il la désigne lui-même, ou à peu près, soit au cinquième, soit au dix-huitième chapitre du premier livre, sous un nom plus vague, la *grandeur d'âme*. Mais quelque élastique que soit la nouvelle expression, le moraliste étend manifestement outre mesure le domaine de cette vertu.

La grandeur d'âme doit s'appuyer sur la justice : autrement elle dégénère en audace. Elle doit moins consulter l'opinion que la réalité : l'écueil des grands caractères est dans l'amour du pouvoir et de la gloire. On peut l'envisager sous deux faces, au dedans et en dehors de l'homme. Sous le premier point de vue, elle consiste surtout dans le mépris des biens extérieurs; sous le second, elle se révèle par de belles actions. Ainsi donc un grand caractère doit d'abord se débarrasser de la crainte, des désirs voluptueux, de l'avarice, de la colère, d'un attachement trop vif à la gloire et généralement de toute passion [1]. Mais quoi ! n'est-ce pas l'œuvre propre de la tempérance ou de la modération, c'est-à-dire de la quatrième vertu ? Cicéron lui-même, en la décrivant, lui donne mission d'enchaîner les passions à la partie raisonnable de notre être [2] et singulièrement de réprimer l'amour des plaisirs [3]. Combattre ses passions, modérer ses passions, cela se ressemble fort, et l'une des deux vertus paraît empiéter sur l'autre.

Il serait trop commode, pour arriver à cette parfaite tranquillité, de négliger les affaires publiques : Cicéron nous conseille énergiquement de les aborder; mais il ne faut pas croire avec le vulgaire que la grandeur d'âme éclate surtout dans la guerre : le courage civil l'emporte sur le courage militaire comme l'âme sur le corps. Ce n'est pas qu'il faille négliger le corps: les Romains n'étaient pas gens à répudier cette partie

---

1. De Off. I, 19-20. — 2. Ib. 29. — 3. Ib. 30.

do la tradition socratique ; mais la grandeur d'âme se révèle surtout par le développement de la force morale [1]. Je défie qu'on donne une raison solide pour rattacher ces longs développements sur l'immixtion des citoyens dans les affaires publiques à la grandeur d'âme plutôt qu'à la justice. Il y a, ce me semble, une contradiction formelle à dépeindre la justice comme la vertu sociale par excellence et singulièrement à en faire la règle de notre conduite politique, puis à faire dépendre nos premiers devoirs politiques d'une autre vertu. Si nous abordons les affaires publiques, c'est beaucoup moins pour développer et manifester notre grandeur d'âme que pour rendre service à la patrie ou à l'humanité. Cette obligation ne peut dériver que d'une vertu, celle qui règle nos rapports avec nos semblables.

On peut ainsi attribuer à l'une des trois autres vertus toutes les qualités que Cicéron rattache à la grandeur d'âme. Il faut, poursuit-il, éviter la cruauté; gardons-nous, dit-il encore, de braver des dangers inutiles [2] : ces précieuses habitudes appartiennent bien moins à la grandeur d'âme qu'à la modération. Puis il ajoute qu'il faut au besoin sacrifier au pays non seulement sa vie, mais encore sa gloire ; que l'homme d'État doit

---

1. De Off. I, 21-23. — 2. De Off. I, 24.

immoler ses intérêts à ceux de l'État, veiller également sur tout le monde et ne prendre parti ni pour les grands, ni pour les plébéiens, mais seulement pour la république ; enfin, qu'il faut gouverner sans ambition comme sans égoïsme et ne pas traiter un compétiteur honnête en ennemi. La justice, en déterminant nos devoirs politiques, nous avait déjà prescrit ce désintéressement. Mais la confusion est encore plus claire dans ce passage du premier livre, qui traite de la conduite à tenir envers les coupables. Quelque éloge que mérite la clémence, il faut cependant savoir punir, mais sans injure, dans l'intérêt public, jamais dans l'intérêt privé, sans colère et sans idée de vengeance, avec le calme même des lois, en proportionnant la peine au démérite, et surtout en châtiant tout le monde pour la même faute [1]. Cicéron, mieux inspiré dans les partitions oratoires, avait considéré la clémence comme une dépendance de la justice : il est tout à fait bizarre que ce petit cours de philosophie pénale soit compris dans la description d'une autre vertu. Le moraliste remarque enfin que la grandeur d'âme se rencontre encore dans la vie privée, quoiqu'elle éclate surtout dans la vie publique, par exemple quand on s'adonne à de belles

---

1. De Off. I, 25.

études spéculatives ou même quand on fait un noble usage d'une fortune noblement acquise [1]. Mais il faut, en vérité, bien détourner les mots de leur sens réel pour voir dans l'une ou dans l'autre conduite un effet de la grandeur d'âme, et le moraliste n'a jamais paru moins soucieux de défendre le domaine qu'il assigne lui-même à d'autres vertus.

On peut donc, sans aucun inconvénient, supprimer la troisième vertu cardinale ou du moins la reléguer sur le second plan. D'après les partitions oratoires, la grandeur d'âme n'est que la tempérance appliquée aux maux de la vie : elle se nomme courage, quand il s'agit de les combattre; patience, quand il faut les supporter. Il vaut bien mieux, en effet, l'envisager, avec ce traité didactique, comme l'émanation d'une vertu plus générale qui consiste surtout à diriger les mouvements passionnés de l'âme.

La définition de la tempérance, dans le traité des Devoirs, est plus complexe, parce que le moraliste attache une importance excessive aux manifestations extérieures de cette vertu. Le propre de la tempérance, c'est de tout régler dans l'homme avec mesure ; mais le *decorum*, sur lequel insiste un peu trop Cicéron, n'en est

---

[1]. De Off. I, 26.

que le signe ou le symbole. Si la parfaite harmonie de l'âme humaine doit se révéler par une semblable harmonie dans tous nos actes et jusque dans nos moindres mouvements, on conçoit néanmoins qu'il est plus important de bien ordonner notre âme que de bien disposer les plis de nos toges.

Les poètes sont obligés d'imprimer un certain caractère à chaque personnage : la nature, elle aussi, nous a chargés d'un rôle que nous devons jouer avec fermeté. La convenance plaît à l'âme comme la beauté plaît aux yeux et nous ne devons pas négliger la première façon de plaire. Mais remontons avant tout à la source de toute convenance, c'est-à-dire au gouvernement des âmes par la raison. Les passions, abandonnées à elles-mêmes, engendrent tous les excès et notre premier devoir est de les dominer [1].

Il faut user de mesure et de convenance dans le jeu, dans la plaisanterie, dans tous les plaisirs du corps qui ne sont guère dignes de l'homme et qu'on doit tout au moins, si l'on y descend, contenir dans de justes limites. Chaque homme, en outre, a son caractère spécial : il ne doit pas le forcer, mais en suivre la pente naturelle, à moins qu'elle ne le mène au vice. S'il faut toujours

---

1. De Off. I, 27-29.

être en représentation, c'est comme si l'on voulait toujours parler grec : on s'oublie, on se dément soi-même, ce qui est la pire des inconvenances : il ne faut pas jouer un personnage d'emprunt parce qu'il faut aller jusqu'au bout : Caton resta dans son rôle en se donnant la mort [1].

Les circonstances nous imposent aussi leur joug. Il sied de suivre la profession qu'honora notre père : il ne faut, du reste, ressembler aux aïeux que par les bons côtés. Quant à la profession, réfléchissons avant de choisir et surtout ne changeons qu'à bon escient après avoir choisi. Notre âge, notre position dans l'État modifient encore nos devoirs : jeunes gens, vieillards, magistrats, hommes privés, pérégrins, citoyens, chacun a son rôle distinct. Il y a des règles pour la mise, pour l'attitude, la marche et les gestes, pour le discours et la conversation, pour le logement. En définitive, la tempérance se réduit à trois préceptes : asservir nos passions à la raison, mesurer nos soins à l'importance de chaque affaire, garder une juste mesure dans cette partie de notre conduite que le public voit et juge. De ces trois préceptes, ajoute Cicéron, le premier est le plus important : il était, en vérité, fort utile de le faire savoir après s'être arrêté presque exclusivement au dernier [2].

1. De Off. I, 29-31. — 2. De Off. I, 31-39.

La tâche du moraliste semblait terminée, quand il comprend encore dans son analyse une vertu secondaire dont nous avons déjà parlé : la science des circonstances (εὐταξία). Ne plaisantons pas quand il s'agit de choses sérieuses ; ne nous absorbons pas au moment du repas dans une méditation profonde, comme si nous allions prononcer un discours : la vie est comme un orchestre où tous les instruments doivent être d'accord [1]. Gardons-nous de tout ce qui peut choquer les autres et tirons de là notre règle de conduite ; avant tout ne nous croyons pas autorisés par l'exemple de quelques philosophes à nous mettre en opposition avec l'usage et les lois du pays ; enfin sachons estimer chacune des professions humaines à sa juste valeur [2]. Cicéron, d'ailleurs, rattache plutôt à la prudence cette vertu secondaire ; mais il ne veut pas moins l'envisager sous un aspect spécial, comme règle de certains actes extérieurs et comme dépendance de la quatrième vertu. Les modernes se demandent si cet assemblage d'insignifiants et minutieux préceptes est bien à sa place dans une analyse de l'honnête. Ce n'est point la moindre imperfection de cette morale que de régler jusqu'à la façon d'abaisser nos paupières ou de froncer nos sourcils

1. De Off. 1, 40. — 2. De Off. I, 41-42.

en se taisant sur la famille et sur Dieu [1]. Il s'agit d'une vertu morale : on peut être un homme d'État moins consommé pour avoir fredonné quelque chanson sur le forum; mais je demande quelle atteinte en reçoit la vertu.

La classification des partitions oratoires, quoique supérieure à celle des *Devoirs*, est encore dénuée de fondement logique. Le rhéteur l'énonce sans la justifier, et cela suffit pour lui ôter toute valeur scientifique. On peut, néanmoins, arriver par le raisonnement à une division presque identique.

L'homme aspire au bien; mais sa route est semée d'entraves, qu'il doit briser pour atteindre jusqu'à la vertu. Trois grands obstacles l'en séparent: l'ignorance, l'intérêt, la passion. C'est un grand tort que de s'aveugler volontairement ou de se tromper par insouciance sur ses devoirs : c'est à quoi remédiera la première vertu, qu'on peut nommer, avec le moraliste romain, sagesse ou prudence. C'est un autre tort que de se laisser mouvoir par ce ressort qui nous pousse à rechercher notre plaisir en toutes choses : ce mobile peut être appliqué grossièrement et sans réflexion; une vertu spéciale, la tempérance, sera chargée de le combattre : il peut être appli-

---

[1]. De Off. I, 44.

qué avec discernement, et son contre-poison sera la vertu désintéressée par excellence, c'est-à-dire la charité.

Nous concevons une seconde classification des vertus. L'homme vertueux est celui qui s'acquitte de tous ses devoirs, et chaque vertu n'est, en définitive, que l'habitude de remplir un devoir. Il y aurait donc trois grandes vertus correspondant à nos devoirs envers nous-mêmes, envers les hommes, envers Dieu. La première consisterait à conserver et à perfectionner en nous la personne morale, et les philosophes qui changent volontiers le sens des mots empruntés à la langue vulgaire la désigneraient sous le nom de sagesse : la seconde serait la justice, la troisième serait la piété. Mais la classification des vertus perd son importance quand on la rattache à celle des devoirs. Celle-ci nous fait embrasser exactement et méthodiquement toutes les applications de la loi morale, et dès lors il devient presque superflu de chercher une division des vertus. Cicéron procède autrement et, classant nos vertus *a priori*, cherche à ranger nos devoirs sous chacune d'elles. Tout en rejetant sa division, nous avons dû l'examiner longuement, parce qu'il en fait dériver toute sa morale pratique.

CHAPITRE X

L'IDENTITÉ DE L'HONNÊTE ET DE L'UTILE

Sommaire. — De l'utile dans le traité des Devoirs. — De la place que la thèse de l'identité de l'honnête et de l'utile occupe dans ce traité. — Contraste avec une théorie de Kant. Cicéron s'attache presque exclusivement à la sanction extérieure du devoir. — La thèse platonicienne a tout à la fois plus de logique et de grandeur. — Formule précise du système cicéronien. — De l'identité de l'intérêt individuel et de l'intérêt général.—La thèse de l'identité absolue de l'intérêt, soit individuel, soit général, avec l'honnête, dans les termes où elle est posée par Cicéron, n'est pas susceptible d'une démonstration. — De la conformité habituelle de l'intérêt soit individuel, soit général, avec nos devoirs envers nous-mêmes, envers nos semblables, envers Dieu.

On conçoit très bien qu'un disciple d'Épicure insiste sur la nature de l'utile, car le juste n'existe pas pour lui. Mais puisque Cicéron n'a pas cherché dans l'intérêt le principe de sa morale, il peut sembler étonnant qu'il consacre à l'utile un livre entier. Tel est, on le sait, le programme inscrit au début de l'ouvrage : « nous « commencerons par l'honnête, nous continue- « rons par l'utile, nous finirons par le parallèle

« de l'utile et de l'honnête[1]. » Mais il ne faut pas prendre ce programme à la lettre. Cicéron emploie sans doute au début du second livre le mot *officium* dans un sens bizarre : « je vais m'oc-
« cuper des *devoirs* qui ont trait à la conduite de
« la vie, à l'usage et à la possession des choses
« utiles à l'homme, au crédit et aux richesses[2], » et l'on pourrait croire un instant à la confusion la plus étrange dans la bouche d'un stoïcien. Mais, au demeurant, la question de l'utile proprement dit ne l'occupe guère, et c'est avec un dédain profond, par exemple, qu'il renvoie les gens désireux de s'instruire sur le placement des richesses à l'estimable corporation des banquiers[3]. Il ne s'attache, dans le second livre, qu'à la démonstration d'une seule thèse, l'identité de l'honnête et de l'utile.

Cette thèse même est-elle bien placée dans un livre de morale ? On sait que le philosophe de Kœnigsberg ne l'eût pas admise. Il s'élève avec force, dans la *Critique de la Raison pratique*, contre les systèmes qui prétendent nous montrer l'intérêt caché sous la vertu. C'est à peine s'il permet à notre faiblesse de joindre au pur motif du devoir la considération de l'approbation morale ; or l'approbation morale, dans la langue de

---

1. De Off. I, 1. — 2. De Off. II, 3. — 3. De Off. 25.

Kant, est un jugement que l'agent porte lui-même sur sa résolution : il puise dans cette adhésion à l'acte vertueux un plaisir grave et négatif, distinct de la jouissance intérieure positive qu'on nomme le sentiment moral : c'est l'unique récompense que l'homme puisse se proposer dans l'accomplissement du devoir. Le stoïcisme n'a rien enfanté d'aussi rigoureux que cette théorie kantienne.

C'est une bien grande subtilité que d'isoler ainsi le plaisir né de l'approbation morale, et la jouissance intérieure qu'excite en nous la conscience du devoir accompli. D'ailleurs, s'il est utile de présenter à l'âme faible et malade l'approbation morale, ainsi que l'a dit Kant lui-même, comme on présente à un malade une liqueur agréable dans le vase qui contient la médecine amère, pourquoi nous borner à l'approbation morale? C'est une inconséquence évidente que de négliger d'autres auxiliaires et singulièrement l'attrait légitime exercé sur la sensibilité par la vertu. Kant, en apostrophant le devoir, le félicite de *n'offrir l'idée de rien d'agréable :* il oublie que l'homme est fait à la fois pour le bonheur et pour le bien.

Cicéron procède autrement : s'il n'a pas absolument négligé cette sanction que la conscience morale prête à la loi [1], c'est un autre appui qu'il

---

1. De Off. II, 7, III. 21. V. le deuxième chapitre.

cherche au pur motif du devoir : la vertu devient pour celui qui la cultive une source d'avantages extérieurs et matériels : « nous devons embras-
« ser et pratiquer la justice par tous les moyens
« possibles, d'abord pour elle-même (autrement ce
« ne serait plus la justice), ensuite parce qu'elle
« nous procure la considération sociale et la
« gloire[1]. » C'est à nos yeux la moindre récompense du juste ; mais puisqu'en effet l'estime publique s'attache naturellement à la vertu, rien n'est plus légitime que de la ranger, à la suite de la satisfaction morale, parmi les sanctions de la loi.

Platon, dans le neuvième livre de la *République*, revêtant d'une éclatante allégorie la théorie fondamentale de sa psychologie, imagine que l'âme est composée d'un monstre aux têtes innombrables, d'un lion et d'un homme. « O toi,
« qui soutiens que l'injustice est utile et qu'il ne
« sert de rien d'être juste, ne vois-tu pas que tu
« nous conseilles de nourrir aveuglément le
« monstre et ses têtes innombrables, le lion et sa
« fureur, mais d'abandonner l'homme, languis-
« sant et faible, au caprice des tyrans qui l'en-
« chaînent ? » Telle est, aux yeux du moraliste, la première des calamités : l'oppression de la par-

---

1. De Off. II, 12.

tie raisonnable par la partie animale de l'âme. Il demande à l'homme où est l'avantage de voler, si l'action qui l'enrichit fait plier ce qu'il y a de meilleur dans son être sous le joug des plus mauvaises passions. Il frémirait du marché s'il lui fallait, pour de l'or, abandonner son fils ou sa fille à des maîtres barbares, et c'est lui qui, sans pitié pour lui-même, l'infortuné, assujettit la partie divine de son âme à cette partie abjecte où rien ne vient de Dieu [1]. Le spectacle d'un tel désordre suffit à Platon pour établir l'identité de l'utile et de l'honnête. Cependant il paraît tenir compte, dans le même passage, de l'opprobre et du blâme qui s'attachent à l'oubli de la vertu.

Mais l'utile, aux yeux du philosophe, c'est à peine l'éloge ou l'estime des hommes : un si mince avantage n'enflera guère le bonheur du juste. Le méchant, qu'il dépeint, au second livre de la *République*, sous de si vives couleurs, a toutes les allures du juste : éloquent, courageux, opulent, entouré d'amis, il couvre les plus grands forfaits d'une réputation trompeuse ; au contraire, son sage idéal ne passe pas pour juste, car si on le croit homme de bien, sa renommée lui attirera des honneurs et des récompenses et, pour rendre

---

[1]. Neuvième livre de la République.

le contraste parfait, il veut le dépouiller de tout, excepté de sa justice : sa vertu n'est pas seulement aux prises avec les tourments, mais avec l'infamie : il marche jusqu'à la tombe sans cesse calomnié, sans cesse vertueux ; bien plus, il est battu de verges, mis à la torture et aux fers ; on lui brûle les yeux, et après avoir souffert tous les supplices, il expire sur une croix : il a sagement agi même dans son intérêt, car il est plus heureux que le méchant [1].

Aristote reproche vivement à son maître d'appliquer ce mot de bonheur à un crucifié ; mais il ne faut pas exagérer la thèse de Platon pour la réfuter. Ce philosophe ne soutient pas, comme le stoïcien, que le sage, au sein des supplices, possède le bonheur suprême, ni même, comme Épicure, que le sage, enfermé dans le taureau de Phalaris, puisse vanter son bonheur ; il oppose au type absolu de la perversité le type absolu de la justice et prétend que ce juste idéal, même sur la croix, est plus heureux que le dernier des coupables au faîte des honneurs. Cette thèse cesse d'être un paradoxe si l'on songe au degré de sainteté qu'elle suppose dans l'héroïque victime, partant au degré de jouissance que lui doit inspirer ce triomphe suprême de la vertu. Contredit-elle

---

1. Εὐδαιμονέστερος.

l'autre thèse socratique sur la conformité de l'utile et de l'honnête ? Non, sans doute, et Platon lui-même, dans ce mémorable parallèle, paraît admettre que l'honneur et l'estime publique sont la conséquence ordinaire de la vertu. Mais les dignités, le pouvoir, les richesses ne lui semblent utiles que s'ils marchent après la justice : accumulés sur la tête du méchant, il les considère comme autant de châtiments. En un mot, la justice est utile parce qu'elle est la justice ; néanmoins les biens extérieurs suivent naturellement la vertu [1] : séparés d'elle, ils deviennent funestes, d'abord parce qu'en favorisant le désordre ils entretiennent le plus grand des maux, ensuite parce que l'âme est immortelle. La thèse cicéronienne est à la fois plus absolue, moins logique et moins complète.

Il importe avant tout de bien distinguer ces deux propositions : *Ce qui est honnête est utile* et *le souverain bien réside dans la vertu*. La seconde est bien autrement large et complexe que la première, dont elle n'est pas le corollaire indispensable. Cicéron s'en est occupé dans le traité *des vrais biens* et dans les *Tusculanes*. Il renvoie tout d'abord au premier de ces deux ou-

---

1. Πρός τε γὰρ ἡδονὴν καὶ πρὸς εὐδοξίαν καὶ ὠφέλειαν σκοπουμένῳ μὲν ἐπαινέτης τοῦ δικαίου ἀληθινόν (Neuvième livre de la République).

vrages et laisse le choix au lecteur entre la doctrine d'Aristote et celle du Portique [1] : sa théorie de l'honnête et de l'utile comporte indistinctement l'une ou l'autre préface.

On conçoit, en effet, que l'identité de l'honnête et de l'utile ne suppose pas nécessairement la parfaite harmonie du bonheur et du bien. La première thèse laisse subsister toute l'influence de la causalité extérieure : le divorce reste possible entre le bien dont l'homme est l'artisan et celui qu'il n'a que par une grâce de la Providence. L'homme de bien peut être encore malheureux, non pas comme homme de bien, mais comme homme, sans que l'utile soit distinct de l'honnête. La conformité de l'intérêt avec le devoir, voilà donc tout ce que contient la formule cicéronienne : *Quidquid honestum est idem utile* [2]. Mais s'il n'y faut voir que ce qu'elle renferme, il y faut voir tout ce qu'elle renferme. Ce qui est honnête est utile à l'espèce comme à l'individu : nous sommes directement intéressés à l'accomplissement du devoir; l'humanité l'est avec nous.

Non seulement le moraliste envisage parfois sous cet aspect général la conformité de l'intérêt avec le devoir, par exemple dans plusieurs chapitres du second livre [3], mais il s'attache spécia-

---

1. De Off. I, 2. — 2. De Off. I, 14. — 3. Les chap. 4, 8, 11, 18, etc.

lement à établir la conformité de l'intérêt individuel avec l'intérêt universel, ce qu'il exprime au troisième livre par cette formule : *eadem sit utilitas uniuscujusque et universorum* [1]. Faire prévaloir notre égoïsme sur les besoins de nos semblables, c'est rompre la communion de la race humaine. La mesure de notre intérêt est dans l'intérêt de tous nos frères. Cette théorie, placée dans la bouche d'Épicure, ne soutiendrait pas l'examen. De quel droit l'épicurisme demandera-t-il le sacrifice de mon intérêt à l'intérêt d'autrui? Mon bonheur est dans mon plaisir et non dans celui de mon voisin.— Mais ce que vous sacrifierez d'une manière, vous le retrouverez de l'autre : en produisant le bien général, vous y participez. — C'est une question : je peux me remuer pour mes semblables et ne recueillir que leur ingratitude.— On garantit leur reconnaissance. — Mais si j'attache plus de prix à mon argent qu'à leur amitié ? L'intérêt public peut exiger ma mort : vivre est mon premier intérêt. C'est en effet un sophisme que de subordonner l'intérêt personnel à l'intérêt général, quand on bannit le devoir de la morale. Cette subordination s'explique mieux dans une philosophie qui proclame l'identité de l'utile et de l'honnête. Si l'utile n'est qu'un reflet

[1]. De Off. III, 6.

de l'honnête, l'intérêt individuel s'absorbe naturellement dans l'intérêt général. L'honnête ne nous prescrit-il pas le sacrifice de l'intérêt individuel? Cicéron, qu'on le remarque, emploie une formule impérative; il ne dit pas : « l'intérêt in-
« dividuel est conforme à l'intérêt général, » mais
« que l'intérêt individuel soit conforme à l'intérêt
« général ». L'intérêt individuel ne saurait proscrire ce que l'honnête a commandé. L'intérêt individuel, en un mot, est identique à l'intérêt général, parce que l'utile est identique à l'honnête.

Mais il s'agit de vérifier l'exactitude de la prémisse : *Quidquid honestum est idem utile.* L'intérêt général et l'intérêt individuel sont-ils nécessairement conformes à l'honnête?

Le christianisme et la plupart des autres religions démontrent cette conformité par un argument irrésistible. Dieu n'a pas attaché le bonheur temporel à la vertu, quoiqu'il ne l'en ait point séparé : l'humanité peut couronner le vice et flétrir la vertu ; mais la mort équilibre tout. Le juste est enfin dédommagé de ses souffrances comme le méchant est puni de ses fautes; la parfaite harmonie du bonheur et du bien commence au delà du tombeau. S'il en est ainsi, l'accord de l'honnête et de l'utile est inévitable : le malheur présent du juste prépare sa félicité. Ruiné, déshonoré, battu de verges, mis en croix pour avoir immolé tout à son devoir, le juste cesse d'être l'image du plus grand désordre moral qui se puisse concevoir : il a bien fait, dans son intérêt, de préférer la ruine, la honte et les tourments au péché : sa mort va tout réparer. Mais on sait que Cicéron, fidèle à la tradition stoïcienne, n'admet pas dans le traité des Devoirs cette dernière sanction de la loi morale. Il est donc inévitablement réduit à proclamer l'identité complète, ici-bas, de l'utile et de l'honnête. On conçoit, dès lors, qu'il attache autant d'importance à cette espèce de sanction qui dépend de nos semblables. La sanction divine écartée, tel devient l'unique objet du débat : l'homme fournit-il à l'homme le moyen de réaliser l'accord parfait de l'intérêt et du devoir ? C'est ce que Cicéron prétend démontrer.

Il est bon de faire ressortir la principale difficulté du problème. La détermination de l'utile est aussi compliquée que celle du juste est généralement simple. Cette réflexion s'applique à l'intérêt général comme à l'intérêt individuel. On est à la veille d'une grande révolution qui sera, personne n'en doute, salutaire à l'humanité : pour l'accomplir, il faut immoler un innocent. La justice défend de frapper. Qu'ordonne l'intérêt général ? Il prescrit, diront les uns, d'assurer le bonheur de l'humanité par la mort d'un homme. D'autres croiront que le pire des maux est d'établir le nouvel édifice sur ce fondement d'iniquité : quels fléaux pourront naître d'un pareil exemple ! Le sang innocent est-il impunément versé ? Peut-être rejaillira-t-il à la face des novateurs, et cette révolution, qui paraît pleine d'heureuses promesses, porte dans ses flancs le malheur de l'humanité. Cependant l'humanité souffre et demande sa guérison. Que faire ? Où est le *criterium* de l'intérêt général ? Dans l'honnête, s'il faut en croire le traité des Devoirs. Est-ce donc établir l'identité de deux principes que de subordonner l'un à l'autre ? Ai-je prouvé la conformité de l'intérêt général avec le devoir quand j'ai dit: si l'utile nous semble contredire l'honnête, c'est que nous nous trompons? il resterait à démontrer que nous nous trompons. Mais comment obtenir cette preuve? Par un raisonnement *a priori*? Non, sans doute, puisqu'il faudrait déjà posséder le *criterium* que nous cherchons. Cicéron suit la méthode inverse ; mais ce procédé semble impraticable. Pour que la démonstration soit vicieuse, il suffit qu'un seul fait se rencontre où l'intérêt général heurte l'honnête. Comment établir qu'un tel fait ne s'est jamais produit ou ne devra jamais se produire? Domitien meurt assassiné ; l'univers respire : un crime donne aux Antonins l'empire du monde et l'identité de l'honnête et de l'utile ne peut plus être démontrée.

Le problème n'est pas plus simple, si l'on met en présence l'intérêt individuel et l'honnête. L'intérêt universel est encore plus facile à déterminer, surtout dans le passé, parce qu'on peut toujours examiner l'influence de chaque événement sur le bonheur d'un être collectif, par conséquent immortel. On peut d'ailleurs raisonner plus exactement sur l'intérêt de l'humanité, parce qu'on connaît mieux les instincts et les besoins de l'humanité que ceux de l'individu. L'intérêt individuel, bien plus encore que l'intérêt général, offre un caractère relatif : il change avec chaque personnage. La même quantité de richesse peut être utile à l'homme tempérant qui sait en faire un bon usage, inutile à l'ascète qui se contente systématiquement du nécessaire, funeste au débauché qui dépensera sa fortune en orgies. Le *criterium* de l'intérêt individuel comporte autant de nuances qu'il existe, dans l'univers, d'agents intelligents et libres. Le caractère distinctif de l'honnête, c'est précisément d'échapper aux variations de la conscience individuelle : l'utile change pour tout le monde et l'honnête ne change pour personne. Ces deux principes n'ont pas de mesure commune et le moraliste ne peut pas plus confondre l'intérêt dans le devoir qu'absorber le devoir dans l'intérêt.

Cicéron, fidèle à sa division des vertus morales, cherche à prouver, au second livre des *Devoirs*, que leur pratique simultanée s'accorde nécessairement avec l'intérêt; mais il ne pourrait le faire qu'à la condition d'énumérer les applications de chaque vertu dans toutes les circonstances possibles et par conséquent il n'a rien prouvé. Quand il imagine, au troisième livre, quelques hypothèses où l'utile paraît contredire l'honnête, il ne se met plus en peine de justifier sa thèse pour subordonner l'intérêt au devoir: il la suppose démontrée. C'est ainsi qu'après l'histoire de Canius et des poissons syracusains, il déclare qu'un marché désavantageux pour l'acheteur n'a pu être utile au vendeur. Pourquoi? La vente était faite de mauvaise foi [1]. S'il me suffisait d'un geste pour supplanter l'héritier véritable et recueillir à sa place une riche succession, je ne le ferais pas. Pourquoi? l'injustice ne peut pas être utile [2].

Tout ce qu'on peut conclure de l'ouvrage, c'est que le bien conduit habituellement au bonheur. En thèse générale, l'utile est conforme à l'honnête, mais seulement en thèse générale, et voilà pourquoi l'immortalité de l'âme est une conséquence de la notion même du souverain bien [3].

1. De Off. III, 14. — 2. Ib. 19. — 3. Cousin. Cours de l'his-

Cicéron prétend sans doute aller plus loin ; mais la conséquence à tirer de son livre est bien supérieure à celle qu'il en veut tirer. Que deviennent le mérite et le démérite, si toute action vertueuse est infailliblement payée par un avantage temporel? Il fallait, a dit très bien Joseph de Maistre, que la vertu fût récompensée et le vice puni, même temporellement, *mais non toujours*. Cette thèse est la seule véritable : ce n'est pas l'identité, mais la conformité ordinaire de l'utile et de l'honnête que nous étudierons sur les traces de Cicéron. L'objection que nous adressions à la thèse de l'identité disparaît : pour qui veut établir *a posteriori* l'identité permanente, absolue de l'intérêt individuel et du devoir, il est nécessaire de déterminer ce qu'a été, ce qu'est, ce que sera, dans toutes les circonstances possibles, l'intérêt individuel : insurmontable difficulté pour l'intelligence humaine. Nous disons simplement : tels sont, d'après les données légitimement fournies par l'observation et l'induction, les caractères généraux de l'intérêt individuel. Ce que l'humanité regarde comme utile à l'individu, non pas infailliblement, mais à l'état normal, est habituellement conforme au devoir.

Nous allons examiner successivement la con-

toire de la philosophie moderne. Première partie, t. 1, 25ᵉ leçon, éd. 1846.

formité de l'intérêt général et de l'intérêt individuel avec nos devoirs envers nous-mêmes, envers nos semblables, envers Dieu.

Nous avons dit que le premier devoir de l'homme envers lui-même était de se conserver. Il n'est pas difficile d'établir, sur ce point, la conformité de l'intérêt individuel et du devoir. Rien de plus puissant que l'instinct de conservation, ni de plus utile que la vie. Cicéron, dans le troisième chapitre du second livre, place au premier rang des objets utiles tout ce qui sert à la conservation de l'espèce ou de l'individu (*quæ ad vitam hominum tuendam pertinent*). L'intérêt universel prescrit ce que le devoir commande : nous devons nous conserver pour l'humanité, parce qu'en thèse générale elle ne peut que perdre à notre mort [1]. L'homme n'est-il pas *ce qu'il y a de plus utile à l'homme* [2]? L'utile touche ici l'honnête de si près qu'il est parfois malaisé de démêler lequel de ces deux principes, l'intérêt général et la justice, le moraliste applique à la solution de semblables problèmes [3]. Cicéron félicite Caton d'avoir soutenu son personnage jusqu'à la mort ; mais notre intérêt bien entendu n'a jamais exigé tant de constance. Pour connaître l'intérêt universel,

---

1. Cf. De Off. III, 6. — 2. De Off. II, 3. — 3. V. notre troisième chapitre.

il suffit de compter les victimes que la manie du suicide fit un peu plus tard dans le monde romain.

L'intérêt que nous avons à soigner notre santé n'est pas douteux [1] : Panétius n'en avait rien dit ; nous avons montré plus haut comment Cicéron combla cette lacune [2]. Mais, s'il est utile de soigner le corps, il l'est bien davantage de perfectionner en nous l'être intellectuel. Cicéron revient encore, dans le traité des Devoirs, sur la satisfaction morale qui se puise dans l'étude de la sagesse : c'est pour l'esprit un charme et un délassement incomparables [3]. Après avoir étudié, nous enseignons nous-mêmes : en développant notre intelligence, nous élevons le niveau de l'intelligence universelle. Les philosophes ont formé non seulement des philosophes, mais encore des hommes d'État ; c'est ainsi que Lysis de Tarente sut former Épaminondas, et Platon Dion de Syracuse. Enfin nos écrits demeurent après nous : l'intelligence du sage survit au sage et devient le patrimoine de l'humanité [4]. Mieux vaut, dans l'intérêt général, être un peu moins profond et savoir exprimer sa pensée [5]. De tous les modes du développement intellectuel, le plus précieux est peut-être l'éloquence, soit dans l'intérêt d'autrui, soit dans le nôtre. On admire l'orateur fécond et sage ;

1. De Off. II, 24. — 2. V. le troisième chapitre. — 3. De Off. II, 2. — De Off. I, 44. 4. — 5. De Off. I, 44.

on le place au-dessus des autres hommes : s'il unit la modestie à la dignité, l'admiration n'a plus de bornes [1].

En perfectionnant l'être moral, nous dégageons l'âme des passions qui la troublent et nous lui donnons la tranquillité, qui est le premier bien [2]. L'homme enflé par la prospérité s'abandonne à de folles espérances et s'étourdit, pour son malheur, sur les vicissitudes naturelles des choses [3]. En nous faisant agir sans motifs, la passion nous mène à notre perte [4] : en bouleversant tout notre être, elle nous expose au mépris public [5]. Au contraire, l'admiration s'attache aux hommes qui triomphent de leurs passions. « La plupart d'en-
« tre les hommes se laissent détourner de la vertu
« par les voluptés, caressantes maîtresses, ou
« s'épouvantent aux premières morsures de la
« douleur : la vie, la mort, les richesses, la pau-
« vreté sont pour nous tous autant de sujets
« d'alarmes. Quand le sage voit tout cela d'un
« œil indifférent et se réserve encore pour les
« grandes choses, tout le monde admire en lui la
« beauté de la vertu [6]. » C'est, d'ailleurs, par l'assujettissement des passions à la raison que nous devenons capables de servir la cause de

---

1. De Off. II, 14. — 2. De Off. I, 20. — 3. De Off. I, 26. —
4. Ib. 29. — 5. Ib. 26 et 29. — 6. De Off. II, 10.

l'humanité : telle est, nous l'avons indiqué plus haut, la thèse même du moraliste [1].

Au sommet de la morale sociale, Cicéron place l'obligation de maintenir la communion de la race humaine. Sans l'accomplissement de cette grande loi, qui préside au développement de l'espèce, l'homme ne connaîtrait ni la médecine, ni la navigation, ni l'agriculture : il ne saurait ni moissonner ni conserver les fruits de la terre [2] ; il n'y aurait ni commerce d'importation, ni commerce d'exportation ; les matériaux et les métaux resteraient enfouis dans le sol ; nous ne pourrions ni bâtir, ni creuser des ports et des canaux, ni détourner des fleuves, ni construire des digues, ni tirer des animaux les services qu'ils doivent nous rendre : tous ces arts, qui nous distinguent des brutes, seraient ignorés ; il n'y aurait ni villes, ni lois, ni mœurs, ni règle de conduite, ni sécurité dans la vie [3]. En effet, la division du travail et l'échange, ces deux puissants instruments de la production, sont incompatibles avec l'isolement. La prospérité matérielle du monde croît avec la facilité des rapports internationaux : en abaissant les barrières qui séparent les peuples, on multiplie les échanges ; en multipliant les échanges, on fait circuler la richesse. Enfin l'ins-

---

1. Troisième chapitre.— 2. De Off. II, 3. — 3. De Off. II, 3, 4.

tinct de sociabilité se manifeste au dedans de chaque nation par l'esprit d'association qui vivifie chaque jour de nouvelles entreprises et centuple les forces de l'homme. En resserrant les liens qui unissent tous ses enfants, l'humanité travaille aussi pour son bonheur.

L'individu lui-même est intéressé à l'accomplissement de cette loi sociale, et Cicéron, dans le troisième livre des *Devoirs*, envisage la question sous cet aspect : le premier devoir que nous impose la communion de la race humaine, c'est de ne pas nuire à nos semblables. Il est plus contraire à la nature de nuire à l'un d'eux pour augmenter notre bien-être que de subir la pauvreté, la douleur ou la mort. Dépouiller ou contraindre autrui dans notre intérêt, c'est pécher contre la loi fondamentale et constitutive de la société. Parmi les membres d'un même corps, l'un ne peut attirer à lui la substance de l'autre sans que tous deux souffrent. En attirant à nous la substance d'autrui, nous travaillons à l'anéantissement de la société, par conséquent à notre propre isolement, c'est-à-dire à notre perte [1]. C'est là, pour le moraliste, un argument irrésistible, et il le reproduit avec une complaisance singulière, tant l'intérêt public et l'intérêt individuel lui parais-

---

1. De Off. III, 5.

sent clairement engagés à l'étroite union de la grande famille humaine !

Le droit de propriété, qui repose sur l'idée de justice, est un si grand bienfait pour l'homme et pour l'humanité qu'on a prétendu lui donner l'intérêt pour fondement. C'est ainsi que Bentham remerciait le législateur d'avoir créé la propriété parce qu'il avait en même temps créé la richesse. Il n'est pas de lieu commun mieux popularisé par l'économie politique, quoiqu'elle abandonne aujourd'hui la doctrine utilitaire de Bentham et de Jean-Baptiste Say, que le tableau des avantages dont l'espèce humaine est redevable à la propriété. Ce puissant appât, seul, peut l'emporter sur notre paresse. Nous ne travaillons que pour être propriétaires ou parce que nous sommes propriétaires : simples possesseurs, nous ne voudrions ni ne pourrions ménager l'avenir. Qu'est-ce que la suppression de la propriété, si ce n'est la suppression de l'industrie, des arts, des sciences, et la destruction de toute civilisation ? Née du travail et de l'épargne, elle enfante le travail et l'économie. Pour être acquise ou conservée, elle exige l'énergie, la patience, la prévoyance, le mépris du superflu, la résistance aux folles passions : elle favorise l'essor de presque toutes les vertus privées et de quelques vertus publiques. Les États où l'individu ne posséderait qu'en vertu d'un contrat perpétuellement révocable ressembleraient à ces momies d'un autre âge, qui se sont conservées jusqu'à nous immobiles dans la nuit des pyramides. Les atteintes à la propriété produisent, entre autres maux, ce que Bentham a nommé la *crainte de perdre*, c'est-à-dire le plus grand obstacle à la jouissance. L'argent se resserre et se cache; l'industrie s'éteint ; la perspective de la spoliation paralyse le travail, anéantit le capital et ruine les peuples en même temps que les individus.

Cicéron développe avec un grand éclat, dans le traité des Devoirs, la thèse des économistes modernes. Le droit de propriété comptait chez les anciens deux sortes d'adversaires également dangereux: les uns réclamaient des lois agraires, les autres demandaient l'abolition des dettes. Les uns et les autres, remarque le moraliste, ébranlent la république jusque dans ses fondements : non seulement ils en bannissent la justice, mais ils en font disparaître à tout jamais la concorde. Cependant la jouissance libre et paisible du propriétaire est l'essence même d'un État civilisé. Ces iniquités ne profitent pas même aux novateurs : sans se concilier des sympathies durables, ils amassent sur leur tête des trésors de haine et de vengeance. Agis, roi de Lacédémone, secondé par l'éphore Lysandre, fit brûler tous les titres de créances et

proposa « que le territoire de Lacédémone fust de
« rechef divisé en portions égales [1] ». Qu'ad-
vint-il ? Les Spartiates, chez qui le régicide était
inconnu, tuèrent Agis et chassèrent Lysandre ;
Sparte, minée par les dissensions, écrasée par
deux tyrans, privée de ses plus nobles enfants,
Sparte succomba : dans sa chute, elle entraîna
la Grèce. A Rome, les Gracques se perdirent par
de semblables tentatives. Le moraliste oppose à
ces grandes fautes politiques l'habile et sage conduite d'Aratus qui, ramenant six cents exilés à
Sicyone, comprit à la fois qu'on ne pouvait maintenir les spoliations ni chasser brusquement des
gens qui possédaient depuis un demi-siècle : il
sut se procurer des sommes considérables, et
obtint des possesseurs une restitution volontaire,
moyennant de justes indemnités. Ce fut un grand
acte de sagesse que de pourvoir ainsi à l'intérêt
de tous : la politique ordonne avant tout de ne
pas créer un antagonisme d'intérêts dans l'État,
par conséquent de ne pas favoriser une classe de
citoyens aux dépens de l'autre. Quoi ! vous habi-
teriez ma maison sans la payer ? j'ai acheté,
bâti, entretenu, dépensé : vous, vous jouiriez,
malgré moi, de mon bien ? C'est la destruction
même de toute société. Le plus ferme appui d'un

---

[1]. Plut., Vie d'Agis et de Cleomenes. Trad. d'Amyot.

État, c'est la confiance : elle n'existe plus quand on peut ne pas payer ses dettes. La tâche invariable des gouvernements, c'est de mettre indistinctement toutes les propriétés sous la protection des lois et des tribunaux ; c'est de garantir les pauvres des pièges que l'on tend à leur faiblesse, et les riches des atteintes que l'envie voudrait porter à leurs droits [1].

Facilitons à nos semblables la jouissance de tout ce que la nature met à notre disposition : la sécurité naît de la confiance. Si les habitants d'un pays passent leur vie dans les alarmes, ils consacrent à s'épier le temps qu'ils devraient employer au travail, et l'activité de la nation se ralentit. Nulle inquiétude ne doit entraver les rapports entre le producteur et les consommateurs. On ne conclura pas une seule transaction de quelque importance, commerciale ou civile, si l'une des deux parties contractantes ne compte, dans une certaine mesure, sur la probité de l'autre partie. Le crédit, qui décuple les richesses des peuples, ne peut pas s'établir où manque la sécurité.

La démonstration de Cicéron sur ce point ne laisse rien à désirer. Personne n'a mieux justifié l'utilité de la bonne foi dans les ventes, les achats,

---

[1]. De Off. II, 22, 23, 24.

les baux, et dans toute espèce de conventions. Ceux-là même qui ne vivent que de crimes ne peuvent subsister sans une sorte de bonne foi ! Le vol n'est pas supporté parmi les voleurs ; si le chef des pirates ne partage pas équitablement les prises, on l'abandonne ou on l'égorge. Les brigands ont leurs lois, et les observent. L'Illyrien Bardylis, dont parle Théopompe, et le Lusitanien Viriathe, qui battit les généraux de Rome, durent leur grandeur à leur équité dans la distribution du butin. Si la justice peut tant pour la grandeur d'une société de bandits, quelle ne sera pas son action sur un État constitué, où les tribunaux appliquent les lois [1] ! Que deviendrait d'ailleurs chacun de nous si l'on croyait à sa mauvaise foi ? qui voudrait l'aborder ? à qui pourrait-il ouvrir son cœur ? vécût-il seul et dans les champs, qui lui porterait secours, qui le défendrait lui-même contre l'injustice [2] ?

Il est vrai que l'homme injuste se flatte de tromper le vulgaire et prétend remplacer la vertu par l'hypocrisie. C'est un calcul que la morale proscrit et que l'intérêt condamne. Socrate disait avec raison que le moyen le plus court d'arriver à la considération sociale, c'est de paraître tels que nous sommes. Ceux-là se trompent qui-

---

1. De Off. II, 11. — 2. De Off. II, 11.

croient l'obtenir irrévocablement en fardant leur visage et leur langage. La vraie gloire étend au loin ses profondes racines : la fausse gloire vit ce que vivent les fleurs. Ce qui est faux ne peut pas être durable [1].

Soyons donc franchement honnêtes, même dans notre intérêt, et ne craignons pas de sacrifier au devoir la vaine apparence de l'utile. Peut-on vendre sa maison en laissant ignorer à l'acheteur les vices dont elle est infectée? Elle est malsaine et mal construite, le vendeur est seul à le savoir : le stoïcien Diogène lui permet de n'en rien dire, même si l'affiche portait: *Bonne maison bien bâtie*; personne, en définitive, n'obligeait l'autre à faire cette acquisition et celui-là serait bien sot qui ferait annoncer par le crieur : *A vendre une maison malsaine*. Cicéron n'admet pas ce genre de réticences qui ne lui paraît convenir qu'à un homme « double, ténébreux, « subtil, trompeur, méchant, rusé, fourbe et « artificieux [2] ». Pythius s'est encore plus mal conduit quand il a fait croire au chevalier Canius, par une ruse déloyale, qu'il lui vendait un jardin bordé d'une onde poissonneuse [3]. Quintus Scévola, fils de Publius, demandait le prix d'un fonds : on le lui fixe ; je l'estime davantage, ré-

---

1. De Off. II, 12. — 2. De Off. III, 13. — 3. De Off. III, 14.

pond-il, et il ajoute cent mille sesterces. C'est d'un honnête homme, a-t-on dit, mais non pas d'un homme sage, comme si la probité n'était pas la plus grande sagesse [1]. Cicéron félicite donc les préteurs et singulièrement son cher Aquillius Gallus d'avoir corrigé par d'équitables tempéraments le formalisme du vieux droit civil. Aquillius Gallus était l'inventeur d'une formule ainsi conçue : *Quæ dolo malo facta esse dicentur, si de his rebus alia actio non erit, et justa causa esse videbitur, judicium dabo*. Désormais chacun des contractants était à l'abri de la fraude, quand même les règles de l'ancien droit civil ne l'eussent point garanti : à défaut de toute autre action, le préteur tenait l'action de dol en réserve, de peur, dit Ulpien, que l'un ne profitât de sa malice, et que l'autre ne se perdît par sa simplicité [2]. Le moraliste cite encore beaucoup d'autres cas où la loi dépiste et déjoue tous les genres de fraude; mais il rappelle que la loi naturelle domine ici les prescriptions de la loi civile : il gémit des obstacles que le génie exclusif du droit quiritaire apporte encore au développement de la fraternité universelle : il aspire à l'avènement d'une législation commune à tous les peuples et conforme, en tous points, à l'équité. Cette grande réforme

---

1. De Off. III, 15. — 2. Ulp. ff. *de Dolo malo*, I, 1, pp.

rapprocherait les races, confondrait les intérêts, faciliterait les transactions, et contribuerait au bien-être du monde. Il faut donc absolument proscrire cet esprit d'astuce qui prétend s'égaler à la sagesse, bien qu'il en diffère à tous égards. La fraude et la dissimulation sont les plus grands fléaux de la vie humaine [1].

Ce n'est pas seulement l'injustice qu'il faut blâmer, mais l'usage rigoureux du droit, qui n'est que l'abus du droit. Il convient de se montrer facile dans les achats, les ventes, les baux, les rapports nés du voisinage, de tout faire pour éviter les procès. Il est toujours généreux, parfois utile, de relâcher quelque peu de son droit [2]. C'est un des plus louables progrès de l'économie politique que de s'être emparée à son tour, dans ces derniers temps, de l'adage Cicéronien : *summum jus, summa injuria*. M. Baudrillart, dans un ouvrage couronné par l'Institut, a judicieusement appliqué cette maxime aux relations entre les entrepreneurs capitalistes et les ouvriers, demandant aux premiers un peu de bienveillance paternelle, aux seconds moins d'envie et plus de patience, voyant enfin dans ces bons rapports le meilleur moyen de prévenir d'implacables et désastreuses coalitions.

---

1. De Off. III, 12, 13, 14, 15, 16, 17. — 2. De Off. II, 15.

La justice, dans le traité des Devoirs, marche toujours escortée de la bienfaisance. Le moraliste, ainsi que nous l'avons exposé plus haut, établit l'infériorité des libéralités pécuniaires, qui s'étendent sur moins de gens et dont la source est tarie plus vite. Les largesses excessives ne nous profitent pas toujours : comme elles épuisent notre patrimoine, nous entamons volontiers celui des autres et nous recueillons moins de reconnaissance que de haine. Il n'est pas seulement équitable, mais utile de mettre du discernement dans nos bienfaits. Le prix du service rendu à d'honnêtes gens est d'abord dans leur reconnaissance, mais encore dans l'opinion. La libéralité, quand elle s'exerce avec prudence, est la plus aimable des vertus : chacun la loue d'autant plus volontiers qu'il y voit plus assurément un refuge. Sachons donc répandre de tels bienfaits que le souvenir s'en transmette aux générations futures et ne laisse plus de place à l'ingratitude. L'ingratitude elle-même est universellement détestée parce que, dans l'opinion publique, l'ingrat, en décourageant la bienfaisance, fait tort à tous ceux qui en ont besoin [1]. Réservons enfin nos bienfaits à l'honnête homme plutôt qu'au puissant et au riche. Beaucoup de gens croient servir leur intérêt en

---

1. De Off. II, 18.

suivant un autre système. Mais le pauvre, du moins, sera toujours reconnaissant, s'il ne peut toujours s'acquitter. Les riches, les grands, les heureux ne veulent pas même être liés par un bienfait : en recevant un service, ils croient le rendre ; ils se figurent toujours qu'on leur cache une arrière-pensée : la dépendance où notre bienfait les place leur est insupportable. Les petits, au contraire, sachant qu'on a leur personne en vue, rien que leur personne, cherchent par tous les moyens à prouver leur reconnaissance. Puis quand on défend les intérêts du riche, on n'a que sa reconnaissance, tout au plus celle de ses enfants ; si l'on défend un citoyen pauvre, on a pour soi tous les honnêtes gens de la même condition, qui comptent sur le même appui. Ce qu'ordonne le devoir, l'intérêt le conseille encore [1].

Cicéron, dans sa dissertation sur l'utile, a remarqué[2] que la piété filiale recommandait les jeunes gens à l'estime publique : il n'a rien trouvé de plus à dire sur l'utilité de la famille et des devoirs qu'elle fait naître. Ce silence est d'autant moins excusable que tous les hommes d'État étaient alors frappés des maux qu'entraînait la dissolution n de la famille romaine[3]. Les affections de famille sont-elles incompatibles avec l'amour de la patrie,

---

1. De Off. II, 20. — 2. De Off. II, 13. — 3. V. notre cinquième chapitre.

ou l'amour qu'on a pour ses proches n'est-il pas le principe de celui qu'on doit à l'État ? L'institution du mariage n'est-elle pas indispensable au développement et à l'existence d'un peuple ? La polygamie ne dégrade-t-elle pas à la fois l'homme et la femme ? n'est-elle pas une cause active de dépopulation ? Quels sont les avantages et les inconvénients économiques du divorce ? Est-il utile que le mariage reçoive des encouragements légaux ? Quel résultat le législateur peut-il attendre des lois contre le célibat et de la multiplication factice d'une population par le système des primes ? Le droit de tester appartient-il au père ? L'État peut-il le limiter au profit des enfants et réparer la violation d'un devoir que la loi naturelle impose au chef de famille ? Cicéron consacre à l'utile un livre entier de son ouvrage, et n'entrevoit même pas un seul de ces problèmes !

Le traité des Devoirs est également muet sur les conséquences économiques de l'esclavage et sur l'intérêt qu'ont les maîtres à bien traiter leurs esclaves. Quelques années plus tard, le rescrit d'Antonin devait invoquer précisément cet intérêt pour restreindre leur pouvoir [1].

Cicéron, dans le Lelius, blâme vivement ceux qui cherchent autre chose que l'amitié dans l'a-

---

1. *Dominorum interest.* Nous avons déjà mentionné ce rescrit.

mitié. Dans le traité des Devoirs, il s'exprime en ces termes : « Pour acquérir et conserver la « puissance, rien n'est plus utile que de se faire « aimer [1]. » Mais il veut plutôt parler, cette fois, de la sympathie publique que de l'amitié proprement dite. En renvoyant au Lelius, il ne peut le contredire, ni s'arrêter, par conséquent, aux avantages que l'amitié procure. C'est ainsi qu'après de longs développements sur un sujet analogue, il se contente d'une ou deux phrases très vagues pour nous apprendre que, dans toutes les situations où nous place la fortune, il est nécessaire d'avoir des amis [2].

Quelques philosophes ont essayé de substituer à l'amour de la patrie l'amour de l'humanité. Cicéron, dans un temps où Rome avait absorbé toutes les nations du monde civilisé, pouvait aisément confondre l'univers et son pays : il sut éviter cette erreur. Il veut bien admettre l'existence de deux patries ; mais l'une des deux ne l'est que par métaphore, et nos premiers devoirs sont envers l'autre. Nous ne tiendrons pas un autre langage. Il est bon de rapprocher les nations, non de les supprimer. Chaque peuple a son originalité propre et, partant, sa vocation distincte. L'Allemagne et l'Angleterre perdraient à devenir Fran-

---

1. De Off. II, 7. — 2. De Off. II, 8.

çaises : la France perdrait à se les assimiler. Rome eût gagné peut-être à conserver sur les flancs de son empire une autre Carthage.

La gloire est, aux yeux de Cicéron, la récompense du patriotisme. Il croit donc pouvoir donner des conseils à son fils sur les meilleurs moyens d'y parvenir. Il faut aspirer de bonne heure aux grandes choses, parce que l'envie ne s'attache pas encore à la jeunesse [1]. Le courage militaire fut à Rome, surtout dans les premiers temps de la république, une source de vraie gloire : même à cette époque de guerres civiles où les honnêtes gens succombèrent, le jeune Cicéron sut combattre glorieusement au premier rang de l'armée pompéienne. Cependant le moraliste préfère à la gloire des camps celle qui s'acquiert dans la vie civile [2].

Mais rien n'est plus contraire à notre intérêt que de sacrifier l'honnête soit au désir de la popularité, soit à l'amour du pouvoir. Les préteurs et les tribuns s'étaient assemblés pour rédiger un règlement sur les monnaies que le peuple attendait avec impatience : le préteur Gratidianus, cousin de Cicéron, voulut s'en attribuer tout l'honneur et publia seul, au mépris d'un accord formel, le règlement fait en commun. Le peuple

---

1. De Off. II, 13. — 2. Ib.

lui dressa des statues devant lesquelles il brûla de l'encens, et cependant Gratidianus avait tort, quelles que fussent désormais ses chances d'arriver au consulat. *Qu'il n'y ait rien de honteux dans ce qui paraît utile : si la chose est honteuse, qu'elle ne paraisse pas utile*, telle est la règle immuable. Existe-t-il au monde un intérêt qui vaille le titre d'honnête homme ? Quand cette faute nous donnerait tous les biens de la terre, elle nous ôterait bien davantage en nous dépouillant de la justice et de la bonne foi. Pompée se fit gendre de César par un calcul d'ambition : cette mauvaise action nuisit à la république et ne profita pas à Pompée. Quant à l'autre (Cicéron ne veut pas le nommer), il avait toujours à la bouche deux vers des Phéniciennes, où le poète condamne l'injustice, excepté quand l'injustice doit donner un trône. Pour ces deux vers, on eût dû pendre Euripide. Il se rencontre pourtant des hommes qui, tout en blâmant l'usurpation du pouvoir suprême dans un État libre, la croient utile à l'usurpateur. Grands dieux ! à qui donc cet abominable parricide peut-il être utile, le parricide de la patrie, quand on se ferait nommer le Père de ceux qu'on opprime ? A qui peuvent être utiles ces angoisses, ces terreurs, ces embûches,

---

1. De Off. III, 20.

ces dangers ? Bien des soucis s'attachent aux rois, mais de plus grands encore à cet homme qui accabla Rome à l'aide de l'armée romaine, et mit dans les fers une nation libre, que dis-je ? une nation maîtresse du monde. Quels remords ! quelle plaie profonde ! quelle douceur pouvait-il trouver dans la vie, sachant que la gloire et la reconnaissance publique étaient le prix de ceux qui l'en dépouilleraient ? Ce mémorable exemple prouve encore d'une façon plus décisive, aux yeux de Cicéron, l'identité de l'utile et de l'honnête [1]. A vrai dire, on eût pu choisir mieux : le châtiment de cet ambitieux sans foi, ce fut de périr brusquement sous les coups de Brutus et de Cassius : mais la postérité ne croit pas aux remords de César.

Nous devons à la patrie de choisir avec discernement notre profession [2] ; mais nous ne pouvons rien faire de mieux pour nous-mêmes. Si l'intérêt public nous invite à ne pas délaisser étourdiment la profession d'un père, le nôtre est de recueillir l'héritage de gloire qu'il nous transmet. Cette gloire nous appartient encore [3]. Le devoir et l'intérêt nous commandent pareillement la déférence envers les vieillards. L'opinion publique est très favorable aux jeunes gens qui se

1. De Off. III, 21. — 2. V. notre sixième chapitre. — 3. De Off. II, 13.

placent sous l'égide d'hommes illustres et sages, connus pour leur dévouement à l'État : le peuple, en les voyant ensemble, pense que les protégés ressembleront aux protecteurs. C'est ainsi que le jeune Rutilius Rufus acquit la réputation d'un homme intègre et d'un jurisconsulte en fréquentant Mucius Scévola [1].

Si le premier devoir d'un gouvernement est la probité, c'est encore son premier intérêt. Les villes d'Asie avaient donné une certaine somme pour être affranchies de l'impôt. Après qu'elles eurent payé, le sénat, sur la proposition de Lucius Philippus, les soumit de rechef à l'impôt. C'est une honte pour la république, s'écrie le moraliste : les pirates tiennent mieux leur parole que le sénat romain. Dira-t-on que ce procédé fut utile parce qu'il grossit le trésor ? C'est un sophisme que de chercher l'utile en dehors de l'honnête. Un empire qui doit reposer sur l'honneur et sur l'affection des alliés ne peut rien gagner à la haine et à l'infamie [2]. Cicéron développe la même pensée dans les deux plus remarquables chapitres du second livre.

L'oppression, la ruse, la violence, loin de consolider les empires, les ébranlent jusque dans leurs fondements. Certains peuples ont néan-

---

1. De Off. II, 13. — 2. De Off. III, 22.

moins profité de certaines injustices, et l'Angleterre, par exemple, n'expiera jamais l'abominable bombardement de Copenhague : le tort du moraliste est d'appliquer inflexiblement son principe à tous les temps et à tous les lieux ; mais ce principe est exact en thèse générale : la plus habile politique, à l'intérieur comme à l'extérieur, c'est la plus juste. La meilleure garantie de la sécurité, de la force et de la puissance, c'est de se faire aimer et non de se faire craindre. Tout effrayait Denys l'Ancien, jusqu'au rasoir de son barbier. Le tyran Alexandre de Phère faisait fouiller sa femme par un soldat thrace avant de la recevoir dans sa chambre, et sa femme l'assassina. Phalaris inonda de sang la ville d'Agrigente : Agrigente finit par le lapider. Les Macédoniens abandonnèrent Demetrius Poliorcète pour se jeter dans les bras de Pyrrhus. Sparte fut délaissée par ses alliés, fatigués de sa domination tyrannique ; ceux-ci se croisèrent les bras au désastre de Leuctres. Enfin Rome expie ses iniquités par la guerre civile et par la chute de sa constitution républicaine [1]. Cicéron pense qu'en s'appliquant à gouverner équitablement l'univers Rome se fût sauvée elle-même.

Notre premier devoir envers nos concitoyens est de nous consacrer à la défense de leurs inté-

---

1. De Off. II, 7-8.

rêts. C'est par la science des lois et par l'éloquence que nous leur venons en aide : c'est par là que l'homme d'État grandit à son tour. Cicéron rappelle l'immense influence que la science des lois, longtemps inaccessible au vulgaire, donna, dans les premiers âges de la république, à l'aristocratie romaine. Quoique le crédit des jurisconsultes eût baissé depuis le commencement des guerres civiles, il croit encore que la science des lois est, après l'éloquence, le meilleur moyen de gagner la faveur publique : le temps approchait où les orateurs allaient perdre, au profit des jurisconsultes, tout le terrain qu'ils avaient gagné. Cicéron voit encore l'orateur sous un jour lumineux, entouré de solliciteurs, traînant un cortège de clients à sa suite, porté jusqu'aux nues par l'admiration publique. L'homme laborieux et disert qui prête facilement et gratuitement à ses concitoyens l'appui de sa parole est leur bienfaiteur et leur patron naturel. Il importe à l'État lui-même que les orateurs soient écoutés : Cicéron n'en veut d'autre preuve que la triste situation de la république depuis que leur voix est couverte par le bruit des armes [1]. L'opinion de Cicéron, tour à tour triomphante et vaincue chez les nations de l'Europe moderne, semble enfin prévaloir. On a craint par-

---

1. De Off II, 19.

fois la trompeuse amorce de l'éloquence, les passions qu'elle soulève, les erreurs qu'elle propage et l'on finit par reconnaître que ses bienfaits dépassent ses torts : on la rappelle après l'avoir bannie : on la salue comme la compagne naturelle de la liberté.

Mais tout le monde ne peut pas être orateur ou jurisconsulte : on peut toujours, au contraire, recommander un compatriote aux jurisconsultes, aux avocats, aux juges, aux différents magistrats, et veiller sur ses affaires. Nous devons seulement prendre garde de nuire aux uns en voulant servir les autres : nous remplirions et nous violerions un devoir : nous recueillerions à la fois la haine et l'amitié. Nous devrions, par de nouveaux services, réparer une telle faute [1].

Cicéron blâme Théophraste d'avoir érigé la magnificence en vertu : il eût pu faire le même reproche à presque tous les péripatéticiens. Les principales villes de la Grèce, Athènes entre autres, étaient habituées aux largesses des citoyens riches : ceux qui donnaient ces fêtes somptueuses étaient récompensés par des éloges et des couronnes, et c'était heurter directement les mœurs grecques que de refouler au cœur des bons patriotes ces élans de générosité. Aristote

---

[1]. De Off. II, 19.

attachait tant de prix à cette habitude qu'il en faisait une vertu spéciale : j'ai dit qu'il distinguait avec un soin minutieux la magnificence de la libéralité. Ces fêtes, il est vrai, n'offraient pas tout à fait le même caractère chez les Grecs et chez les Romains : les premiers les entremêlaient de discours, de chants, de vers, et les arts y occupaient une grande place : les seconds se plaisaient surtout aux combats de gladiateurs et aux interminables repas. Aussi le grand orateur se dégage-t-il aisément des préjugés helléniques pour condamner ces folles profusions. Ces banquets, ces distributions de viandes, ces combats de gladiateurs, de lions, de panthères, d'éléphants sont l'œuvre d'un citoyen prodigue. L'homme vraiment libéral rachète les prisonniers, paie les dettes de ses amis ou les aide à doter leurs filles. Comment approuver ces dépenses où la soif de la popularité nous entraîne ? Rien ne les commande et leur éclat éphémère ne rehausse même pas notre grandeur. Le peuple, une fois rassasié, les oublie : les enfants, les femmes, les esclaves et tous ceux qui leur ressemblent en sont charmés : les gens sérieux les méprisent. Qu'on n'invoque pas ces grandes dépenses faites par les premiers personnages de l'aristocratie romaine pendant leur édilité, même avant la décadence de la république. Cicéron les blâme hautement. Cependant les hommes d'État ne doivent pas se laisser soupçonner d'avarice, comme Mamercus qui fut écarté du consulat pour s'être soustrait aux charges de l'édilité. Leurs largesses se justifient, quand elles sont indispensables ou simplement utiles ; mais alors il est bon d'agir avec mesure. Cicéron, qui fut édile avant d'être consul, se propose encore pour modèle [1].

L'histoire a confirmé la thèse du moraliste. Les grandes dépenses des édiles, imitées par les consuls, plus tard par les généraux vainqueurs, inspirèrent aux Romains le dégoût du travail et corrompirent leurs mœurs : elles appauvrirent à la fois ceux qui les firent et ceux qui en jouirent : elles devinrent un instrument de corruption électorale et précipitèrent la chute de la constitution républicaine. Cicéron va jusqu'à blâmer, mais avec un peu d'indulgence, le luxe des portiques, des théâtres et des nouveaux temples. Il demande avec raison qu'on applique cet argent aux murs des villes, aux constructions navales, aux ports, aux canaux, en un mot, aux besoins de l'État [2].

Le magistrat ne doit pas se figurer qu'il soit exclusivement chargé des intérêts généraux : l'honnête et l'utile exigent à la fois qu'il ménage l'intérêt collectif et l'intérêt individuel. Sa tâche

---

1. De Off. II, 16, 17. — 2. De Off. II, 17.

constante est de ne jamais sacrifier l'un à l'autre. L'équité, le désintéressement sont le plus sûr fondement de sa gloire et de sa grandeur. Le second Africain, Paul-Émile, Mummius furent des modèles de désintéressement : Rome, enrichie par Paul-Émile, put se passer d'impôts; Mummius couvrit sa patrie des chefs-d'œuvre de la Grèce : une gloire immortelle rejaillit sur leur nom. C'est un crime impardonnable que de spéculer sur ses fonctions. L'oracle de Delphes prédit à Lacédémone qu'elle périrait par l'amour désordonné des richesses : cette prédiction peut s'appliquer à toutes les nations opulentes [1].

Aux yeux de Cicéron, le premier devoir international est de maintenir et de fortifier la communion de la race humaine : il est inutile de prouver que l'humanité n'a pas de plus grand intérêt. Le progrès de cette grande doctrine stoïcienne correspond à chaque progrès de la civilisation. Le sentiment d'une solidarité chaque jour plus étroite unit les peuples modernes. Un congrès international dresse le programme de la réforme pénitentiaire : un congrès international discute les intérêts du monde catholique : un congrès international cherche les limites et la portée du droit de propriété littéraire : un congrès inter-

---

[1]. De Off. II, 21, 22.

national de statistique siège à Berlin : on y propose d'organiser une société internationale permanente de secours pour les blessés de tous les pays. Il n'est pas, dans tout l'univers, de secousse que ne sente l'Europe ; il n'est pas de crime international qu'elle ne défère à son tribunal souverain. L'humanité tout entière y gagne en prospérité matérielle et en force morale.

Enfin, d'après le moraliste, l'intérêt individuel et l'intérêt général s'accordent pour nous prescrire l'accomplissement de nos devoirs envers Dieu, quels que soient ces devoirs et quels que soient les dieux. Cicéron, dans le traité des Devoirs, ne donne pas assez de place à la morale religieuse pour discuter longtemps cette proposition. Mais nous avons déjà cité ce texte du second livre : « la piété nous rendra les dieux propices. » Cette phrase presque inconséquente dans ce livre de morale stoïcienne établit un peu légèrement la conformité de l'intérêt individuel avec le devoir religieux. Nous avons d'ailleurs montré quel prix l'auteur de la *République* et des *Lois* attachait au maintien des vieilles croyances : le *de Natura Deorum* offre, en cette matière, le spectacle de la lutte la plus étrange entre le philosophe et l'homme d'État : Cicéron est de ceux qui voudraient inventer les dieux s'ils n'existaient pas.

C'est au point de vue politique que le grand orateur s'est ordinairement placé pour démontrer l'identité de l'honnête et de l'utile : la thèse du moraliste, si l'on y regarde de près, n'est pas moins politique que philosophique. Dernier défenseur d'une grande cause, il eût pu la trahir en passant au camp des triumvirs, tout au moins en laissant l'aristocratie romaine se débattre sans lui sous l'épée des légions. D'autres diront qu'il eût montré, par cette conduite, une plus saine intelligence de ses intérêts. C'est ce qu'il ne veut laisser croire ni à son fils ni à la postérité. Les Romains d'un autre âge ne supposeront pas un instant qu'il ait regretté son admirable rôle dans ce dernier combat. La mort est le prix de cette lutte ; mais il proclame en face de ses assassins l'identité de l'honnête et de l'utile, et déclare que la mort était désirable, puisque son devoir envers Rome l'appelait à mourir.

CHAPITRE XI

CONCLUSION

Le traité des Devoirs a toujours joui d'une grande popularité. Pierre Schœffer le publia pour la première fois à Mayence en 1465. L'imprimerie n'est connue à Rome qu'en 1467, à Paris qu'en 1470, et la première édition romaine de l'ouvrage date de 1469, la première édition parisienne de 1471. Il est édité quarante fois avant la fin du quinzième siècle, cent quarante fois dans le seizième, plus de quatre-vingts fois dans les deux siècles suivants, et l'admiration de nos contemporains ne s'est pas trop ralentie. L'ouvrage mérite-t-il cette grande faveur?

Bien que le traité de la République ne soit pas arrivé tout entier jusqu'à nous, on peut juger le monument par les débris qui subsistent encore. La supériorité de cette œuvre sur le traité des

Devoirs ne saurait être contestée. Cicéron s'y montre à la fois grand politique et grand écrivain. Ce n'est pas une plate imitation de la Grèce : sans se faire le disciple de Platon ni d'Aristote, il accepte leur influence et profite avec sagacité de leurs travaux. La *République* l'emporte avant tout sur les *Devoirs* par son originalité. Comme Platon, le grand orateur entrevoit une république idéale, mais il ne la sépare pas de sa chère patrie : quelle que soit son éducation littéraire, il est Romain par le sens politique : aussi ne relève-t-il cette fois que de lui-même. C'était d'ailleurs sa première œuvre philosophique ; il s'agissait de faire agréer une nouvelle langue aux Romains et de soutenir une grande réputation conquise au barreau : nul doute que le traité de la République n'ait été longuement médité, lentement conçu, patiemment exécuté. Les moindres détails sont traités avec génie : toute la partie historique atteste un grand esprit de critique et une profonde érudition : le style y est toujours d'une perfection merveilleuse. D'autres auraient pu faire le traité des Devoirs : le traité de la République ne pouvait être écrit que par Cicéron.

Les *Lois* n'ont pas la même portée. Cicéron, cette fois, a trop docilement subi le joug des mœurs romaines et trop aisément borné son idéal au droit politique et sacré de ses compatriotes. Le traité des Devoirs prend d'autres libertés avec les lois ou les coutumes de la république : malgré quelques exagérations patriotiques, Rome, on le sait, n'y est pas incessamment citée comme un modèle de désintéressement et de bonne foi. Dans les deux premiers livres des Lois, chaque préambule, assez gauchement imité de Platon, contraste singulièrement avec le reste de l'ouvrage : les nuances sont mieux ménagées dans le traité des Devoirs : chacun des préambules est à sa place et s'explique assez naturellement : les différentes parties du livre ont entre elles plus de cohésion. Cicéron, dans les *Lois*, emprunte aux jurisconsultes, avec leur langue aride et concise à l'excès, la forme timide du commentaire : son allure est un peu plus hardie dans le traité des Devoirs, surtout à partir du second livre.

Le talent de Cicéron se révèle sous un nouvel aspect dans les premières Académiques. Il avait à lutter, cette fois, contre un obstacle presque insurmontable : il s'agissait de façonner à la dialectique le plus rebelle instrument qui fut jamais, la langue latine : flexible entre les mains du grand orateur, elle exprime avec une justesse frappante toutes les nuances de la pensée philosophique. Les subtilités du génie grec ne le rebutent pas : c'est à soixante-deux ans qu'il commence à parler dialectique, et jamais Athénien, rompu dès l'enfance aux débats de l'école, ne s'est joué plus librement au milieu de ces questions épineuses. Bien plus, parle dialectique de manière à charmer les Romains, grâce à l'admirable forme du dialogue dont il a su profiter, même après Platon : son génie oratoire a passé dans une discussion sur le problème de la connaissance humaine. Le traité des Devoirs n'a pas cette grâce ni cette verve. Panétius lui-même n'a pu se dégager complètement des habitudes stoïciennes, et Cicéron reste parfois trop didactique, tout en cherchant à semer des fleurs sur la route qu'a parcourue son guide. Après avoir tant raillé les stoïciens de ce grave défaut, il s'oublie jusqu'à le leur prendre.

De tous les traités philosophiques de Cicéron que le temps a respectés, le de *Finibus* m'a toujours paru le plus complet. Il ne forme pas, comme les Tusculanes, un ensemble de petites dissertations sur un certain nombre de sujets philosophiques. Il n'aborde qu'une seule question, l'envisage sous toutes ses faces et la développe avec une ampleur admirable. Il n'y a pas de parallèle possible entre le *de Officiis* et le *de Finibus*. Le second de ces deux livres est d'un seul jet : le premier, au contraire, est interrompu par des voyages et par deux Philippiques : Cicéron l'achève en toute hâte, entouré d'embûches et d'ennemis, errant dans les environs de Rome, inquiet pour lui-même et pour l'État. Les deux derniers livres portent la trace de ces préoccupations : on y retrouve des exemples déjà cités dans le premier : le troisième, qui semble accuser le plus de précipitation, contient des développements inutiles. Le plan du *de Finibus* est mieux conçu et mieux exécuté : chacun des principaux systèmes y est très habilement défendu, même celui d'Épicure, et les stoïciens, quoique Cicéron n'adopte pas leur avis sur cette question, n'ont guère eu de plus éloquent interprète. Le troisième livre, où sont exposées les idées du Portique, est un chef-d'œuvre de force et de précision ; Caton y reste élevé sans emphase, vigoureux sans sécheresse, concis sans obscurité. Les défauts ordinaires de cette école sont plus apparents dans le traité des Devoirs : on n'y retrouve plus au même degré cet art exquis de composition, cet éclat de style, ce mouvement impétueux de la pensée.

Cicéron, dans les Tusculanes, développe avec son talent ordinaire quelques lieux-communs empruntés à la morale stoïcienne. Les Tusculanes sont une œuvre plus oratoire que philosophique; le traité des Devoirs est, parmi les ouvrages philosophiques de Cicéron, le moins oratoire. On lira plus volontiers les premières ; on étudiera plus volontiers le second. Jamais l'Institut n'eût mis au concours *l'examen critique des Tusculanes*. Postérieures de quelques mois au traité des vrais biens, elles le contredisent parfois; rien n'en démontre mieux le véritable caractère. Le traité des Devoirs reproduit peut-être plus exactement la pensée intime de Cicéron sur plusieurs points spéciaux de la morale pratique. Quoiqu'il ne s'écarte guère de Panétius, il redevient lui-même dès qu'il aborde le terrain de la politique, et l'on sait quelle place la politique tient dans l'ouvrage.

Le *de Natura deorum* et le *de Divinatione* n'ont pas la couleur oratoire des Tusculanes. Ces deux livres inaugurent, à mes yeux, la seconde manière de Cicéron. Avant les Ides de mars, le philosophe s'effaçait derrière l'écrivain; depuis les Ides de mars, le philosophe laisse l'écrivain derrière lui. Cicéron, qui rentre dans la vie politique, publie néanmoins coup sur coup le *de Natura Deorum*, le *de Divinatione*, les traités du destin, de l'amitié, de la gloire et de la vieillesse, enfin le traité des Devoirs. Ces derniers ouvrages diffèrent des premiers, comme les Philippiques diffèrent de la Milonienne et des Catilinaires. Cicéron se sent pressé par la fortune et ne veut pas qu'un seul de ses titres lui manque devant la postérité. Si l'on excepte le *de Senectute*, le style est devenu moins brillant, mais moins monotone, plus simple, moins uniformément périodique, et nous n'avons jamais envisagé sans un certain charme le génie de Cicéron sous cette face nouvelle.

C'est le seul trait de ressemblance qu'il y ait entre le traité des Devoirs et les deux ouvrages que nous citions tout à l'heure. Le traité des Devoirs est à la portée de tout le monde, et le jeune Cicéron n'y puisera que d'excellents principes. Le *de Natura Deorum*, en dépit de ses conclusions, et le *de Divinatione* sont, pour un homme d'État conservateur, augure depuis neuf ans, vieilli dans la défense de l'ancien droit sacré comme de l'ancien droit constitutionnel, deux actes d'une étrange témérité. Les philosophes qui parlaient deux langages, l'une au public et l'autre à leurs initiés, pouvaient se permettre une pareille inconséquence; mais Cicéron n'a pas fait d'ouvrages ésotériques : le second livre des *Lois* et le *de Divinatione* s'adressaient aux mêmes lecteurs. Ce ton de polémique, ces impitoyables sarcasmes ne conviendraient plus au livre qui nous occupe. Celui qui, tout à l'heure, battait en brèche les croyances religieuses, entreprend d'affermir les croyances morales. Si l'on excepte une ou deux phrases peu polies pour les dieux, l'auteur de la *République* et des *Lois* peut avouer le traité des Devoirs. On cachera soigneusement le *de Natura deorum* à la jeunesse romaine ; on lui fera lire les *Devoirs*, en la prémunissant contre les erreurs politiques de Cicéron.

Presque toutes les qualités du style cicéronien se retrouvent dans le traité les Devoirs. C'est toujours la même pureté, la même clarté de langage. L'auteur cherche moins les effets oratoires que dans ses autres traités de morale : sa parole est moins ardente et moins colorée, mais plus simple et plus précise. On regrette parfois l'ampleur du traité des vrais biens, surtout dans le premier livre où l'on aperçoit plus qu'ailleurs l'influence de Panétius. Ce livre est trop didactique : on y sent l'abus des formules, des définitions et des divisions que Cicéron lui-même a reproché tant de fois au Portique. Dans le second livre, il brise quelquefois ses lisières et redevient lui-même, par exemple aux vingt-troisième et vingt-quatrième chapitres, où il flétrit les lois agraires et l'abolition des dettes, surtout dans ce mémorable passage où il accuse l'aristocratie romaine d'avoir précipité par ses crimes la chute de la république. Tout le feu de son âme a passé dans cet autre chapitre du troisième livre, où il dépeint César souillé de crimes et misérable au faîte des grandeurs. Mais ce troisième livre est lui-même hérissé de détails techniques : l'auteur y accumule trop d'exemples et s'épuise dans de stériles discussions. La lecture en est pénible pour quiconque n'a pas appris le droit romain. Quels que soient ces défauts, le traité des Devoirs charme encore après dix-neuf siècles. Le son de cette voix a captivé le monde. On peut féliciter Panétius d'avoir été traduit ou imité par Cicéron, comme Alexandre félicitait Achille d'avoir été chanté par Homère.

Le plan de l'ouvrage n'est pas irréprochable. La description de l'honnête y tient trop peu de place. Ce traité des Devoirs se compose de trois livres, et Cicéron n'y étudie, à proprement parler, nos devoirs que dans le premier. D'après le programme qu'il trace lui-même, il doit s'occuper d'abord de l'honnête, ensuite de l'utile, en troisième lieu d'un parallèle entre l'utile et l'honnête[1] : mais il n'exécute que la première partie de son plan. L'examen de l'honnête une fois terminé, le grand orateur aborde une question spéciale, l'identité de l'utile et de l'honnête, et l'envisage de deux manières. Dans le second livre, il s'efforce de prouver que la pratique des vertus morales et singulièrement de la justice nous concilie l'estime et l'affection de nos semblables. Dans le troisième livre, après quelques considérations générales sur la maxime *quidquid honestum est, idem utile*, il

---

1. De Off. I, 3.

tâche d'établir que, s'il y a doute sur la nature de l'action, nous devons embrasser le parti de l'honnête, même dans notre intérêt. Il cite à l'appui de cette proposition de très nombreux exemples qui remplissent à peu près tout le troisième livre. Il s'ensuit que l'analyse des quatre vertus morales est incomplète, tandis que l'auteur développe outre mesure cette thèse spéciale. Nous avons indiqué plusieurs fois les principales lacunes de la première partie : Cicéron, qui s'occupe avec soin de nos devoirs politiques et de nos devoirs généraux envers l'humanité, garde un silence presque absolu sur nos devoirs envers nous-mêmes, envers la famille, envers Dieu. Quelques négligences d'exécution prouvent d'ailleurs assez clairement qu'il n'a pas eu le temps de se corriger. Après avoir blâmé le prisonnier romain qui, pour tromper Annibal sans manquer au texte de son serment, revint un instant au camp Carthaginois, et félicité le Sénat qui refusa de faire empoisonner Pyrrhus par un transfuge, il répète au troisième livre ce qu'il a dit dans le premier [1]. L'exemple de Neptune et d'Hippolyte, celui de Regulus sont encore cités deux fois. Cicéron s'étend avec trop de complaisance, dans le troisième livre, sur l'histoire de Regulus : elle y tient quatre chapitres et

---

[1]. Pearce et Heusing maintiennent au premier livre ce fragment, qui ne se trouve pas dans tous les manuscrits.

le moraliste la discute avec une prolixité singulière. J'ai déjà relevé le caractère un peu minutieux de certains conseils que Cicéron prodigue à son homme d'État. Beaucoup de ces fautes doivent être imputées aux stoïciens, et le moraliste nous en avertit lui-même, par exemple, au cinquième chapitre du second livre où il s'excuse d'avoir développé trop longuement un des lieux-communs de leur morale en nous prévenant qu'il abrège encore Panétius. Le Portique est aussi responsable des subtiles discussions qui prennent tant de place dans le troisième livre : Cicéron suit l'exemple donné par Hécaton, Diogène, Antipater et d'autres stoïciens qui avaient écrit sur les Devoirs. Quoi qu'il en soit, si le jeune Cicéron veut se former à l'art de distribuer méthodiquement les différentes parties d'un ouvrage, nous le renverrons à la Milonienne.

Parmi les œuvres du grand orateur, aucune autre, envisagée au point de vue philosophique, n'est moins originale, et nous jugeons inutile d'insister longtemps sur ce point. Cicéron, de son propre aveu, prend Panétius pour guide et le suit de près. Il marque sans doute le nouvel ouvrage au coin de ses idées romaines, contredit ou écourte quelquefois Panétius, se lance dans quelques digressions politiques et tire de son propre fonds le dernier livre ; mais ce dernier livre, si l'on en retranche les dix premiers chapitres, n'a qu'une médiocre importance, et la part de Cicéron, au demeurant, n'est pas bien grande. Cela posé, jugeons l'œuvre en elle-même et sans nous préoccuper plus longtemps de Panétius.

Le premier reproche qu'il faille adresser au moraliste, c'est d'avoir accepté sans examen la théorie des quatre vertus. C'est par là que débute et finit l'ouvrage. Quelle est l'origine, quels sont les caractères essentiels du devoir? Cicéron suppose ces questions résolues : il renvoie le lecteur à son traité des vrais biens et bannit à dessein du nouveau traité toute discussion de morale théorique : il ne veut que donner des préceptes de conduite pour les diverses circonstances de la vie (*quibus in omnes partes usus vitæ conformari possit*). Or il découvre dans l'âme quatre instincts principaux : l'instinct de sociabilité, l'amour du vrai, l'instinct du commandement, l'instinct de l'ordre, et conclut à l'existence d'un pareil nombre de vertus morales ; mais au lieu de subordonner la théorie des vertus à son analyse psychologique, il a subordonné d'avance cette superficielle analyse à la théorie des quatre vertus. La grande affaire, dans un traité de morale pratique réduit à de telles proportions, c'est de tracer exactement les cadres généraux de nos obligations : Cicéron ne s'est même pas demandé comment il ferait rentrer les grandes catégories de devoirs dans la division des vertus morales : il a cru qu'en analysant chacune d'elles il embrasserait aisément toute la morale pratique, et s'est trompé.

Le traité des Devoirs est presque muet sur la morale individuelle : lacune d'autant moins excusable que Cicéron, dès le second chapitre de l'ouvrage, nous montre l'homme soumis au devoir dans ses rapports avec lui-même comme avec ses semblables. Il se contredit bientôt et déclare qu'en supprimant les devoirs envers les hommes, on supprime toute raison de vivre pour le sage. C'est un des plus grands défauts que j'aie reprochés au traité des Devoirs. Cicéron, tout en suivant Panétius, aurait pu se souvenir qu'il comptait Platon parmi ses aïeux. Aux yeux du philosophe grec, l'âme doit être l'objet d'un culte infatigable : elle vient en première ligne après les dieux : comme elle renferme une partie humaine et une partie divine, nous devons employer tous nos efforts pour séparer l'une de l'autre et développer en nous l'élément divin. Nous devons honorer notre âme et, pour l'honorer, fuir le vice, embrasser la vertu. La justice est la plus grande des vertus morales parce qu'elle subordonne à la raison les affections violentes et les appétits grossiers, c'est-à-dire la partie mortelle à la partie impérissable. Comment de ces prémisses ne pas tirer une morale individuelle ? Cicéron lui-même, à propos du serment, parle de ce génie intérieur qui réside en nous comme du seul dieu qui soit à craindre, et quand il élève si haut la personne morale, il oublie que l'homme est obligé directement envers elle.

En revanche, il est admirable sur nos devoirs généraux envers l'humanité. Zénon, Cléanthe, Chrysippe ont pu dire la même chose avant lui : mais leurs œuvres me manquent et le traité des Devoirs est sous mes yeux : ceux-là sont morts et Cicéron ne meurt pas. Les vertus civiques ne suffisent plus à la régénération de Rome depuis que l'univers est devenu romain. La conquête elle-même, malgré son origine brutale, a rapproché les races et confondu les patries. C'est un descendant de ces soldats conquérants du monde qui prêche la fraternité des hommes. C'est par là que la morale de Cicéron l'emporte sur celle de Platon et d'Aristote : ceux-ci restent grecs en dépit de leur génie : l'homme d'État romain sait abdiquer les préjugés romains. Ces devoirs généraux ne sont pas seulement exposés, mais démontrés. Cicéron retrouve leur origine dans l'instinct de sociabilité qu'il décrit avec un soin particulier. Il s'appuie incessamment sur ce grand principe, soit pour blâmer les vices de la législation romaine, soit pour flétrir la mauvaise foi du sénat et les parjures des généraux, soit même pour prouver l'identité de l'utile et de l'honnête. Il suffisait à Platon, pour que cette thèse lui parût démontrée, que le vice asservît l'élément divin de notre âme : il suffit à Cicéron que le vice relâche le lien naturel de la race humaine. Il développe cet argument avec une grande supériorité dans le cinquième chapitre du troisième livre, qu'il n'emprunte à personne.

Il s'occupe moins sérieusement soit de nos devoirs envers la famille et les esclaves, soit de nos devoirs religieux. Il est d'autant plus blâmable d'avoir négligé les premiers que les mêmes problèmes avaient vivement préoccupé les premiers philosophes de la Grèce, et qu'il avait lui-même placé, dans le second chapitre de l'ouvrage, les devoirs privés et domestiques à côté des devoirs publics. On peut présumer que ce programme (*nulla vitæ pars*, etc.), placé dans le préambule du premier livre, n'était pas l'œuvre de Panétius : mais il fallait effacer le programme ou compléter Panétius. Pour les devoirs nés de l'amitié, Cicéron renvoie son lecteur au Lélius, et pouvait le faire. Au contraire, il n'avait pas écrit de traité spécial sur l'esclavage. C'est une singulière inconséquence que d'éluder ainsi le problème de l'esclavage après avoir si hautement proclamé le dogme de la fraternité universelle. La conclusion que Sénèque et les stoïciens de l'ère impériale ont tirée de ce principe, Cicéron pouvait la tirer avant eux. L'homme d'État a gêné le moraliste ; mais nous n'avions pas à juger l'homme d'État et nous avons condamné la pusillanimité du moraliste. On sait enfin qu'en disant : « nos premiers « devoirs sont envers les dieux immortels, » Cicéron croit avoir fait beaucoup pour eux et ne daigne pas même ajouter un mot sur ces devoirs importants. De tels compromis nous ont paru peu dignes d'un philosophe : si la morale religieuse est une chimère, qu'il n'en soit pas question ; si nos premiers devoirs sont envers les dieux, qu'on en parle.

Il est vrai que le jeune Cicéron a sous les yeux un code entier de morale politique. Le traité des Devoirs complète un cours de politique commencé dix ans plus tôt. Dans la *République*, le grand orateur avait jeté les fondements de l'édifice en posant les premiers principes sur lesquels repose la constitution des empires. Dans les *Lois*, il donnait à sa république un droit religieux, un droit public, une législation civile et pénale. Le traité des Devoirs lui donne un citoyen. Ce livre peut sacrifier la famille à l'humanité, mais non la patrie : peut-être l'emporte-t-il par là sur les œuvres stoïciennes de l'Empire. Quel meilleur recueil de préceptes politiques pour la jeunesse romaine? Faut-il aborder les affaires publiques ou laisser flotter les destinées du pays au caprice de la fortune? Faut-il garantir le pays des maux qu'entraîne la prépondérance des armées, le peuple du vertige que donne un succès militaire? Faut-il préférer la richesse et la gloire de la république à sa propre richesse et à sa propre gloire? respecter le droit individuel en ménageant l'intérêt général? Faut-il enfin se respecter soi-même, songer que le moindre désordre, en pervertissant le sens moral du peuple, altère en lui le respect et la confiance qu'il doit à l'homme d'État? Si de tels problèmes, encore aujourd'hui, nous laissent indécis, relisons ces lignes tracées par la main d'un grand citoyen; songeons que chaque État est l'artisan de sa fortune ou de sa décadence : la dernière leçon de Cicéron peut nous servir.

Méditons enfin la théorie des deux derniers livres. Les défauts en sont palpables : Cicéron bannit la sanction divine du devoir et sacrifie même la sanction de la conscience à celle de la société : toute la thèse du second livre repose sur un fondement trop étroit puisque la considération sociale n'est pas une conséquence nécessaire de la vertu; cette base, il est vrai, s'élargit au début du troisième livre; mais l'instinct de sociabilité, la conformité de l'intérêt général à la justice, qui n'est pas elle-même prouvée, ne suffisent pas à démontrer l'identité de l'utile et de l'honnête : dans le reste du troisième livre, l'auteur a le tort de raconter au lieu de raisonner ; il remplace l'exposition dogmatique par une longue série d'exemples et suppose toujours démontré ce qu'il faut démontrer. Cependant cette théorie cicéronienne mérite toute notre attention. C'est un grand point que d'avoir réduit à sa juste valeur ce lieu-commun du vice triomphant et de la vertu malheureuse qui se retrouve jusque chez Sénèque [1]. Si la proposition *quidquid honestum idem utile* n'est pas prouvée, l'auteur établit assez bien que nous avons, en thèse générale, un intérêt sérieux à nous conduire honnêtement : principe fécond en utiles et nobles conséquences. C'est de là qu'on est parti de nos jours pour établir l'accord de l'économie politique et de la morale, ces deux sœurs qu'un vieux préjugé séparait et qu'une philosophie plus haute a réconciliées : on a dit, à l'exemple de Cicéron, que la science du juste et la science de l'utile ne formaient pas deux ordres de connaissances; qu'elles se complétaient et ne pouvaient s'isoler l'une de l'autre [2], et le plus imposant suffrage a consacré cette doctrine.

---

1. « Les Dieux ne laissent tomber la prospérité que sur les âmes abjectes et vulgaires. » — 2. V. l'introduction du *Spiritualisme en économie politique*, par M. A. Rondelet.

Ainsi donc, sachons nous pénétrer de ces œuvres morales : nous ne trouverons pas, dans toute l'antiquité païenne, un enseignement plus fortifiant et plus salutaire. Platon lui-même s'élance trop loin de la terre : c'est par là qu'il nous arrache quelquefois d'indéfinissables tressaillements et de soudains élans vers le bien ; mais nous ne savons pas trop où ce guide aventureux nous conduit. Il sème avec tant de profusion la poésie qu'on ne peut pas toujours distinguer le philosophe du poète. Les charmantes fantaisies de la *République* et les brillantes allégories du *Phèdre* s'adressent moins à la raison qu'à l'imagination du lecteur. Notre calme génie s'accommode mal de ces visions philosophiques, où le souffle de l'Orient semble avoir passé : la métempsycose du *Timée* nous gâte les plus belles théories du *Phédon*. Contemporain des sophistes, Platon descend enfin, même dans ses plus beaux dialogues, jusqu'à des subtilités où tout ce qui n'est pas grec le suit avec peine. Cicéron ne plane pas avec cette hardiesse et cette majesté dans la région de l'absolu; mais nul, entre les philosophes, ne l'y suit de plus près : il ne s'isole pas d'ailleurs, comme Platon, dans la contemplation du Bien en soi, mais cherche à la féconder par l'application des principes rationnels. Il s'exhale de tous ses ouvrages un parfum de platonisme, mais ce platonisme s'approprie merveilleusement aux instincts des races latines. Le génie scientifique d'Aristote est mieux fait pour enchaîner un siècle épris de méthode et d'analyse. Mais la trame serrée de cette pensée profonde échappe à trop de gens. Son système est d'ailleurs trop exclusivement fondé sur l'expérience : la meilleure classification des phénomènes moraux ne constitue pas une morale : on ne peut pas faire jaillir de la plus minutieuse observation l'idée d'une règle obligatoire pour un agent libre. Enfin, le lecteur passe trop facilement de la morale péripatéticienne à la morale épicurienne : notre fin, pour Aristote, c'est le développement continu de notre activité que manifeste et garantit le plaisir : on arrive bien vite à supprimer le lien qui rattache le plaisir à l'activité pour l'envisager comme notre seule fin. Cicéron n'a pas cette profondeur d'analyse ; mais il sait employer l'instrument que le philosophe de Stagyre maniait avec génie. Moins spéculatif que Platon, moins empirique qu'Aristote, il observe et classe sans réduire la morale à l'observation et à la classification des phénomènes moraux. L'influence d'Aristote est visible dans beaucoup de ses ouvrages, par exemple dans les traités des vrais biens et de l'amitié ; mais c'est un péripatétisme éclectique, plus simple et plus élevé tout ensemble, à la portée du peuple et du sénat.

Diderot préférait Sénèque à Cicéron. Mais Sénèque outre avec délices bien des utopies chères au Portique. Bien que les philosophes aient souvent médit du sens commun, nul ne s'en écarte, même en philosophie, sans inconvénient. Moins éloquent parce qu'il déclame, moins grand parce qu'il vise à la grandeur, rhéteur et sectaire avant d'être moraliste, Sénèque étonne sans convaincre. Sa chaleur est factice et ne se communique pas. Inflexible dans ses livres, mais ministre et conseiller de l'Empereur après l'assassinat d'Agrippine, il n'a pas la confiance de la postérité. Les Tusculanes et le traité des Devoirs ont mieux servi la cause du stoïcisme. La philosophie morale avait fait de grands progrès sous l'impulsion des stoïciens : Cicéron s'appropria très heureusement quelques parties de leur système. Il eut le mérite d'en apercevoir à la fois le ridicule et le sublime, mais de comprendre que le sublime l'emportait sur le ridicule. Le stoïcisme, entre ses mains, dépouille son allure farouche : il se laisse envahir par le bon sens, et n'y perd rien. Trop droit pour ne pas être quelquefois stoïcien, trop judicieux pour l'être toujours, tel fut Cicéron. Il est vrai que les différentes parties de ce système manquent parfois de lien logique, et j'ai signalé ce grand inconvénient de l'éclectisme cicéronien. Cependant il a si bien choisi qu'il n'est après tout le plagiaire de personne et reste l'auteur d'une philosophie personnelle quoiqu'il n'ait presque rien créé. J'ajoute un mot : cette morale est celle d'un honnête homme dont j'aime passionnément la personne et les écrits. Je voudrais lui donner dans toutes les âmes la place qu'il occupe dans la mienne.

TABLE

		Pages.
Introduction.	Cicéron, le devoir et la politique....	1
Chapitre I.	Le traité des Devoirs et la philosophie de Cicéron................	21
Chapitre II.	Objet du traité des Devoirs........	55
Chapitre III.	Devoirs envers nous-mêmes.......	88
Chapitre IV.	Devoirs généraux envers l'humanité.	117
Chapitre V.	Devoirs envers la famille, les amis, les esclaves.....................	148
Chapitre VI.	Devoirs politiques..............	178
Chapitre VII.	Devoirs envers les étrangers.......	256
Chapitre VIII.	Devoirs envers Dieu.............	295
Chapitre IX.	La théorie des quatre vertus.......	317
Chapitre X.	L'identité de l'honnête et de l'utile.	355
Chapitre XI.	Conclusion....................	399

POITIERS
Imprimerie Blais, Roy et Cie
7, rue Victor-Hugo.

www.ingramcontent.com/pod-product-compliance
Lightning Source LLC
Chambersburg PA
CBHW050917230426
43666CB00010B/2208